山东省"十二五"人文社科重点强化研究基地
——山东师范大学基础教育课程与教学研究中心资助项目

教师文化的

On the Transmutation and Construction of the Teachers' Culture

嬗变与建设

车丽娜 / 著

中国社会科学出版社

图书在版编目（CIP）数据

教师文化的嬗变与建设 / 车丽娜著 . —北京：中国社会
科学出版社，2015.6
ISBN 978 – 7 – 5161 – 6183 – 8

Ⅰ.①教… Ⅱ.①车… Ⅲ.① 教师—文化教育—研究
Ⅳ.①G451.6

中国版本图书馆 CIP 数据核字（2015）第 117586 号

出 版 人	赵剑英
选题策划	郎丰君
责任编辑	郎丰君
责任校对	孙青青
责任印制	戴　宽

出　　版	中国社会科学出版社
社　　址	北京鼓楼西大街甲 158 号
邮　　编	100720
网　　址	http://www.csspw.cn
发 行 部	010 – 84083685
门 市 部	010 – 84029450
经　　销	新华书店及其他书店

印　　刷	北京君升印刷有限公司
装　　订	廊坊市广阳区广增装订厂
版　　次	2015 年 6 月第 1 版
印　　次	2015 年 6 月第 1 次印刷

开　　本	710 × 1000　1/16
印　　张	16.25
插　　页	2
字　　数	238 千字
定　　价	56.00 元

教师文化是教师基于其职业生活方式而形成的独特的价值观念、思维方式和态度。

古代教师大都是具有极强的社会责任感和理想主义情节的"社会人"，具有超越教育世界的终极价值关怀。后来，随着社会分工的发展、制度化学校教育的诞生和管理体制的完善，近现代教师由"庙堂"、"广场"中的"启蒙者"转变为专门的教育机构中的"职业人"，教师的价值取向不再体现在"道统"、"理念"、"德性"、"上帝"等超世俗的精神层面，而是更多地关注知识传输的效率。教师专业化认识和学校制度管理中的误区以及教师自身面对的价值冲突对教师文化的发展提出了挑战：唯专业意识操控下的教师在学科边界范围内和技术性思维中抱残守缺，很大程度上失去了"公众教师"和"社会思想者"的精神气质；现代学校过于重视学校制度形式的完备和操作化，不可避免地导致对人的创造性和自由发展的阻抗；教师日常生活中的潜在价值冲突对教师文化建设提出了挑战，教师价值取向的偏颇也是教师文化建设必须应对的问题，教师文化的建设应该通过价值观念问题的解决引领教师精神世界的发展，致力于"精神导师"的培养，引导教师将人的精神世界的发展作为教育努力的方向。在现实的学校环境中，通过理念的引领和人文制度的建构可以有效地促进教师精神状态和思维方式的转变，但是，要真正地激发教师的精神力量，使教师向着"好教师"和"精神导师"的方向发展，还需要教师视野的拓展和价值观系统的转变，发挥教育和学术所应该具有的为道德服务的力量和改造社会的职能。

总之，在从古代教师到近现代教师的历史流变中越来越强化世俗价值的追求和专业技能，而相对淡化了古代教师的知识分子精神，教师文化作为对教师精神世界的关照，最终落脚于对教师的知识分子般的社会责任意识的追寻与向往。

目　录

第一章
教师文化研究的意义与方法

教师是人类历史上古老而永恒的职业，古往今来，教师职业一直因为对人类文化的传承而被赋予存在合理性和价值崇高性。事实上，教师职业不仅是一个以传承文化为使命的职业，其从业者本身也应该是一个文化的存在。在人类历史上，教师一直是特定时代文化知识的载体和精神文明的代言人，作为文化资本的占有者和人类灵魂的工程师而在社会意识层面区别于普通民众。因此，对教师职业的研究不能仅仅局限于知识传输的技术理性层面，尤其是在高等教育大众化、知识来源多元化、知识更新加速化的时代，教师职业精神文化的存在将越来越显示出重要性，对教师文化的研究具有重要意义。

第一节　教师文化研究的意义

对人的研究是人类历史上历时久远、历久弥新的课题。从古希腊的"斯芬克斯"的追问开始，人类萌生了原初的自我意识，也开始了对人的本质的不懈追问。从不同层面、不同角度对人的探究展示着人的多种属性，也奠定了对人的本质认识的基础。我们可以将对人的研究取向大致划分为两种类型：人的机体是"有机蛋白质的高度发展"，对其实体性的存在我们可以从生物层面来进行研究；人在思想上是观念和意义的存在物，对其社会性存在则只能从其生活于其中的文化的属性来考察。教师的教育教学行为是以传承文化、创生文化为己任的复杂社会行为，受到其赖以生存的文化网络的规约，使教师的行为本身表现出特定的文化属性。

一、问题的提出

文化是无所不在的，美国已故人类学和社会学教授克莱德·克鲁克洪认为，甚至连打喷嚏这种生物性行为都受到一定文化网络的规约，"打喷嚏乍看像是纯属生物学的现象，但其中却发展出一些小小的习俗，诸如说一句'对不起'或'多多保重'。不同文化的人们，或者同一社会不同阶层的人们，都不会以严格相同的方式打喷嚏。打喷嚏是在某种文化网络里结成的生物行为，要指出哪一件活动不是文化的产物是很困难的"。[①] 这种机智的论证凸显了人与文化联结的必然性与广泛性。可以说，失去了一定的文化网络的依托，就不存在真正意义上以"类的存在"为形态的人类社会。人在根本上是一种文化的存在物，要解答人类存在的"斯芬克斯"之谜，只能着眼于人类生存其中并受其规约的文化网络，人们行事的意识层面及无意识层面的原因只能在文化的规范性中探寻。

比较民俗学上有一个经典的例子：

> 一个外国人到中国来，在一家人家家里做客，按照当地的习俗，给客人做的饭菜一定要让客人吃饱，而且要有所剩余。可按照客人的习俗，主人做的饭菜一定要吃完，浪费既是可耻的，也是对主人的极端不尊重。如此，就出现了一个滑稽的现象：主人见客人吃完了，赶紧做；客人见主人做了那么多，赶紧吃。于是，一个吃得撑破肚皮，一个做得筋疲力尽、无计可施。这是典型的由于文化差异而导致的人与人之间的认知与行为的冲突。

"文化"一词具有极广的指称范围，在学术发展史上，文化一直是最复杂且范畴最难统一的概念之一，不同的人对文化有不同的界定。有人认为文化是社会行为方式；有人认为文化是导致社会行为的抽象价值观念；

[①] ［美］R. M. 基辛：《文化·社会·个人》，甘华鸣等译，辽宁人民出版社 1988 年版，第 1 页。

有人认为它具有物质的表现形式，如文学艺术、古玩器具、时装服饰等，是外显的操作系统；也有人认为文化只存在于思想意识之中，是内隐的观念系统。英国文学批评家特里·伊格尔顿（Terry Eagleton）将文化的定义方式概括为两种：人类学的和美学的，认为文化这一术语一直是在对立的两极之间被使用：它太宽泛又太狭窄、太充满"人类学"的无所不包又太局限于美学意义上的思辨性①。现实生活中，人们更多地从具体存在意义和观念存在意义的角度谈论文化。前者指的是以器物、制度及行为的准则等形态表现出来的具体的"生活方式"，它以物质的存在及人际关系中明显的结构形态和人文规律的形式表现出来，体现在社会的知识、艺术、道德、法律、习俗等层面。后者更多地指一种意念的传承，是支配社会成员行为方式的观念系统，表现为群体成员所共享的价值、态度、信仰、情感体验等理念的复合整体。

教师基于其特定的职业生活方式而形成了独特的价值观念、思维方式和态度，它们作为一个复合体构成了教师文化的主体。教师文化的研究是对教师的"存在论"的考察，是研究教师的精神气质特征。这样的研究不是要如自然科学一样，寻求在所有曾经做过教师的、将要做教师的和正在做教师的人身上必定显现的文化特性，很难为各类别各发展阶段的教师精确地确定文化特征的尺度。换句话说，我们无法确定一个人在现实生活中是否或应该是教师的标准，我们只能从教师历史和现实的生存状态中透析教师主流的精神特征，而不代表没有与教师主流文化相异的个体精神的存在。同样，我们从精神存在的角度阐发对教师理想文化的向往与追求，虽然这样的理想状态并非每个教师都能拥有，但它却真正和完美地昭示着教师职业的最高意义之所在。

1. 教师文化功能

教师文化的功能主要在优秀教师的思想和行为中得以体现，他们的价值观念和行为方式对教师个体和社会成员来说不仅具有人格塑造功能，还具有社会区隔功能、团体凝聚功能、学校民主管理功能和社会伦理发展功能。

---

① Terry Eagleton (2000), *The Idea of Culture*, Oxford：Blackwell, p. 35.

（1）教师文化的社会区隔功能

作为社会职业中的一类，教师相对于其他职业来说具有更高的文化素质水平，长期的学校教化与知识熏陶导致了教师对精致社会秩序和生活规则的信奉，教师作为优秀文化的代言人和真理的守护者而获致一种"文化资本"，并区隔于一般民众。

文化社会学将"文化资本"看作如"经济资本"一样的用来划分人在社会空间中所处的位置的标准，拥有文化资本的知识分子如同拥有经济资本的资产阶级一样与普通大众相区隔，经济资本以经济实力和生活的优裕程度为指标将社会人划分为资产阶级与劳动群众，文化资本则以文化趣味和学历水平为指标将社会人划分为知识分子和一般民众。大量拥有这两类资本中的任意一种的人都处于支配阶级；反之被剥夺这两类资本的人则属于被支配阶级。

知识分子所拥有的丰富的文化认知和高雅的文化趣味扮演了社会等级区隔者的角色，光顾博物馆和听音乐会对于普通群众来说不仅是身价和品位的象征，也是远离日常生活的华而不实的附属行为，而且日日为衣食住行忙碌的普通大众没有充裕的时间和充要的条件来培养这种文化消费能力。这样，高雅的文化趣味和文化分析能力就将其占有者抬高到所谓"上层人士"的优越地位，并将具有区分意义的特征内化到个体的艺术品鉴能力、情趣以及性情习性之中，成为社会身份区隔的合法标签。

作为占据知识分子中大多数的教师群体来说，充裕的教育机会和丰厚的文化积累也使他们与普通民众区隔开来，他们也接受了由主流文化型塑起来的行动方式、语言系统和思维习惯，而这些又客观地加深了教师所代表的文化优势群体与普通民众所代表的文化劣势群体之间的隔阂。

布尔迪厄将行动者经由所处的文化锻造的性情、习惯称为习性（habitus），认为习性的形成和发展是个体不断内化社会环境中的外在规则与结构图式的结果，行动者由此获得"场域"的适应性。可以说，布尔迪厄所谓的"习性"承担着调解行动者与其生存场域之间的关系的职责。特定的个体经过长期的示范教育和学校教育环境的熏陶，也逐渐形成了与特定教育环境相适应的生存习惯、秉性系统和认知结构，这样的思维方式和行动模式就成为特定教育环境中代表性的文化特征，它将这样的从业者和其他的职业群体潜在地分割开来。这样，与生存场域相适应的行动方式、语言习惯和思维方式等就成为个体社会身份的标志。教师的文化性特征不仅形成了教师群体与社会其他行业的天然区隔，而且使一所学校的教师与其他学校的教师也由于文化特征的校本差别而区分开来。教师也由于其代表性的行为方式与精神文化特征而获得一种群体的归属感与社会地位感，大多数人都将教师看作与"中产阶级"社会地位相当的职业，而教师自身也以知识的占有者和真理的守护者而自居。

（2）教师文化的人格塑造功能

外在的"文化模式"和价值观念系统总是通过特定的语言、行为方式、价值观念、风俗习惯等对人的性格、态度、气质、信念、价值观等产生潜移默化的影响，人总是通过自身的活动和主观精神感悟、认识和理解已客观化为风俗礼仪和文化制度的文化精神，并通过长期的社会实践把这样的精神原则同化和积淀于自己的人性结构中，形成个体特定的人格与精神气质。教师身处社会大环境和教育系统的微观环境中，其价值观念与思想状态同时受到社会主流文化和教师职业文化的双重规约。

在社会大环境中，教师被当作知识分子的典型代表，被社会的其他从业者当作主流文化的代言人或精致文化的创造者。这样，教师的言行举止尤其要符合社会主流文化的发展方向，其价值观要与社会的主导价值观一致。甚至从意识形态的角度来讲，由于教师所处的传递主流文化、培养社会所需人才的重要地位，国家和社会也要求他们中规中矩地走正统路线，各种新奇另类的想法和不为社会普遍接受的做法理应与他们无缘，甚至是互相对立的。同样，在教育系统的微观环境中，当新手型教师完成了职前教育过程而以"教育者"的身份涉足职业领域时，也面临着教师职业文化的规约，"先在"的教师文化以一种"集体无意识"的方式强迫新手型教师不断改造自己的思想观念和行为方式。学校的教师文化是新手型教师专业发展过程中必须接受和内化的东西，是模塑他的模具，新手型教师的专业适应和发展过程也是对教师文化的认识与同化过程。新手型教师总是在这样的文化模塑与习染过程中变得老练起来，只有这时才算是真正获得了为社会和群体成员所认同的教师身份，生成了与此种身份相适应的人格与性情。这也就是中国传统哲学讲的"习成而性与成"的道理。

对于整个社会文化构成来说，教师文化是一种精致文化与高雅文化，是整个社会范围内大力提倡与发展的文化类型；相对于教师群体内的从业者来讲，教师文化在更具体的意义上是一种规范文化，这样的文化精神是世代教师在教育的历史洪流中不断创造、改良、积累、提炼并以言传与身教的方式架构起来的一种特殊的角色性规范，如同京剧中的"青衣"与"花旦"有其固定的唱腔与行头一样，身处教育系统的教师也要遵从特定的语言规范与行事规则。

"先在"的教师文化甚至会将教师文化的某些特质抽象为某种理想的教师类型，这样的理想类型与其说是对教师的现实描述，不如说是对教师应有的精神状态的期盼，因为这样近乎神圣的教师形象不一定现实地存在于世俗的世界之中，它只是从理性的角度为教师塑造了一个理念上的模型、一个发展的参照系。教师文化为教师共同体内的所有成员提供了应该遵循的行为准则和价值理想，而主体正是通过对这样的准则和价值的内化而形成了与这样的文化氛围相符合的人格结构。教师文化具有型塑教师理想人格的伟大力量。

（3）教师文化的团体凝聚功能

群体文化的主导价值观总是不自觉地渗透于个体的精神、情感层面并最终表现在行为中。相对于特定范围的教师群体来说，必然具有为群体内大多数成员所认同的核心精神因素，靠着这些文化精神的维系把团体内的成员紧密地团结在一起，使他们具有共同的价值观念和行为准则。虽然教师文化在不同个体成员身上具有不同程度的具体表征，但它所包含的内涵却是共性的。

对共同的主导价值观的维系是教师文化的激励与凝聚功能的具体表现，它能够有效地整合教师个人与团体、团体与团体之间的关系。一方面巩固了现有的教师队伍的团结和稳定，另一方面对新入职的教师也能有效地促成转化和融合，使其真正具备"师者"的精神气质，并认同所在集体不曾明言的价值目标和潜在的行为准则。教师文化的团体凝聚功能就好比是一种精神上的黏合剂，它以一种微妙的方式沟通成员的思想情感，融合他们的信念与价值观，培养和激发他们的群体意识和集体意识，使团体中的成员从心底里产生一种休戚与共的感觉，愿意为了集体目标的实现而积极行动。

由于文化价值观总是以一种无形的力量发挥着对个体行为的激励功能，因此有人将个体通过潜移默化的方式接受的文化特质称为"文化密码"①，他们在群体的层面上是以荣格所谓的"集体无意识"的方式控制其成员的思想和行为。浸润于教师文化背景中的教师个体由于"师道"传统、教育生涯以及其他的教育影响而形成了特定的思维方式和价值观念，也就是说宏观的社会环境和整体的教育传统以一种柔和温润的方式把一种相对稳定的价值观念和行为方式植入教师的潜意识中，对他们的思考和行动方式形成潜在的规约。但是，这样的规约却又不像制度和条例的强制性约束力量那样显而易见，它以一种潜移默化的方式影响着教师的理念和行为，使教师在教育教学工作中感觉"理应如此"，教师理应爱护学生，理应具有奉献精神，理应知识渊博，理应谈吐优雅……个体即便在遵从这样的文化精神行动时，也感觉不到文化的制约力量，反而以主体责任感的方式进行着价值抉择。

可见，文化的导向与凝聚功能的最大优势就在于它的"无形"。有规则必有违规，有条例也必有违例，制度性的规约往往无法唤起个体责任感与使命感；而文化则具有一种无形的感召力，使个体在精神的层面上达到高度统一，并对群体的思维习惯和价值观形成一种天然的认同感和亲切感。

（4）教师文化的学校民主管理功能

作为科学文化知识和主流价值观的传输者，教师的确在社会生产中担任着如意大利思想家葛兰西所说的"有机知识分子"的职能，因为他们是权力或者利益的有机体，所以在教育系统中必定要为权力和中产阶级利益代言。但是，随着世界范围内对学生综合素质的重视，为了实现学生创造

---

① 姜华：《破译文化的密码：评陆扬、王毅〈文化研究导论〉》，《文汇读书周报》2006 年 4 月 14 日。

性发展的任务目标，教育这一古老的事业被更多地注入了自主与创造的新元素，教师也不再是装在固定的教学思想和教学模式的"套子"中的人，而是主动地探寻教育规律与教学方法，灵动地实现教学目标的创造性的主体。在这样的情境中，学校的管理尤其是对于教师的管理更应该避免机械的、教条的、严格的、冷漠的制度与条例的规约，因为只有尊重教师的精神追求和教师职业的创造性本质，才能唤起教师职业的活力。而这就需要学校管理者重视教师文化的建设，使教师在教育思想和观念上全面内化学校的教育和管理目标，使学校发展目标外显为教师自觉的行动和积极的价值追求，只有这样，在管理的过程中才能真正地做到以教师为本，才能有效地建立教师的主人翁责任感，才能避免因硬性规章制度的过度束缚所导致的创造性的干涸和精神上的挫败感。

所以，教师文化的建设是对教师实行民主管理的最佳途径。通过教师文化的建设，使教师的价值追求与学校的主导价值观相统一，学校的管理目标内化为教师的自觉精神追求，从而达到"治人于无形"的管理目标，在学校领导与教师之间形成一种民主、和谐的文化氛围；另外，大力发展教师之间的合作文化，能够在教师群体中形成亲密、融洽、友好的关系，防止内耗，增强教师队伍的团体凝聚力和团队合力。此外，文化的管理方式尊重了个人的发展目标，有利于构建宽松和谐的工作氛围，实行平等竞争，为每个教师的个性化发展提供了广阔的空间和条件。可见，教师文化的建设对于学校领导来说是一种弹性和人文化的管理手段，为教师群体创造了一个尊重人性的自主发展空间。

优良的教师文化一旦建立起来，便会在整个学校范围内建构一种健康向上、可持续发展的校园文化氛围，人人都成为自我规约、自主发展的主体，学校领导可免除日日制定新的规章条例，而制度却无法取得教师群体认同的隐患，教师也可以在愉悦的工作中最大限度地发展潜能，实现生命价值。

（5）教师文化的社会伦理发展功能

教师历来被誉为是"太阳底下最光辉的事业"，人们以"园丁"、"蜡烛"、"春蚕"、"人类灵魂的工程师"等各种美好的事物来指代教师的职业形象，要求教师的行为"内外具秀"、"文质彬彬，然后君子"；在职业道德上，强调"内省"、"不耻下问"、"见贤思齐"，对学生要"循循善诱"，等等，这些文化与精神遗产，不仅造就了一代代优秀教师，而且又以教师文化为载体，世代相传，对形成和弘扬中华民族优良传统美德发挥了巨大的推动作用。

整个社会对教师职业行为和职业道德给以极高的赞誉，一方面，说明社会对教师承担的"传道、授业、解惑"的职能给予充分的重视和极高的价值认同；另一方面，更大意义上是对教师的职业道德和社会伦理功能的赞誉。教师的职业责任是为社会培养才智与德行全面发展的人，这样的角色和社会职能使得教师在社会生活中享有特殊的地位和声望，使得教师的人格和精神的力量相对于知识的传承来说显得更为重要。教师文化作为教师在教育教学活动中形成与发展起来的价值观念和行为方式，对儿童乃至社会伦理的发展具有极及重要的影响。

在教学过程中，教师要"为人师表"，教师要以高雅的行为举止、高尚的人格品质、健康向上的精神面貌去影响学生，使学生从教师身上学会求知的同时也学会做人。教师所传授的知识也许为学生提供了谋生的技能，可做赖以生存之"用"，而教师精神文化的影响却着意塑造青少年高尚的灵魂，使其脱离"生物"的存在水平而成为社会意义上的"人"。在学生的心目中，教师是社会优秀人士的最直接的代表，是学生最敬佩的长者和模仿的楷模。正如教育家加里宁所言："教师的世界观、他的品行、生活，他对每一现象的态度都这样或那样地影响着学生，这点往往是察觉不出来的。但还不只如此，可以大胆地说，如果教师很有威信，那么这个教师的影响会在某些学生身上永远留下痕迹。"[①] 教师的劳动对象是可塑性大，模仿性强，世界观、价值观、思想品质、道德人格都处于形成过程中的年青一代，教师的行为作风、处世方式，乃至气质、性格、习惯等都能对学生发生潜移默化的熏陶、感染甚至感召作用。

---

① 加里宁：《论共产主义教育与教学》，陈昌浩、沈颖译，人民教育出版社 1981 年版，第157 页。

教师精神文化的影响范围并不仅仅局限在校园范围之内，它具有强大的渗透力和辐射性，能漫过学校围墙的阻隔，对整个社会的道德与伦理发展起到引领与导向作用。一方面，教师作为社会成员的一分子，其自身的精神文化与道德素质水平必然对社会公共道德产生这样或那样的影响。教师的爱岗敬业、乐于奉献意识，刻苦钻研、积极进取、勤奋求实意识作为社会主流价值观的重要构成要素对社会公德发生极大的影响。另一方面，学校教育是人生必经的身心发展与道德培养的重要阶段，相对于家庭教育和社会教育等环节来说，学校教育对人的价值观的形成和性格的发展起着更重要的作用，而学校中教师的言传身教更是青少年思想道德形成的主导因素。教师来自社会，对尚未踏入社会的学生来说，教师就是社会优秀文化的代言人和社会精神的缩影，并在学生心灵上形成重要的印象。一个教师的形象和精神气质如何，关系到一代学生的社会价值观的发展乃至行为与处事风格。这样，教师精神文化通过学生的持续的社会化过程而影响着整个社会范围内的伦理与道德的发展。

2. 教师文化问题

文化的视角是要把教师作为一个整体来考察，而且从根本上关涉教师的思想和精神领域。因为，思想、精神层面的发展恰恰是教师整体发展的动力和根基，唯有探明教师文化的发展状态，才能从根本上抓住教师专业发展和学校发展的动力源泉。如果不研究教师的思想层面和精神状态，而一味地告诫教师一系列的"要"和"应当"，这样的规范和要求无法得到教师的价值认同，引发发展的动机和动力。然而，相对于目前教师教育理论发展的欣欣景象，教师文化的研究处于比较薄弱的状态，致使当前的教师专业发展与学校教育变革的理想规划如"空中楼阁"般失去了根基。

（1）教师文化建设的缺失导致教师专业发展的低效

当前正在进行的教师专业化运动引发了以提升教师素质为目标的教育改革。20世纪80年代以来，受到美国的卡内基工作小组、霍姆斯小组相继发表的《国家为培养21世纪的教师作准备》、《明天的教师》两个重要报告的引领，教师专业化研究越来越成为国际教师教育研究领域的主题。然而，一方面，教学工作的复杂性决定了教师的专业能力具有极大的不确定性，任何人都无法详细地指明教师的专业属性的根源，于是一旦要对教师的专业能力进行比较严格的界定，人们不免要开出一系列由教学知识与教学技能组成的专业结构的清单；另一方面，又遭受教师职业无法与医生、律师等职业的专业性相抗衡的诘难，感受到那些专门职业都是以该领域的基础科学与应用科学的熟练掌握为支撑，于是，教师专业化的发展便走上了以教育领域的基础知识与应用技能的熟练性为标准的发展向度。人们将专业化的教师看作一个"技术熟练者"。培训者将专家认定的分门别类的教学专业技能当作了教师专业发展道路上通治百症的"灵丹妙药"，严格地按照专家所罗列的专业技能清单进行教师的职前培养与在职培训，这种技术化的专业发展思路将教师当作受程序驱控的教学机器，认为经过特定的专业技能的培训以后，教师将严格地按照专家设定的理性化的路径发展，并相应地提高专业化水平。

事实上，教师专业地位的提高并不仅依赖技术的熟练，"名师"与"教育家"更多地依赖崇高的精神而得到世人的认可。各种教学知识和教学技能分别培训并不能使教师的精神面貌改观。教师专业化的发展过程应该采用一种全方位的发展路径，应该将教师的专业发展过程看作一种整体素质提高的过程，是人性化、人格化、个性化、文化化的一个过程。人不是一部可以按照固定的模式建造并能精确地按照程序运作的机器，人性宛如一棵树，是一个充满生命力的事物，只有在内部力量的作用与驱动之下，它才能生根发芽，开花结果，在收获的时节也成就了人生的辉煌。

1983 年，美国马萨诸塞工科大学的哲学教授唐纳德·舍恩在《反思性实践家——专家如何思考实践过程》一书中提出了与医生、律师等典型的"技术性实践家"相区别的"反思性实践家"概念。舍恩认为，"技术性实践"的概念在现代专家所置身于其中的复杂的实践环境中显示出破绽。当今专家所面临的问题都是复杂的综合性问题，以专业化领域极其狭窄、专业理性不足的"技术性实践"行为来应对，很可能因为捉襟见肘的理论无法统筹兼顾全局的问题而引发更复杂更深刻的负面效应。同时，如果专家把自己的专业领域限于"技术性实践"，就会使自己成为"处于山巅而同人们直面的泥沼般的问题无缘的存在者"①。这就要求专家直面复杂情境中的问题的复杂性，充分发挥自身的主观能动性和对问题的洞察意识，以对"活动过程的省察"（reflection in action）来替代传统的专家理性秉持的"科学技术的合理运用"（technical rationality）。

舍恩的"反思性实践"的概念虽然不是针对教师的专业理性提出的，但却对教师的专业化发展具有同样的有效性。因为在教师的专业化发展过程中同样存在着"技术性"单方面发展的误区。这种技术性实践主导下的教师教育模式和教师专业发展忽视了整个教育环境的复杂性和教师的主体意识。尽管有研究者将教师的专业结构细致地划分为专业知能和专业精神两个方面，而且认为教师关于教育的观念和理性信念为教师的专业行为提供了理性支点，使得作为专业人员的教师与非专业人员区别开来②。然而，在实际的教师教育过程中，各级各类教师教育机构往往只顾及教师的专业知识与专业能力而忽视了其他。这固然是由于缺乏教师精神文化建设的有效措施，但更根本的是因为对于教师精神文化的"黑箱"缺乏系统地研究所致。

只有在探明教师文化的特征与属性的基础上，教师教育的研究才能提供教师文化的转变与建设的针对性策略，才能真正地开发教师的主体责任感与反思意识，使之达到对于复杂的教育情境中多样的教育问题的理性省察，由技术性的教育实践转变为反思性的教育实践，也只有这样，教师的专业教育才能具有深厚的根基，教师的专业发展也才能真正落到实处。

（2）教师文化的抵制导致自上而下的教育改革无法顺利推行

我国推行的基础教育课程改革无异于一场艰苦的战斗，自2001年9月新的基础教育课程在全国38个试验区推广，新课程的推进与建设已经进行了近13个年头。在过去的13年中，课程研制者和教育行政人员努力使政策科学合理，使保障措施及时到位，预期能够引领教育工作者以高度的历史责任感和极大的热情投入改革的潮流中，从而实现我国中小学课程从学

---

① ［日］佐藤学：《课程与教师》，钟启泉译，教育科学出版社2003年版，第333页。
② 叶澜等：《教师角色与教师发展新探》，教育科学出版社2001年版，第230页。

科本位、知识本位向关注每一个学生发展的历史性转变。必须承认，新课程改革无论从课程目标、内容标准到实施与评价各个层面都对实践层面产生了不小的冲击，但是，对照素质教育的人才培养目标，我们发现期待的结果与现实的状况相去甚远。教育部山东师范大学基础教育课程中心曾经组织山东省高校和教科研部门的专家学者于 2005 年 11 月至 12 月和 2012 年 12 月至 2013 年 5 月先后两次进行了山东省范围的高中课程改革和基础教育课堂教学改革的调研。高中课程改革调研组先后深入临沂、日照、青岛、德州、聊城和济宁 6 个地市，与 20 几所高中近 300 名高中教师和教育教学管理人员进行深度访谈，向学生和教师发放了 1200 多份调查问卷；基础教育课堂教学改革调研组在山东省 14 个地市选取了教学改革中取得一定成效的学校 52 所，通过调查问卷、教师访谈、听课评课和资料收集等方式，对课堂教学改革的整体状况进行了全面考察，共收集 924 份教师问卷、1980 份学生问卷、308 份教学改革成果材料（包括教学改革成果介绍、优秀教学案例展示、教师成果汇编、编著等），教师访谈 203 人次，随机听课 116 节。通过调研，我们发现，尽管国家、政府和教育主管部门把大笔的资金投入这场全国范围内影响巨大的教育改革事业中，尽管不断地有保障新课改顺利进行的相关文件与政策出台，尽管整个教育系统为新课程的顺利推进了大量的基础性的准备，尽管学校层面为提高教师的新课程适应能力做了深入细致的工作，但是，作为课程实施者的教师似乎依然没有做好准备，也没有足够的能力应对不断变革的课程理念与课程体系的挑战。尤其是具体到教师的课堂教学层面，虽然课程专家、学校管理者与教师教育工作者都非常重视教师新课程实施能力的培养，教师的教学实践却依然与预期的理想状态相去甚远。究其原因，一方面，因为新课程的推进没有考虑教师现实的生存状态，没有给予教师足够的准备时间，一下子将在传统的教育理念下培养出来的、在传统的教学模式下工作了很多年的教师推入新课程的大潮中；另一方面，更重要的是现代化的教育技术面纱下遮掩的依然是传统的"教书匠"形象，教师的精神状态没有丝毫的转变，这才是制约新理念深入贯彻的根基性的障碍。

赫尔巴特教学思想在 20 世纪初借道日本传入我国以后，以五段教学法为代表的西方传统教育模式对私塾和旧式学堂的教学方法产生了严重冲击，这种模式历时百余年而在教师的思想与行为中的影响日益深远，而且，教师职业本身又是与传统和保守等观念为邻的，他们可以依靠相对成熟的教学方案和累计的教学经验"以不变应万变"地完成各种教学任务。因此，在教育改革的过程中，面对着教育观念、教学方法、评价标准等各个方面的急速地转型，教师普遍感到巨大的压力，似乎有千头万绪的问题等待着他们去处理，而他们却无从着手。教师在渴望着编写教材的专家的具体引领，在等待着各种教学参考材料的全面就位，在企望着新的高考方案的尽快出台，而很少有能够大胆地突破目前的困境，根据自身多年的教学经验自主地开发课程与教学资源的教育者。教师们依然在等待着将专家研制成功的课程产品和教学程序原封不动地推给学生。被寄希望于在变革的教育环境中用全新的教材培养学生综合素质与创新能力的教师依然是教学参考书的忠实执行者，是他人的教学方案的机械模仿者。在教学过程中思维僵化、思想保守、缺少创新的教师如何给予学生全新的视野和观念的冲击？如何给学生提供创造性思维萌发与生长的教育土壤？

在基础教育课程改革的推进过程中，作为课程实施者的教师起着关键性作用，教师教学行为的转变关系到课程改革的成败，而行为转变受制于观念的制约。在课改推进过程中，教师想什么、信仰什么、如何构想等对课程政策转化为教学实践的方式有着强有力的影响。那些由教师独特的职业生活方式所决定，且为教师群体所共享的思考方式、信仰和构想，就是教师文化的构成因素，这些因素一经形成便具有相对的稳定性，并对教师的行为具有支配作用。自上而下的教育改革在实践中不能得以有效贯彻，往往是因为受到教师文化的抵制与抗争。课堂外部的管理人员对于控制课堂教学常常感到无能为力，即便以具体的物质刺激和制度规约的强制方式改变教师的行为，其结果也往往是形式的变化掩盖下的观念的"固着"。J. 古德莱德和 M. 克莱因等人进行的一项课堂研究所得出的结论也是如此。他们发现，"自上而下的计划一般是以失败告终的，因为这种计划不会使教师对计划的成功做出必要的承诺，并且没有考虑到实施这种课程的人特定的知识和建议。"① 如果不考虑教师文化的存在状态，先进的改革理念充其量只能是表面或部分得到落实，具有稳定性的教师文化的存在总是试图将教育革新扭曲成教师熟悉的行为方式，从而使改革的效果大打折扣。因此，解决教育改革的困境的办法并不仅仅在于出台更多的政策与方案，从某些细节与策略上搞再多的花样也往往收效甚微，在存在着一种保守的教师文化的前提下，在教师或明或暗地抵制变革的前提下，我们很难获得保障改革成功的教育环境。因此，探明教师文化的发展状态与属性，并针对教师文化与新课程理念相背离的地方开展教师文化的建设工作，解决改革的主题与保守的教师精神状态的矛盾，将对新课改的顺利发展起到真正的促进作用。

（3）社会转型期多元文化的共存引起普遍的信仰与价值危机

在工业文明飞速发展的现代社会，传统的价值观念面临挑战与转型，与工业社会相适应的价值观占据主流地位，而作为对现代文明具有警示作用的后现代主义思潮又与中国社会不期而遇。这就把本该历时性地经历各种价值观念的当代中国人推入了多元价值的泥沼。古代思想、近现代精神与后现代思潮的共时性存在使当代中国民众在思想层面陷入了异常复杂的状态，陷入了文化认同的危机。古代的人格与修养目标、现代的功利与科技追求，以及后现代主义对技术与科学的反击，使现代人无所适从。传统的价值中心失落，新的价值体系没有适时建立，人的生存重心也失去了依托，加之各种非理性情感的泛滥，以及意志主义、存在主义等各种非理性哲学思潮的兴起，更是给人非理性的存在方式提供了理论的明证，甚至使崇尚非理性成为一种社会时尚。

20 世纪 80 年代非理性主义思想伴随着西方文化思潮涌入中国，首先在文学领域产生了深远影响，受到一些文学创造者和文学研究者的大力吹捧。他们以身体与本能的解放为核心，以野性与纵欲的生活为基调，在国内文学创作与文学评论界屡次掀起波澜，甚至引发了 20 世纪 80 年代末至 90 年代初的旷日持久的"理性与非理性"的大讨论。文本世界的本能癫

---

① ［美］约翰·D. 麦可尼尔：《课程导论》，施良方等译，辽宁教育出版社 1990 年版，第 144 页。

狂、意义悬空一方面是现实世界价值混乱的真实写照，另一方面也使得这些作品的读者和受众在不同程度上受到这些思想的侵染，在现实世界表现出非理性的思想和行为倾向，强化了非理想思潮在现实世界的表征。

人们常说，社会得了病，教育就得吃药。面对当代中国价值多元与文化认同的危机，教育的首要目的就是为人的思想和精神世界的发展提供基本的立足点。尤其是对于儿童和青少年的精神世界的发展，广大教育工作者更是难辞其咎。然而，在目前的社会转型期，社会文化本身却是纷纷扰扰的，各种文化思潮或明或暗、程度不同地影响了转型时期人们的信仰和价值取向，作为社会主流文化影响下的亚文化，教师文化是否会由于教师职业的特性及其学识的优势而获得超越性，还是在各种思潮的冲击中随波逐流，这将对国民精神产生关键性的影响。因此，探明教师文化在人类文明史中经历了怎样的发展历程，当前的教师文化处于何种状态，理想的教师文化状态是怎样的，如何建设理想的教师文化等问题，对于避免社会转型期的价值混乱、对促进社会文化的健康发展都大有裨益。

正是基于教师文化问题带来的教师教育和教育改革的困境的分析，我们认为，教师文化的研究可以为这些问题的解决带来一线生机。探明教师文化的历史发展与现实状态，建构理想的教师文化图景与发展路径对于各种社会问题和教育困境的解决都不无助益。

二、研究现状

教师文化研究是对教师"存在论"的一种考察，排除了从知识、教学行为、职业道德等方面对教师整体存在条分缕析的研究模式，深入教师的日常生活世界中考察其真实的精神状态。日本学者佐藤学教授认为，教育学关于教师的话语，一直围绕着"教师应当如何"（ought to）的规范性逼近，和"如何才能成为教师"（如何培养？）（being a teacher < educating a teacher >）的生成性（教育性）逼近，展开讨论，前者是从"规范"下降到"现实"，后者则从"现实"上升到"规范"，这两种逼近处于一个钱币的正反两面的关系，而在这两种逼近中间横亘着的另一种逼近，却在无意识中被排除了，这就是设问"教师是怎样一种角色"、"教师意味着什么"、"为什么我（您）是教师"的"存在论逼近"（ontological approach）①。目前，国内外教育理论界已经意识到教师存在论研究对教师职业发展的重要意义，并开始将教师作为一个文化性的整体存在加以关注。

目前国外关于教师文化的研究已经有了一定的积淀。首开先河的是 20 世纪 30 年代美国社会学家沃勒（W. W. Waller）的经典性研究《教学社会学》，作者从社会学的观点描述了受官僚性教育行政权力支配的学校教师文化的特征。但沃勒的研究始终以对教师文化的非人性（impersonality）的批判为主流线索，描述了教师文化的伪善、权势、卑屈、狭隘等核心内容，揭露了形成这种教师人格偏差的社会性和制度性原因。应该说，沃勒对教师的行为与意识偏差的刻画是有代表性的，但是，沃勒的批判有点儿过了头，只看到了教师文化的否定性的一面，缺乏对教师文化的正面特征的表述。而且，沃勒的研究结论也存在着历史局限性，他追求的理想目标是教师的人性化，却大力批判以专家型的教师为目标的教师成长道路。他认为，以学校的官僚控制和伦理控制为前提的教师专业化运动只能助长教师行为与意识的偏狭，因为依附于官僚体制的教师教育和教育学研修无法达到教师人格发展的深层目标，只能进一步促进教师人格的伪善性与权势性。我们承认，教师职业的发展不能完全依赖于教育制度和行政管理的完善，但也不能完全脱离制度性的规约，脱离了制度规约的教师专业发展必将陷入低效和盲目行动的境地。

自沃勒的研究以后，教师文化的研究走过了 40 多年的沉寂期，终于在 20 世纪 70 年代迎来了他的新继承者——芝加哥大学的社会学家洛蒂（D. C. Lortie）。洛蒂认为，知识或权力已经日益成为与教师相关的研究话题，现有的研究充满了对教师工作的各种规定、不确切的说明，而缺乏对那些规定和描述进行认真调查、合作研究。他的《教师——社会学研究》一书多角度地综合了关于教师的历史考察、问卷调查、教学观察，以及教师的供给与研修等制度性研究，真实地描述了基于职业生活所形成的教师特有的意识和情感，意图在于阐明未能充分实现专业化的教师的独特性

---

① ［日］佐藤学：《课程与教师》，钟启泉译，教育科学出版社 2003 年版，第 206 页。

格，结构性地理解从这种性格中派生出来的教师意识和情感。在洛蒂以后，英美的社会学家和文化人类学家以学校文化研究为中心，以长期深入学校与课堂的参与观察法为主要手段，大量地阐明教师在学校和课堂中如何苦心经营，开拓了教师职业意识研究、出身阶层与社会意识研究、同事人际关系研究、教师生活历程研究等多个不同的研究层面，发展了文化人类学研究、符号互动论研究、现象学的解释学等多种描述性的研究方法，为后续的研究奠定了基本的理论框架。

自 20 世纪 80 年代中叶以来，受到教师专业化运动与教师教育改革运动的引领，教师文化研究也大大扩展了自身的研究领域，明确了以专业性的确立为目标的新的发展方向。此时的教师文化研究着眼于从教师职业生涯和同事关系的分析中透析教师的精神和情感状态，目的是为教师的专业发展服务。主要以鲍尔（S. Ball）和古德逊（I. Goodson）的《教师的生活和职业》、古德逊（I. Goodson）的《教师生活研究》、加拿大学者哈格里夫斯（Andy Hargreaves）的《教学文化：变革的焦点》和《变化的时代，变化的教师：后现代时期的教师工作与文化》以及日本学者佐藤学的《课程与教师》和稻垣忠彦所做的长野县师范学校毕业生的教师生活调查等文献为代表。哈格里夫斯对教师文化从内容和形式的层面进行了分析，认为教师文化的内容是多种多样的，包括为一定范围内的教师组织或更大范围内的教师群体所共享的态度、价值观、信念、习惯、假设以及做事的方式等，教师文化的形式是指文化成员之间的关系和交往方式，他列举了教师文化的四种主要表现形式：个人主义文化（individualistic culture）、派别主义文化（balkanized culture）、合作的文化（collaborative culture）和硬造的合作文化（contrived collegiality）①。认为在这四种形式中，"个人主义文化"和"派别主义文化"是一般学校中最为常见的教师文化类型，教师职业的很大一个特点就是奉行教学的"专业个人主义（professional individualism）"原则。鲍尔等人认为，教师是其自身历史的积极创造者，不过研

---

① Andy Hargreaves, Changing Teachers, Changing Times: Teachers' Work and Culture in the Postmodern age, London: Cassel Educational Limited, 1994, p. 166.

究人员还没有充分认识到这种复杂性。研究人员即使已经不再把教师当成无数的聚合体、历史的脚注或角色的执行者，但仍然会把他们看成不因时间和情境而改变的人物。因此，需要开发一种新的研究方法，即去寻求教师个人亲身经历的和传记的资料信息。通过追踪教师职业生活的足迹，了解教师是什么人。鲍尔和古德逊等人的研究注重通过教师生活世界的描述逼近教师的精神状态与专业成长过程。佐藤学通过"官僚化"、"民主化"和"非专业化"、"专业化"两个轴交叉形成的区间图来分析教师文化，根据不同类型的教师文化坐落的区间不同，将教师分为"作为公仆的教师"、"作为劳动者的教师"、"作为技术熟练者的教师"和"作为反思性实践家的教师"，具体阐释了各种类型的教师形象的特征和教师文化的特征，并分析了由于教师工作的回归性、不确定性和无边界性特征派生出来的教师文化特征，批判了教师公共使命的衰退，意图引导教师专业文化向自律文化的发展方向。

在国内，一些敏感的教育理论工作者已经意识到教师文化研究对于教育改革和教师发展的深层次支撑作用，并在不同的层面上、从不同的角度展开了对教师文化的研究。从时间上来划分，我们大体可以将国内教师文化的研究粗略地分为初探和深化两个研究阶段。

自 20 世纪末开始，受国外教师专业发展和教师教育研究的影响，我国学者陆续将国外教师发展和教师文化研究的成果翻译、介绍到国内，并在借鉴国外研究成果的基础上展开了一些教师文化领域的本土探索。刁培萼在《教育文化学》一书中研究了师生的人际交往状况，分析了教师的行为方式对师生关系的决定作用，并分析了教师的期望效应对学生发展的影响。郑金洲的《教育文化学》则设专章对教师文化进行探讨，从教师的文化特性、教师的文化类型、教师文化对学生的影响和多元文化背景下的教师四个方面做了研究。他指出，在学校中，像年长资深、教师所教学生的年龄、教师所教的学科等许多因素都影响着教师的文化特征，这些因素将教师群体区分开来，使一部分教师享有着其他教师所没有的特权，也使他们有着与其他教师不同的价值观念与行为方式。他将教师的文化类型依其表现形式分为学术为本的文化、学校为本的文化和学科为本的文化三种。

陈永明主编的《现代教师论》从促进文化发展的贡献方面阐明了教师文化的社会职能，认为教师形象具有坚定信仰—保持良知、持续学习—保持进取性、强化服务—勤业敬业和参与实践—培育新精神的文化意蕴，并对教师成长的文化动力进行了分析。南京师范大学出版的"教育社会学丛书"则从社会学的角度对师生关系以及课堂教学文化进行了分析和思考。

在学术论文中，有学者从规范文化与非规范文化、主动文化与受益文化、学术性文化与日常性文化等角度对教师文化进行了社会学描述①；有学者从不同的角度研究教师文化的意义与作用，包括教师文化对学生发展的熏陶感染作用、教师文化对师德建设的重要作用②；有学者分析了社会可持续发展对教师文化职能的挑战以及未来的发展方向③；还有学者就教师文化的意义与作用以及教师文化素质提高的途径进行了分析④。

总的来说，这一阶段的研究特点是在引进国外研究成果的基础上，进行本土教师文化的基础研究，研究内容侧重于对教师文化概念、意义、特征与作用等基本理论的分析。

21世纪初，随着我国新一轮基础教育课程改革的启动，人们对教师在新课程实施中的重要作用有了更深入的认识，在很大意义上推动了教师文化研究领域的发展，教师文化的研究成果伴随着新课改的深入而不断涌现，这一时期的研究主题主要有以下几方面。

第一，教师文化的类型、表现等方面的研究。我国学者充分借鉴国外对教师文化类型的研究，并在此基础上进行了一些本土探索。学者从不同的角度对教师文化的类型进行了划分：有的按照哈格里夫斯的划分标准将我国教师文化也划分为个人主义文化、派别主义文化、人文合作文化和自然合作文化⑤；有的以教师的整体精神面貌为依据，把教师文化划分为充满活力型、停滞不前型、按部就班型，以教师所处的不同教育阶段为标准

---

① 吴永军：《课堂教学中文化结构的社会学分析》，《上海教育科研》1998年第4期。
② 凌小云：《加强师德建设，重塑教师文化》，《上海教育科研》1998年第6期。
③ 舒志定：《社会可持续发展与教师文化职能》，《高等师范教育研究》1999年第2期。
④ 王建明：《浅谈提高高校教师文化素养的必要性及其途径》，《辽宁教育研究》2000第S1期。
⑤ 冯生尧、李子建：《教师文化的表现、成因与意义》，《教育导刊》2002年第7期。

把教师文化划分为大学教师文化、中学教师文化、小学教师文化等[①]。在教师文化的表现特征方面，有学者分析了知识制度规约下的教师角色的泛化和职业情感的扭曲等特征，阐释了教师组织文化的个体性、封闭性、节律性特征，分析了教师在师生交往中的话语霸权现象[②]。有学者通过叙事研究的方法对教师文化的个案进行考察，通过个别课例的分析展示教师文化坚持技术工具价值取向、淡化政治工具价值取向的特征，并以教师的人际交往状况的分析作为展示教师文化的另一个途径[③]。有学者以质的研究方法对课堂上教师文化的表现特征进行分析[④]。有学者从霍夫斯坦特（Hofstede）的文化四维度（权力距离、不确定性回避、个人主义和集体主义、男性度和女性度）理论出发，将教师文化界定为低权力距离文化、高不确定性回避文化、高个人主义文化和女性度文化[⑤]。有人认为教师文化具有"渗透、解读、自觉、开放和建构的文化特征"[⑥]。有人对传统教师文化进行了批判性考察，认为传统教师文化存在着角色认同神圣化、价值趋向保守性、文化冲突中的自我中心主义、社会分层的代理人以及行为方式的封闭性等特征[⑦]。有人认为传统组织模式下的教师文化一方面表现为"捆绑文化"，"学校统一设置的以学科、年级为单元的组织结构将不同的教师个体组合在一个办公室……教师完全受制于校方的统一安排，缺少与他人组合工作的选择，更谈不上可能满足对人际交往的内在需求"；另一方面表现为"马赛克文化"，"在貌似合作的现象背后，教师个体之间是相互独立的，对于教学经验和技能多采取自给自足的方式，他们很少进行互相的交流和合作"[⑧]。有学者对香港与内地不同地域的教师文化的差异进行了比较研究，分析了两地教师文化在课堂教学方法、工作方式、继续教

---

① 宋宏福：《教师文化及其对教师专业成长的意义》，《教育与职业》2004 年第 15 期。
② 周润智：《被规约的教师职业》，博士学位论文，南京师范大学，2002 年。
③ 周海玲：《制度下的教师文化》，博士学位论文，华东师范大学，2005 年。
④ 唐芬芬：《教师文化的课堂透视》，硕士学位论文，广西师范大学，2002 年。
⑤ 古翠凤：《文化四维度理论视角下的教师文化研究》，《教育探索》2005 年第 8 期。
⑥ 赵复查：《主体间性哲学视野中的教师文化》，《教育评论》2005 年第 6 期。
⑦ 张晓瑜：《课程改革与教师文化重建》，《教育理论与实践》2005 年第 1 期。
⑧ 蒋惠琴：《教师文化：从沉积到创建》，《江苏教育》2005 年第 6A 期。

育等文物和创造层面，在教学理念、交流分享、专业自主等价值层面以及在谁主命运、求同性、社会意识形态、对知识能力的信心等深层假设层面的差异性表现①。也有学者对中西方教师文化的历史演变轨迹进行了梳理，认为中国教师文化在圣贤文化、官僚文化到公仆文化的历史流变中显示出祛魅的特征；而西方文化在从教仆文化、僧侣文化到专家文化的发展过程中显示了赋权的旨趣②。

第二，新课程背景下教师文化发展走向的研究。杨明荃在《革新的课程实践者——教师参与课程变革研究》一书中把教师文化作为教师抵制课程变革的原因之一，认为在课程变革的形势下应该倡导合作、民主、开放的教师文化。在一些论文中，学者对教师文化的合作化发展方向达成共识，普遍认为传统的教师文化中的个人主义特质不符合新课程的要求，制约了课程改革的推行，也因此制约了教师的专业成长与进步，因此需要创建开放、合作的教师文化，进而对合作的意义和合作的教师文化进行了具体的论述③。有学者指出，传统的教师文化是与"技术熟练者"相适应的文化，具有教师职业的传递性、价值取向的保守性、课程实施的技术性和行为方式的封闭性等特征，这些都已不再适合新课程的要求，而"要从根本上解放教师、增进课改实效和激发课程活力，必须从适应型文化走向'反思性实践者'赖以维系的创生型教师文化"④。有学者指出，"实践、生成，互动、参与，开放、合作，研究、反思，是新课程所蕴含和需要的教师优质文化的提炼性要素，这些理念蕴含于教师文化的基本要素之

---

① 吴浩明：《香港与大陆教师文化差异研究》，《华东师范大学学报》（教育科学版）2002 年第 1 期。

② 张宁娟：《中西教师文化的历史演变》，《教师教育研究》2006 年第 2 期。

③ 鲍同梅：《试论个人主义教学文化》，《扬州大学学报》2004 年第 1 期；翟艳：《论教师文化对课程实施的影响》，《现代中小学教育》2004 年第 6 期；任红娟、赵正新：《从个人主义走向合作——新课程对教师文化的诉求》，《当代教育科学》2004 年第 16 期；李广平：《教师间的合作专业发展》，《外国教育研究》2005 年第 3 期；熊梅、马玉宾：《校本课程整合与合作的教师文化的生成》，《教育研究》2005 年第 10 期。

④ 唐美玲：《从适应型教师文化走向创生型教师文化——论新课程背景下教师文化的重建》，《教育研究与实验》2006 年第 11 期。

中"①。

第三，教师文化对教师专业发展的意义和影响的研究。有学者将合作教师文化的创建作为师徒教师教育模式的实施途径②。有学者具体分析了教师文化对教师专业发展的影响，按照哈格里夫斯的教师文化类型对教师文化进行划分，并对如何建构一种理想的合作文化进行了探究③。有学者从教师文化的类型出发研究教师的专业发展，指出不同文化类型（以哈格里夫斯的分类为标准）相互之间既有联系也有本质差异，因此应根据每种教师文化类型的具体特征来促进教师的专业发展④。有学者从教师文化具有的"回归性"、"不确定性"、"无边界性"特征出发，指出教师的发展应该具体考虑教师自身职业文化的这种特点，并且还应注意培养教师的"公共使命感"⑤。有学者认为基于教师之间的开放、互信和支持的合作互动的教师文化对于教师专业发展，尤其是当与本地课程发展结合起来时，是最为理想的一种文化，只有建立合作互动、充满活力的教师文化，才是促进教师专业发展的根本之道⑥。也有学者从强调教师专业发展的文化自觉角度，提出应提升教师的自我发展自觉性，从而促进教师专业发展学校的兴起和"自我更新"取向的教师专业发展之路的确立⑦。

第四，教师文化建设的方向和途径的研究。有学者认为，"确立课程意识和转变教师行为方式是教师文化重建的关键"，在课程意识上要树立一种开放、明主、科学的课程观，在转变教师的行为方式上，积极倡导教师之间的互助和合作文化⑧。有学者认为教师群体文化建设应该从鼓励教

---

① 张九洲：《论新课程改革所需要的教师文化》，《教育导刊》2005 年第 11 期。

② 赵昌木：《创建合作教师文化：师徒教师教育模式的运作与实施》，《教育研究》2004 年第 7 期。

③ 于扬：《专业化视阈下的国际教师文化研究》，硕士学位论文，东北师范大学，2005 年。

④ 李玲、段晓明、陈荟：《教师文化类型及其对教师发展的启示》，《重庆教育学院学报》2004 年第 4 期。

⑤ 张凤琴：《教师文化及其对教师专业发展的影响》，《内蒙古师范大学学报》（教科版）2004 年第 11 期。

⑥ 孟宪乐：《教师文化与教师专业发展》，《今日教育》2005 年第 6 期。

⑦ 徐书业：《文化自觉：教师专业发展的未来趋势》，《广西教育学院学报》2004 年第 2 期。

⑧ 张晓瑜：《课程改革与教师文化重建》，《教育理论与实践》2005 年第 1 期。

师集体教研和体验交流等方面入手，应该改变传统的以学习班、讲座为主的静听培训模式，在具体化情境中发展教师参与课程的能力①。有学者从学校文化建设等方面指出了教师文化建设的方向和途径，指出应该加强学校物质文化建设、健全合理的制度文化、塑造合理的自然合作文化②。有学者认为应该改变传统封闭的狭隘文化，优化教师群体的文化素质③。有学者认为应该从价值取向的引导和合理机制的创建等方面来创建自然合作的教师文化④。

从这一时期教师文化的主流研究内容中我们可以看出，随着时代的发展尤其是基础教育课程改革的推进，教师文化的研究开始切实关照我国的现实教育环境，并在研究内容上走向深入和丰富。

我国现阶段教师文化的研究具有极大的创新意义，开拓了研究的疆域，为后继的研究提供了基本理论与方法论的借鉴，使教师文化研究的价值和意义得到充分彰显，但其中也存在一定的问题和缺陷。首先，很多研究缺乏现实的关照和情境性的支撑因素，缺乏具体教育环境中教师的真实存在状况的分析和例证，缺乏对教师文化表现的分析和针对性的问题解决措施。与国外的研究相对比，我们虽然进行了一定的社会学的考察，但缺乏一种长期深入学校进行系统观察，以叙事的方法直接逼近教师真实的生活世界，探究其真实的情感和精神状态的研究氛围。另外，我国学者过于注重对国外教师文化研究成果的引进与吸收，并将之作为基本的理论基础来指导我国的教师文化建设和学校教育改革，而对我国教师文化历史传统和本土特征的分析相对缺乏。我们承认，我国教师与国外教师具有某些共享的文化特征，但由于特定历史传统和社会价值观念的影响，教师文化的本土特征也是现实存在的。国外的研究在它所处的文化与教育环境的范围内具有代表性，相对于我国的教师文化研究只有一定的参考价值，拿这样

---

① 刘万海：《从"课程"到"教师"——课程研究领域的转向与教师文化重建》，《现代中小学教育》2004 年第 8 期。

② 罗红艳：《教师文化塑造：意义、困境与路径》，《教学与管理》2005 年第 2 期。

③ 赵复建：《现代教师文化：理念、特征与建构》，《武汉大学学报》（哲学社会科学版）2005 年第 4 期。

④ 蒋惠琴：《教师文化：从沉积到创建》，《江苏教育》2005 年第 6 期。

"舶来的理论"来指导我国具体文化背景下的学校管理和教师文化建设，对于我国教育环境中特殊问题的解决，效果并不理想。

三、研究意义

关于教师的研究在当代社会呈现持续增多的趋势，但如果缺乏对教师真实的精神状态的考察，就会使得这样的研究成为"理智知识和认识的堆积"（雅斯贝尔斯语），而非人的灵魂的教育。如果对自身的精神世界放逐，教师就会倾向于从世俗价值的角度出发追求教育的功用，而很少关心自身和学生精神境界的提升。教师文化的研究将努力避免对教师职业外在规约式的研究范式，澄清现实生活中教师真实的精神状态，引导人们首先关注教师的精神世界，以精神世界的发展引领教师各方面素质的自主提升。

1. 强化对教师职业生活与精神状态的整体观照

以往的教师发展研究大多是专家认定的教师职业的应然发展方向的界定，或者从教师应具备的知识装备及道德水准的角度界定教师的从业资格，或者从教师的社会职责及教育功能的角度来阐释教师的责任与义务，或者从教师的社会定位及师生关系的角度来描述教师在课堂内外的地位，这种近似于"白描"的研究缺乏对于教师精神状态的切实关照，把教师当作抽象的、真空中的存在，而且是任由他人拿捏的软体，而不是把教师看作活生生的、具有独特价值观和行为方式的个体，忽略了对教师赖以行动的文化精神背景的考察。

教师文化研究应该彻底地避免那种在对教师发展状态和路径的主观臆想的基础上的外部规约式的研究，转而从内部考察教师独特的职业意识、价值取向、思维方式、态度倾向及行为方式等，考察支配教师的教育教学活动的内隐的精神因素，阐明促进教师专业发展的无形的精神力量，探讨转变教师的深层教育信念及职业精神的可能途径，最终通过文化的重塑形成教师的自我发展意识，从根本上改变教师受外人规约的生存状态。

2. 为教师教育和管理提供方法论借鉴

受行为主义心理学及科学管理理论的影响，人的发展的研究过多地强调人的行为和观念的可塑性，试图通过机械的操练建立起意念及反射的联结来改变人的行为方式。于是，我们一提到教师专业发展，最直接的反应就是通过教师培训等方式向其灌输先进的教育观念，并通过物质的刺激与制度的规约确保新观念的践行。这似乎是屡试不爽的教育管理模式，但恰恰是最缺乏实效的教师发展方式。

作为一种特殊的动物，人类永远生活在自己的思想和信仰的世界中，人的观念及行为的改变必须关照超越其生物基础的生活习俗和生命意义的框架，因为这些精神性的因素设定了人类行为的基本格调，并建立起对外部观念的主观性改造与加工机制。教师作为一种实体的存在，其文化为行为的表现设定了基本的"套路"，并通过特定的行为方式表现出来。因此，教师文化的研究重在探究教师特定行为方式中内隐的规则、习尚、意义的表征系统，并在行为规则思维方式的基础上探究文化生成的一般逻辑。

教师教育领域要取得实质性的进步，至为关键的第一步就是教师文化的重塑。哈格里夫斯明言："理解教师文化的主要形式有利于我们理解教育变革的动力和存在形式，理解教师坚持或放弃使用'传统'的教学方式的原因，理解教师为什么坚持或抵制革新等。正是在教师和其同事之间的关系模式——教师文化的形式中——我们发现了对教师发展和教育变革起终极决定作用的多种因素。"① 可见，探明教师文化的存在状态和特征对于教育改革的推进和教师的专业发展都具有极其重大的意义。外部的观念如果缺乏对于教师主体的文化状态的考察，忽视了教师的价值观和思维方式的转变，必然无法对教育实践产生深层的影响。如同有些学校借用美国通用电气公司（CE）的强制排名措施对教师进行绩效考核，因为没有形成强制排名所赖以存在的坦率和公开的绩效文化，强制排名除了徒然增加学校师生之间的恶性竞争以外，对学校发展无所助益②。

教师行为的转变并非是由他人的规范性指令所定义和决定的，通过教师文化的革新产生的教育观念与教学行为的理性化追求才是教师专业化发

---

① Andy Hargreaves (1992), Changing Teachers, Changing Times: Teachers' Work and Culture in the Postmodern Age, New York: Teachers College Press, p. 232.

② 杨全印、孙稼麟：《学校文化研究——对一所中学的学校文化透视》，教育科学出版社2005年版，第46—47页。

展的持久动力。通过教师文化的研究，有利于人们将教师教育和教师管理的思路从外部规约转变到精神引领的方向上来。

3. 引领教师精神状态的持续发展

教师文化的研究通过对教师精神世界的关注和高尚的专业精神的追求，表达了一种理想主义的教师精神状态。在现实的教育世界，也许并不是每个教师都能达到这样的理性认识和精神高度，但却可以以这样的境界作为教师职业的理想追求。

事实上，在当下的教育情境中，已经有很多教师具有这样的道德理想情节，但是在现实社会环境中经受着现实体制规约与理想主义的矛盾纠结。通过对教师理想精神状态的阐释和教师教育与教师管理层面的理论引导，首先要为具有崇高的精神境界的教师提供制度和专业教育的支持，其次要引领"教书匠"式的职业工作者转变职业价值观念，将教师职业看作除谋生方式以外，实现自我价值和社会人文关怀的生活方式。

"学校是人与人的心灵最美妙地接触的地方，当我们走进它时，它应该仍旧是美丽和给人以希望和信心的地方。"① 教师文化的研究必将在一定程度上促进教育理想的实现和教师精神境界的提升，使学校教育真正回归本质，成为与人的灵魂相关的事业。理想之光照进现实以后，也许不能全面改变现实，但毕竟会在一定层面上引领现实朝向理想的高度发展。

第二节　教师文化研究的方法与思路

众所周知，文化本身是一个复杂的范畴，有着纷纭的概念界定和众多的组成部分，正如美国资深文化人类学家克利福德·格尔兹所言："文化这个术语因为它的多义性和模糊性，目前在社会人类学圈内名声不好。"② 即便如此，教师文化的研究也不能如同斯蒂芬·李科克（Stephan Lea-cock）③ 笔下的骑警一样，从各个方向同时出击，而是需要具有一个比较

---

① 肖川:《教育的理想与信念》，岳麓书社 2002 年版，第 234 页。
② ［美］克利福德·格尔兹:《文化的解释》，韩莉译，译林出版社 2008 年版，第 95 页。
③ Stephan Buttler Leacock（1869—1944），加拿大作家，政治经济学家，以幽默小品文著称。

明晰的脉络和范围界定。这样，我们就需要对教师文化的研究方法和研究思路与内容进行系统的梳理与界定。

一、研究方法

克利福德·格尔兹将人看作悬挂在"由人自己编织的意义之网"上的动物，而文化即是这些意义之网。[①] 这样的一种界定将文化的研究置于人文学科的中心，并必然地将文化研究的方法引入意义探究的领域。

文化作为控制人类行为的价值层面的存在，只能从人们的精神气质、价值观念、意识形态以及行为表达中离析出来，这样的研究对象决定了文化的分析不可能是一种探索规律的实验科学。尽管人们的观念、思想和情感最终需要通过行为得以表达，由此人的行为的表现是我们探究人的精神存在的手段，但是，我们不能像一些心理学流派那样将人与流口水的狗、觅食的老鼠和受程序驱控的机器相提并论，将人的反应看作机械的联结，对人的行为进行机械规约；同样，文化研究也不可能抛开社会学的分析，进入内省心理学所研究的"黑洞"般的精神世界，茫然地追求着柏拉图洞穴中如影子般飘忽的"理念"，或者更糟糕地，进入思辨哲学，永远地徘徊于"认知"、"情感"、"意念"的本质探讨的迷雾中。我们必须明确，文化作为一种意义之网，是在人们的交往之中形成与发展的，文化的存在即一种符号形式的社会建构，作为社会事件中的意义的展现，它的研究只能采取一种社会学的人文解释的研究方法。

> 尽管是观念化的产物，但它却不存在于某个人的头脑中；尽管是非物质的，但它却不是一个超自然的实体。人类学内部关于文化是"主观的"还是"客观的"的无休止的争论——因为这种争论本来就是不可休止的——以及与之相伴随的相互间知识分子式的侮辱（"唯心主义者！"——"唯物主义者！"；"心灵主义者！"——"行为主义者！"；"印象主义者！"——"实证主义

[①] ［美］克利福德·格尔兹：《文化的解释》，韩莉译，译林出版社 2008 年版，第 5 页。

者！"）整个是由误解而引起的。一旦人类行为被视为符号行动——有所意指的行动，像说话时的发音、绘画中的着色、书写时的笔画，或者音乐中的声调——关于文化是一种行为模式，还是心智结构，或者二者的某种混合物的问题，便失去了意义。①

一粒沙里看世界并不仅仅是诗人玩的花样，文化研究也是对特定行为所影射的人的整体精神状态的分析。由于人的精神世界的复杂、多变以及潜隐的特征，人文解释的研究范式比实证量化的研究范式具有更大的适切性。因为量的研究方法注重对事物进行大规模的调查并对其相关关系进行分析和计算，关注的是事物的一般特征，在统计分析中抵消了事物的特殊表现及不同侧面的问题表征，而人文解释的研究范式通过微观层面与研究对象的互动，对事物进行深入、长期、细致的体验和描述，达到对特殊现象的"质"进行解释的研究目的，因而又被称为质的研究方法。"量的研究证实的是有关社会现象的平均情况，因而对抽样总体具有代表性，而质的研究擅长于对特殊现象进行探讨，以求发现问题或提出新的看问题的视角。"②"质的研究是以研究者本人作为研究工具，在自然情景下采用多种材料收集方法对社会现象进行整体性研究，使用归纳法分析资料、形成理论，通过与研究对象互动对其行为和意义建构获得解释性理解的一种活动。"③教师文化也是从教师行为出发的教师价值观、态度等精神状态的推论，要求研究者通过自己的亲身体验，对教师的生活故事和意义建构进行解释性的理解或领会。

教师文化的重建必须以问题的分析和解决为突破口，为了真实地呈现现实学校环境中的教师文化问题和教师文化建设的实践进展，笔者根据初步的观察和了解对样本进行"目的性抽样"，在初步调查山东省经济发展水平不同的地区的城市和农村学校的教师文化状况的前提下，有目的地选

---

① ［美］克利福德·格尔兹：《文化的解释》，韩莉译，译林出版社2008年版，第11—12页。

② 陈向明：《质的研究方法与社会科学研究》，教育科学出版社2000年版，第10页。

③ 同上书，第12页。

择了学校管理比较严格从而对教师文化产生深刻影响的滨州地区的 A 学校和教师文化建设实践取得重大进展的济南地区的 B 学校作为长期研究对象，对有代表性的学校进行了长期的实地观察，随机听课 30 余节，群体访谈和个体访谈 10 多次，访谈对象涉及校长、学校中层领导和教师 100 多人。笔者既作为参与者又作为观察者的身份深入学校环境内部去了解教师文化问题，并尝试以一定的方式作用于这种文化，观察教师文化在不同的干预措施下的表现特征，阐释教师行为背后潜隐的文化意义。

为了使教师文化的研究既能道出教师的声音，又能向教师说话，笔者在研究过程中秉持主位研究与客位研究相结合的立场，在开放的互动中探究文化的潜在意义。文化人类学的主位研究的立场就是站在被调查对象的角度，用他们自身的观点去解释他们的文化，客位研究的立场是站在某一文化现象的外部进行观察，也就是以局外人的立场和理论假设去解释所看到的现象。

教师文化既然包含影响教师行为的价值观念系统，教师行为方式的解释就成为教师文化研究的一个重要视角。当然，在阐释的过程中研究者很难找到一个客观中立的观察点，客观的自我有可能迷失在教师复杂的行为方式中，主观自我的存在也使研究者无可避免地将自身的态度掺杂其中，纯粹的主位或纯粹的客位都难以充分地解释教师行为中蕴含的价值观念问题。采用主、客位互动的研究方式，有利于纠正研究者主观偏见对研究结果的影响，有利于揭示教师行为隐藏的价值观念特征，形成对教师文化的多渠道、综合的认识。

主、客互动的研究立场不是完全摒弃研究者的理论分析的纯粹叙事，也不是要寻找现实资料以支持研究者的理论假设，而是要以开放的态度解释所观察到的事实。研究者的主观阐释必须以事实的存在，甚至以教师的叙事和反思材料为依据，"我们只是要求对他人的和本文的见解保持开放的态度。但是，这种开放性总是包含着我们要把他人的见解放入与我们自己整个见解的关系中，或者把我们自己的见解放入他们整个见解的关系中。虽然见解都是流动性的多种可能性，但是，在这众多'可认为的见解'中，也就是在某个读者能有意义的发现、因而能期待的众多东西之内，并不是所有东西都是可能的，谁不能听他人实际所说的东西，谁就最终不能正确地把他所误解的东西放入他自己对意义的众多期待之中。所以这里也存在一种标准。诠释学的任务自发地变成了一种事实的探究，并且总是被这种探究所同时规定"①。因此，为了追求教师文化研究的可靠性、有效性与行为分析的可观照性，我们一方面通过访谈和叙事等方法搜集事实资料，并真实地展现教师主体的精神境界和他们对教学生活事件的意义感知；另一方面从客位研究的立场出发对现实材料中隐含的教师思想和价值观念特征进行理论分析，并对教师文化理想的发展方向与路径进行展望，以期引领教师群体精神层面的健康发展。

对教师文化的现实表现可以采用质的研究方法进行现状描述和解释性研究，而对于教师文化的历史发展我们只能从文献的梳理中透析教师价值观与思想意识的嬗变过程，因此，除了质的研究方法以外，历史比较法和文献分析法也是本研究用到的重要研究方法。

二、研究思路

本研究主要从教师文化历史发展、现实表现及未来走向三个层面展开，分析历史上教师的价值观念形态及其嬗变过程，展示现实的专业教育和学校管理对教师文化的影响以及教师文化建设需要应对的主体的价值观念层面的问题，探讨未来教师文化建设的方向和途径，并以理论观照实践，对现实的学校教师文化建设工作进行考察，对未来教师文化的发展方向和建设思路进一步反刍和澄明。

教师文化历史发展将重点探究教师身份和职能发展的历史过程，在教师从广场到学校的生存场所的转变中揭示教师在体制中的归隐过程，在教师从"社会人"到"职业人"的意识转变中分析教师职业价值取向的世俗化过程。为了清晰地展示教师文化的历史发展脉络，笔者以教师职业的体制化为界将教师文化的历史发展分为前后两个部分，第一部分重点分析中

① ［德］汉斯－格奥尔格·加达默尔：《真理与方法》（上卷），洪汉鼎译，上海译文出版社1999年版，第345页。

西方教师群体诞生初期的身份、称谓以及地位与智能的变迁，分析了古代教师的人生态度和职业价值取向。由于古代教师大都是社会的圣贤之士，他们的精神世界并不在学校和学院，他们或者在广场向着民众"布道"，或者在庙堂对着当权者言说，基本上属于波斯纳所说的以公众为对象、就政治和意识形态的公共问题发表意见的"公共知识分子"，具有极强的社会责任感和理想主义情节，所以，笔者将他们定位于"社会人"，以此来表明他们超越教育世界的社会关怀。第二部分分析了随着社会分工的发展、制度化学校教育的诞生和管理体制的完善，教师群体的社会责任意识逐步丧失，而代之以一种"职业感"的历史发展过程。体制给予教师身份地位和物质生存上的保障的同时，也使教师受制于科学意识形态和法定知识的规约。体制中的教师很大程度上失去了古代教师的社会关怀意识，思想上变得越来越保守，价值取向也倾向于世俗化。随着教师的工作岗位从"庙堂"、"广场"转向体制化的学校，教师的价值取向不再体现在"道统"、"智性"、"理性"、"仁爱"等超世俗的精神层面，而是更多地关注知识的传输和儿童的社会化的实现，并开始关注教育的实用价值。在职业的体制化和"知识就是力量"等社会主流认识的影响下，教师的思想意识开始长期地浸润在职业文化之中，教师开始由"庙堂"、"广场"中的"启蒙者"转变为专门的教育机构中的"职业人"。

对教师文化的现实状况的研究主要考察教师专业教育、学校制度管理以及教师的主体性影响因素三个层面，因为这三个层面是在理论与实践方面影响教师文化的最重要的因素。教师专业化是国际范围内公认的教师职业发展方向。世界各国普遍重视教师的专业发展和对教师专业化的研究。教师专业化能有效地促进教师文化的发展，但是，当"专业化"思潮如意识形态般侵入教育部门的神经控制系统后，在促进教师的知识和技能纯熟的同时，也在一定程度上忽视了更本质、更重要的精神性发展的维度。丧失专业精神的教师在学科边界范围内和技术性思维中抱残守缺，很大程度上失去了"公众教师"和"社会思想者"的精神气质。学校管理层面教师文化的研究起始于人是自由发展的还是受理性法则支配这一问题的追问。制度与文化是任何组织管理都要面对的具有对立性的因素。理性化的制度为人的行为选择预设了某个正确的方向，而自由性的精神文化是不预设任何方向的。制度的建立能有效地制约教育教学活动中的非理性行为，对于规范教学，提升教育质量和国民素质具有重大意义。但是，如果过于重视学校制度形式的完备和操作化，则不可避免地导致对人的创造性和自由发展的阻抗。学校制度的建设必须在太多控制与完全放任之间需求一种动态的平衡，太多的限制会产生阻碍，而失去了约束也会带来混乱，只有适量的限制才会带来有序的行为，并能为人的发展提供适当的拓展空间。由于制度建设与文化建设之间的冲突与制衡，现代学校的教师管理思路应该从后顾的、规约的模式中解放出来，发展一种前瞻的、促进的管理模式，将制度建设的重点从考核与奖惩方向转移到教师的培养与培训制度的建设上来。教师日常生活中的潜在价值冲突对教师文化建设提出了挑战，教师主体的价值观念是教师文化建设必须关注的问题。教师比一般的职业群体具有更高的精神追求，但却一再受到现实因素的冲击，教师还表现出外部归因的思想倾向、保守的价值取向、个人主义教学方式等问题特征。教师文化的建设应该通过价值观念问题的解决引领教师精神世界的发展。

在现代社会知识资源日益丰富而精神资源日益枯竭的条件下，教师作为知识的独裁者的形象已经失去了代表性。伴随着对人的精神世界的关注，人们更加注重教师"人类灵魂的工程师"的职能的发挥。因此，教师应该越来越多地承担起促进人的精神世界的发展的职能，教师文化建设应该致力于"精神导师"的培养，引导教师将人的精神世界的发展作为教育努力的方向。"精神导师"文化的创建需要教师主体提升终极价值关怀，具有主体发展意识，并加强自我修养。在教师自身境界提升的同时，还需要社会价值观、教育管理思想等方面的辅佐和支持。在现实的学校环境中，通过理念的引领和人文制度的建构可以有效地促进教师精神状态和思维方式的转变。但是，要真正地激发教师的精神力量，使教师向着"好教师"和"精神导师"的方向发展，还需要教师视野的拓展和价值观系统的转变，发挥教育和学术所应该具有的为道德服务的力量和改造社会的职能。

通过历史的考证与现实的分析，我们可以看出，在教师职业发展过程中强化了实用价值追求和专业技能，却在一定程度上失落了古代教师的社会责任意识，教师文化建设作为现代教师精神世界的重建，并不仅仅是对古代教师职能与精神状态的简单复兴，而是在现代社会分工和职能专业化条件下对教师的人文关怀和社会责任意识的追寻与向往。

第二章
庙堂、广场中的古代教师

　　文化是历史的产物，并在历史中得以传承和发展。任何范围的群体文化的发展，都离不开历史人物的推波助澜。因为任何群体文化的发展都是以该群体的产生和历史存在为前提的。人，既是文化创生的主体，也是文化赖以传播的媒介。作为人类精神文化中的一类，教师文化的传承和发展也必然以具有高度凝聚力的教师群体的存在为基础，而教师群体是由具有相似的文化特质，并在历史的流变中演绎着教师文化主流特征的教师个体组成。

　　教师在文化的历史传承中具有举足轻重的地位，人们对教师职业在文化传承和文化创生中的职能具有充分认识，但教师自身职业文化的历史却乏人问津。殊不知，教师正是在演绎自身职业文化的过程中促进了文化的发展与创新，也正是依赖教师文化精神的存在而保障了主流文化的合理价值取向。

　　为了更清晰地认识作为文化存在者的教师，我们可以从教师职业的历史发展中寻找教师文化的历史印记。历史的逻辑往往是现实问题的根基，并能清晰地指明现实状况的演变轨迹，因此，任何对现实问题的研究都不得不从历史的起点和发展中寻找答案。在沿袭着教师职业的历史发展来认识教师文化发展的过程中，虽然世界上第一位教师的诞生已经无从考证，很多优秀教师形象的再现也成为历史的难题，但是我们依然可以循着历代教育家正式与非正式的教育活动的踪迹，感受古代教师精神的感召力量。

第一节 中国古代教师职业的历史发展

中国是一个有着悠久的历史文化传统的泱泱大国，四千多年的文化传统成就了民族精神的厚重性，也必然要在中国历代文化精英的人生智慧与言行方式上有所体现。古代圣贤身上蕴含着极具文化研究价值和珍藏价值的华夏精神与东方哲学思想。一方面，其优秀思想与高尚人格对民众形成一种自然的吸引力，人们慕名而来，登门拜师学艺；另一方面，怀着对社会与人生的责任意识，古代圣贤笃信并恪守自己的学术传统，并极力宣传自己的思想主张，他们也往往好为人师，号召世人奉行他们的救世与为人处世之道。这样的一批有志之士担负起了古代教师的职能，行使着教化民众、培养人才以及研究治世之道等职责。在体制化的学校教育产生以前，散落于民间或政府职事部门的古代读书人——"士"承担着学问的创生与传播的任务，他们是古代教师的代表，在他们身上体现了未加渲染与雕饰的原生态的教师文化精神。

一、中国古代教师身份与称谓考辨

在中国古代教育史上，教师具有极高的社会地位，"士"与"大夫"并列，"师"与"天、地、君、亲"共享着世人的尊崇。教师既是古代社会的知识传授者，又是"圣贤文化"的代言人，甚至可以说，在他们身上所发挥的精神领袖的职能远远大于知识传授的职能。最远古的教师代表当属传说中的"教民构木为巢"的有巢氏、"教民以猎"的伏羲氏、"教民以渔"的包牺氏和"教民稼穑"的神农氏，他们被古代传说神化为圣贤之人，成为民众心目中理想的精神领袖。

原始人群阶段的教育是与生产活动和生活过程紧密交织在一起的，此时还没有专门人员负责施教。到了原始社会末期，开始出现脑力劳动与体力劳动的初步分工，一部分人得以从直接的生产劳动过程中分离出来从事文化的生产。并且，随着社会需求的分化，原始的教育内容也有了劳心与劳力的区分。掌管国事的特权阶级开始有意识地设置有文化的公职人员对其后裔施教，以培养自己的接班人。

据史书记载，在舜的时期，部落联盟便设置有文化的公职人员对显贵的后裔施教。《尚书·舜典》记载："夔，命汝典乐，教胄子。"所谓"典乐"即部落祭祀庆典时掌管音乐歌舞的人，在本职工作之外兼而承担着对贵族子弟的教育任务。同时，部落首领还有意识地设置了对百姓施教的公职人员。《史记·五帝本纪》记载："契，百姓不亲，五品不驯，汝作司徒，而敬敷五教，在宽。"说明在尧、舜时已经设置司徒一职，在承担行政事务之外兼管教化民众。

社会民众在从事生产之外，也自发地进行着非正式的教育活动。原始初民将富有生产经验和社会生活常识的老人集中起来，由集体敬养，这些老人自然担负起了教育下一代的责任，养老的场所也成了传授知识的场所。《礼记·王制》记载："耆老皆朝于庠。"又有记载："有虞氏养国老于上庠，养庶老于下庠。"这是古代学校教育的萌芽。"庠"相当于原始社会的非正式学校，"国老"与"庶老"相当于非正式的教师。

西周时期，统治者对教育极端重视和高度垄断，形成政教一体、官师合一的局面，官员在担任一定的政事之外，还负责培养统治阶级的治国人才，教师工作都由政府职事官兼任。此时的教师享有极高的政治地位和社会地位，天子和诸侯每年都要视学，同时举行隆重典礼，以表示统治者"尊教重道"之意。《尚书》中说："天降下民，作之君，作之师"，《礼记》又云："能为师，然后能为长；能为长，然后能为君。故师也者所以学为君也。"

春秋战国时期是奴隶制向封建制过渡的时代，随着政治经济格局的变迁，打破了官府对文化教育的垄断，学术由"官守"而逐渐下移至"四夷"，士阶层的崛起进一步促进了官学没落、私学昌盛和思想争鸣时代的到来。"士"的主要社会活动集中在学术研究和授徒讲学两个层面，他们的社会地位可以界定为"精神上的思想家"和"社会生活中的教育者"。他们大量开办私学，促进了学术下移和科学技术的发展。

官学的衰落和士阶层的出现，在一定程度上促进了教师群体与统治集团的疏离，虽然官学中还设"博士官"教育贵族子弟，但与私学教师相比毕竟只占少数。由于社会地位的独立带来了思想的解放，士阶层对学问的探究也具有了相对自由的立场，从而使得中国历史进入了伟人辈出的"轴心时代"（雅斯贝尔斯语），有了百家争鸣的时代图景，产生了孔孟等光耀千古的"至圣先师"。这是一个士大夫之族曰"师"曰"弟子"的时代，是一个"师道"大盛，"从师"成为社会风尚的时代。此时诞生了中国古代最伟大的教育家——孔子。孔子被誉为"万世师表"，其教育与教学思想深刻地影响着中国的教育思想、伦理道德和价值观念。2004 年联合国教科文组织特设"孔子奖"，奖励世界范围内在文化教育上作出突出贡献的人。我国有学者在 2006 年全国两会期间提议以孔子诞辰为中国教师节，目的是以这位世界公认的最伟大思想家和教育家的形象增添教师节这一节日的文化历史内涵。与孔子同时期的孟子、荀子、墨子等一大批学者也以高尚的教师职业道德和精进的教育思想为后代教育者树立了典范。

秦朝在教育上颁布挟书令，采取禁私学、以吏为师、以法为教的文教政策，甚至上演了严重摧残中国古代文化的"焚书坑儒"事件，"焚书"以思想统一为借口毁灭了学校教育制度，"坑儒"则对士人讲学的热情造成了致命打击。随着私学的禁止和学术的衰败，教师这样一个独特的社会职业群体在秦朝历史上基本上消失，而由统治阶级中的"吏"取而代之。"吏"其实仅仅是法律的宣讲者，无法承担教化民众的职责。

汉代的教育政策由秦代"禁儒学"的一端走向"尊儒学"的一端。儒学思想与汉儒的地位在汉武帝"罢黜百家，独尊儒术"的文教政策的影响下得以提升，教师的社会地位随着儒学的运势而一荣俱荣。

随着汉代官学体制的完备，官学教师的选拔与任用也逐渐走向制度化。太学的教师称为博士，主要职责是教学，在国家有政治决策上的疑难时，也参与政事和学术讨论。在众博士之上还设首席博士，西汉时称为仆射，东汉时改称祭酒。两汉时期对于博士的挑选非常慎重和严格，西汉的博士通过征拜或举荐的方式选择社会名流充当，东汉的博士通过考试的途径选拔。汉代对博士一职的学问素养与人格品质也提出明确要求："古之立太学，将以传先王之业，流化于天下也。儒林之官，四海渊源，宜皆明于古今，温故知新，通达国体，故谓之博士。否则学者无述焉，为下所轻，非所以尊道德也。"① 因为汉代具有尊师的社会风尚，太学博士享有较高的经济、政治待遇。开始时博士俸禄为四百石，宣帝时增加到六百石，俸月为五十斛，基本上属于"高官厚禄"职位。太学建有"博士舍"供博士们居住，朝廷还为他们制作衣冠。地方官学也有经师负责教化，其供奉相当于中等官吏。

汉代的文教政策也为私学的发展提供了比较宽松的社会环境，加之官学博士的选拔充满竞争，而且东汉以后统治集团内部斗争日益激化，一些名学鸿儒便隐逸民间以授徒讲学为业。从事私人讲学的大都是一些硕学名儒，如董仲舒，在出仕之前与贬官之后都有授徒讲学的历史记录。如韦贤，"笃志于学，兼通《礼》、《尚书》，以《诗》教授，号称邹鲁大师，征为博士。"② 如刘昆，于王莽当政时，"教授弟子，五百余人……建武五年举孝廉，不行（不去应职），遂逃，教授于江陵。"③ 还有马融、郑玄师徒这样的汉代名师，不仅讲求学问的精进，而且对教师自身的品德与教学态度也提出了很高的要求，此类人物在汉代历史上真的是不胜枚举。

自魏晋南北朝以至隋唐，基本上沿用先代的教师称谓，官学教师依然称博士，但除传统的五经博士外增加了许多其他学科的博士，如曹丕称帝时置《春秋》、《谷梁》博士，西晋置"律学博士"，北魏增置"医学博士"，唐朝增置"算学博士"、"书学博士"等。西晋武帝咸宁四年创建国子学，设置祭酒、助教等职位，国子祭酒主管教学事务，助教协助博士教授生徒。南北朝、隋代相沿设置。唐朝官学除博士外还设有助教、直讲、学士等职位。为进一步贯彻先代尊孔的文教政策，提高儒学地位，唐玄宗特命追谥孔子为"文宣王"，各学校设孔子牌位。从此官学祭孔沿袭成习，尊师重教的风气日益浓厚。当时学校教师也是政府官员，教职以官职大小为标准，各学校博士基本上为正五品，助教从六品至八品不等。

宋元明清时期除旧制官学外，还兴起书院、蒙学，以及私人设立的"私塾"。在教职的设置方面，自南宋高宗年间废止博士改设教授之职。宋

① 《汉书·成帝纪》。
② 《汉书·韦贤传》。
③ 《后汉书·儒林列传》。

元明清国子监增设学正一职，协助博士（教授）教学，并负训导之责。元代还有朝廷任命的"书院山长"一职。金代开始出现"老师"的口语称谓。元好问《示侄孙伯安诗》云："伯安入小学，颖悟非几儿，属句有夙性，说字惊老师。"明清两代生员和举子对主试的学官称"老师"。此时私学及书院教师的水平相差极为悬殊，教师队伍鱼龙混杂，其人生旨趣也大不相同。有"耻事权贵"的元代申屠致远①，有"绝意仕进"清代申涵光②，有"犯颜直谏、刚毅不屈"的元代窦默③，有"家事、国事、天下事，事事关心"的明代顾宪成。有的士子以"传道授业"为儒者要务，更多的则是从"学而优则仕"之途上败落，为养家糊口而"教授乡里"。明清统治者在文化思想教育方面实行专制主义政策，大兴"文字狱"，实行八股取仕，对私学教师的思想舆论怀有敌意，采取压制、笼络等软硬兼施的政策进行控制。私学教师在思想上丧失了开拓进取的锐气，头脑禁锢、思想僵化，一步步地沦落为"腐儒"，地位也一落千丈，以至后来有"九儒十丐"之说。

清末教育腐败、没落，外国侵略者也趁机开始对中国进行文化教育侵略，开办了一些教会学校，由外国传教士任教师。后来洋务派也创办了一些新式学堂，教师也多为外国人。直到19世纪70年代清朝派遣的留学生在80年代回国后，才开始有了新学教师。

在中国古代历史上，尽管教师的称谓不同、地位不同、人生观与价值取向不同，但都对中国古代文化与教育事业的发展起了非常重要的作用，他们培养了社会需要的人才，推动了社会生产的发展，科技文化的进步，创造了光辉灿烂的中国古代文明。更为重要的是，在精神和思想方面，他们自始至终都是"圣贤文化"的代言人和传播者，他们以"圣贤"的学问及人格修养为标准严格要求自己，也以此砥砺学生的德行，成就了中国古代德行高洁的君子人格，为后继者的人格修养树立了典范。

---

① 《元史·申屠远传》。
② 《清史稿·列传二百七十一·文苑一·申涵光传》。
③ 《元史·窦默传》。

二、学统、道统与政统

从人的全面发展的角度说，知识与德性、理性与价值、真与善对于人性的发展具有同等重要的作用，只是各个时代的人们从不同的文化背景和社会认识出发对它们作了不同的价值排序。由于教育是为社会培养人才的活动，教育内容的选择必须与社会的主流价值取向贯通，古代的教育者在传统文化观念的影响下，从特定视阈出发，追求着自我认定的核心价值。

1. 以学循道

古代教师基本上相当于许纪霖教授所说的公共知识分子，"作为一个公共知识分子，仍然有可能是两种存在的方式，或者是作为德性的存在，或者是作为知性的存在。"[①] 中国古代教师在生产、传播知识的同时承担着培养德行的重任，而且，在文化性格上偏重于成就道德，对他们来说，德性的分量远远大于知性的存在，求知只是成就道德的途径，即所谓"君子尊德性而道问学"[②]。

唐代学者韩愈的经典诗句"师者，所以传道授业解惑也"指明了古代教师安身立命之所在，可以看出，教师的首要职责不是知识的学问，而是生命与道德的学问，也就是所谓"道统"大于"学统"。概要地说，"道统"实际上是指儒家的超功利的价值观念系统或称为德性本体论系统，"学统"主要指历代学者的学术思想和知识的累积。可以说，对"道统"的维护与传授始终居于"授业解惑"等学术性事务之上。中国历代教师总是秉持儒家文化的价值，并且以一种"为万民表率"、"为百姓立言"的责任意识阐释着儒家的生命义理之学。以孔子为首的儒家文化的教导者和践行者，被称作中华民族精神价值体系活的载体。没有他们，则中华文化典籍就只是一堆故纸，人文知识的具体科目就丧失了内在的灵魂，人文礼教就只是禁锢人心的封建思想。古代教师既扮演着知识传承者的角色，又承担着义理的创建与阐释的功能，但"教"与"学"是弘"道"与知"道"

---

① 许纪霖：《中国知识分子十论》，复旦大学出版社 2003 年版，第 24 页。
② 《礼记·中庸》。

的基础，传授知识的根本目的是为了世事的清明与"道统"的维护。

以"教化"天下为主要任务的"士"阶层，在学术的阐发过程中坚持以"道"的体认为目的。正如《礼记·学记》所言："玉不琢，不成器；人不学，不知道。是故，古之王者，建国君民，教学为先。"意思就是说"教学"是"知道"的先导。难怪名冠古代四书之首的《大学》以道德修养的三大纲领和八大条目开篇明义，并且为学子规定了道德修养的基本规范："为人君，止于仁；为人臣，止于敬；为人子，止于孝；为人父，止于慈；与国人交，至于信。"从中可以看出儒学价值体系中蕴含的，为历代教者和学者所孜孜追求的那个充盈于天地万物间的关照人之本心的"道"。教师自身的言论与践行一切皆以"道"的体现为标准，知识的教授与学习即"学术"性的工作只不过是求"道"和建设有"道"之世的工具。唐朝的文学家、教育家韩愈在论述教师作用的经典名篇《师说》中，甚至将仅仅传授知识的人排除在教师的队伍之外，曰："彼童子之师，授之书而习其句读者，非吾所谓传其道解其惑者也。"

也就是说，中国古代教师所维护的"道统"和追求"有道之世"方式，不是在实用性知识的认知中寻求，因为按照古代文化的内在价值序列来说，"道"为"体"，是根本，"学"为"用"，是末端；当然也不能如西方学者那样通过信仰的方式来实现的，因为，中国人的生存方式和价值追求是"此岸世界"的而非"彼岸世界"的。这样，要达到"道"的境界，就只能靠以古代教师为代表的"有道之士"去发掘每一个人身上的"善端"，通过道德人格的建立来担当光耀民族精神的重任，对道德人格的培养成为"道"得以实现的途径。

我国有史可考的最早的学制规定也是以德行的养成为中心任务的，即所谓："比年入学，中年考校。一年视离经辨志；三年视敬业乐群；五年视博习亲师；七年视论学取友，谓之小成。九年知类通达强立而不返，谓之大成。夫然后足以化民易俗，近者说服而远者怀之，此大学之道也。"① 由此铸就了儒家教师与学子的"道德理想主义"人格。"道德理想主义所

---

① 《礼记·学记》。

说的理想不是指向一种合理的政治或经济建制，也基本不涉及社会存在或物质生存方面，而是指向一种理想化的道德状态，或对一种理想化的道德价值、人格操持的坚守。一个社会的物质生活是否富裕，经济是否发达、体制是否完善，在一个道德理想主义者看来是无足轻重的，尤其是物质富裕，不仅无用而且是道德堕落的罪魁祸首。所以歌颂贫穷是道德理想主义的一大特色。"① 孔子可以说是道德理想主义的坚决拥护者。他将家境贫苦而志于学的学生颜回树立为弟子学习的榜样，认为"士志于道，而耻恶衣恶食者，未足与议也"②。孔子的教育目的就是培养志于道的志士仁人和正人君子，他穷其一生的时间来求"道"和教"道"，曾立言："朝闻道，夕死可矣。"③ 他以自身崇高的人格和精神追求为三千弟子做出表率，要求学生"学道"并"志于道"，教育他们为了道统的维护、为了"成仁"，可以牺牲物质追求乃至生命。孔子的道德理想主义传统激励着弟子后学，最终成就了"三千徒立众，七十二贤人"④ 的千古佳话，更有孔门十哲为儒家道统护法。孟子的"舍生取义"、"富贵不能淫，贫贱不能移，威武不能屈"的"大丈夫"人格也激励着世代学者守心明志，以一身正气为民族精神代言。

与其说中国古代教师体现的是一种知识传授的职能，不如说他们是古代人文精神的代言人。按照许纪霖对知识分子"生存重心和理想信念"方面的研究，中国古代的教师更加偏重于人文精神的维度。他们赖以自我确认的是有关"神圣使命、悲壮意识、终极理想"等方面的内容⑤。人文精神被学者理解为"知识分子的先验存在，绝对精神和本质规定，是中国知识分子的心灵咒语和思想献辞"⑥，体现了有史以来的知识分子对人的价值，对自身生存意义的关注，以及大而化之地对人类社会和人类命运的思考与探索。许纪霖关注知识分子工作的"超越性价值"，借以与"政治激

---

① 陶东风：《社会转型与当代知识分子》，上海三联书店1999年版，第206页。
② 《论语·里仁》。
③ 《论语·里仁》。
④ 《名贤集》。
⑤ 许纪霖、陈思和、蔡翔、郜元宝：《道统、学统与政统》，《读书》1994年第5期。
⑥ 林超然：《中国文学主题范式的再现与重构》，《文艺报》2007年2月10日。

情"或"商业激情（名利欲望）"相对，他认为可以将人文精神理解为一种新的"道"，"这种'道'不再期望以意识形态的方式将学术和政治'统'起来，它只是在形而上的层次上为整个社会的文化整合提供意义系统和沟通规则"。① 人文精神对于古代教育者来说不光是一种态度，一种心境，更是一种生命的承诺。"它必然要通过人的行为和选择表现出来，杀身成仁，舍生取义，就已超出道德范围，而完全是人文精神的体现了……它不仅要有高度的道德操守，也要有一种殉道精神。"②

2. 以道干政

"从道"是古代知识分子观念上的生存状态，而"从政"却是古代知识分子现实的生存状态，古代知识分子将"政统"看作实现"道统"的理想途径。

古代教师理想的人生设计体现了一条由"内圣"至"外王"的道路，即所谓"修身齐家治国平天下"。也就是说，他们提倡用儒家的心性修养，道德教化，而达致平天下的"外王"之目的。"内圣"尽管是提高主体精神境界的不二法门，但却仅仅反映了主体自身的道德修养水平，如果不走向外王，则只为"独善"而已，无法"化民成俗"、"兼济天下"，因此，"内圣"只是人生事业的起点，是成就自我的手段，"外王"是奋斗的终极目标，是自我价值的最终体现。

从古代教师的教育思想和政治理想来看，无论"内圣"还是"外王"，其价值取向都离不开儒家一以贯之的"道"，即所谓"君子谋道不谋食"，"君子忧道不忧贫"。作为社会价值的承担者与阐释者，"士"切入社会的理想方式应该以维护"道"的崇高性为意旨，"为官从政"的目的并不是为了个人的"平步青云"和"高官厚禄"，"学而优则仕，仕而优则学"和"有道则从，无道则止"是士人出仕的基本道德原则，也是他们对弟子的政治思想要求，其目的是为了保持"学统"和"道统"的纯正性，防止把它们当成摄取外在物质利益的工具。甚至可以说，"道"既是古代士人

---

① 林超然：《中国文学主题范式的再现与重构》，《文艺报》2007 年 2 月 10 日。
② 高瑞泉、袁进、张汝伦、李天纲：《人文精神寻踪》，《读书》1994 年第 4 期。

服务于统治者的法宝，也是他们赖以与王权抗衡的工具，所谓"以道干世"，当现实生活中政局的发展与他们理想的"道"严重冲突之时，他们能够以"帝王师"的身份向统治者进献忠言。

古代教师的社会身份大多是统治集团内部的官员，由于其所处的社会历史地位的局限，他们难以跳出统治阶级意识形态的牢笼，总是要站在封建帝国的疆土上阐发其治世与教人的学术思想，其价值取向始终以封建伦理和政治制度的建设为中心。"处世横议"虽然在一定程度上体现了思想主体性，但这种"批判"也是以居于统治地位的意识形态为前提的，而不是超社会、历史与阶级的理想价值的展现，因而并不具有真正的精神批判的开放性和启蒙性特征。因此，有学者指出，古代士大夫对朝政的批评更多地类似于鲁迅所描绘的奴才的批评："老爷，您的衣裳破了……"这个比喻深刻揭示了古代学者对当权者的政治依附性。他们与统治阶级之间的关系是"毛"与"皮"的关系，"皮"之不存，"毛"将无所依附。

古代教师的社会作用相当于统治集团中的"思想家"。马克思根据社会分工的不同阐述了"当权者"与"思想家"的区别：

> 现在，分工也以精神劳动和物质劳动的分工的形式在统治阶级中间表现出来，因此在这个阶级内部，一部分人是作为该阶级的思想家出现的，他们是这一阶级的积极的、有概括能力的意识形态家，他们把编造这一阶级关于自身的幻想当作主要的谋生之道，而另一些人对于这些思想和幻想则采取比较消极的态度，并且准备接受这些思想和幻想，因为在实际中他们是这个阶级的积极成员，并且很少有时间来编造关于自身的幻想和思想。在这一阶级内部，这种分裂甚至可以发展成为这两部分人之间的某种程度上的对立和敌视，但是一旦发生任何实际冲突，即当这一阶级本身受到威胁的时候，当占统治地位的思想好像不是统治阶级的思想而且这种思想好像拥有与这一阶级的权利不同的权利这种假象也趋于消失的时候，这种对立和敌视便会自行消失。一定时代

的革命思想的存在是以革命阶级的存在为前提的。①

这段话指明了统治集团内部的思想家所具有的"御用文人"的意识特征，对于我们研究古代教师的历史作用也具有指导意义。我国古代教师也具有类似的阶级局限性，其思想虽然具有一定的理论超越性，但由于社会地位的局限，他们总是以维护阶级统治的长治久安为着眼点。而革命思想的出现只有在革命阶级出现的前提下才有可能。

中国古代教师处在"道"与"王"的夹缝中求生存的状态。在以"学而优则仕"为目的的封建社会教育体制下，官学教师是通过征辟、察举、科举等途径进入统治集团的优秀之"士"，在辅佐君主的同时承担着为统治者培养接班人的职能，那些经师鸿儒凡得不到从政和任博士机会的，即从事私人讲学。但是，无论是拜位帝王之师，还是隐逸山林讲学，古代教师都借着维护"道统"的名义来抒发自己的政治理想。当君主的决策和行为出现偏颇时，他们大多能本着道义原则予以规劝调节，体现出"道统"对"政统"的制衡。但是，就其客观价值取向来说，他们却是传统政治体制内的"殉道者"，他们所维护的"圣人之道"和"王道"理想都服务于统治阶层的治世方略和政治蓝图。在"道"与"王"的夹缝中，一方面是权力对理性的规约，另一方面是理性对权力的制衡。

"终极价值观经'士'的担当和体现，虽显示了一种悲壮的道德勇气，但却包含着两个不可化解的内在矛盾，或曰悖论：其一是终极价值观内涵的超越性与对现实的关注的矛盾；其二是终极价值观的代表'士'在精神上的至上性与经济上的依附性的矛盾。"② 由于这些矛盾的存在，导致"士"阶层对终极价值的维护难以跳出统治阶级意识的牢笼，并且明明"身在此山中"而不自知，明明与民众疏离却妄图为社会代言。在现实生活中，他们尽管以"社会良知"的身份关怀和维护着一些人类共有的基本价值，如伦理、仁义等，他们也确实有"先天下之忧而忧，后天下之乐而

---

① 《马克思恩格斯选集》（第1卷），人民出版社2012年第3版，第179页。
② 王宏伟：《中国传统终极价值观辨析》，《哲学研究》1996年第6期。

乐"的精神，表现了一种为正义和真理献身的社会责任感和道德勇气，但是，"他们却毕竟不是甚至不能代表社会大众。他们的'精神贵族'式的孤芳自赏的气质，使得缺少文化教育甚至生计无着的广大人民大众对终极关怀只能事不关己、高高挂起，从而使其'阳春白雪，和者盖寡'。失去它应有的社会回应和影响力。"① 而且，"承担这种终极关怀的'士大夫'阶层，由于它本身不可避免的历史局限性，每每在终极关怀与现实陷于严重冲突的时候，它总是退守于'明哲保身'的世俗之地（往往表现为彻底的意识形态化），便使得仅有一隅之地的终极关怀退出它最后的堡垒而彻底地世俗化。"② 儒学宗师安身立命于其中的"道"只能是王权制约下的"道"，皇帝作为"天子"是"天"的代表，而"天不变，道亦不变"。

三、入世与出世

中国古代士人总想依傍政治而生存，依靠政治实现自己的学术理想和人生抱负。在中国古代教师职业的发展过程中，我们可以看到古代教师以"道统"服务于"政统"的入世姿态以及躲进书斋、两耳不闻窗外事的避世姿态。中国古代教师具有强烈的政治情结和社会责任感，只是由于政局的变迁和观念的纷争导致了古代教师参政、议政、避政等不同的社会政治态度与处世策略。

1. 入仕参政

中国古代社会很早就建立了成熟的官僚体系和文官选拔制度，因而被有的学者看作一个"选举社会"。作为社会精英的古代教师，其人生旨趣与教育活动也都围绕着选举进行。可以说，教师职业自产生之日起，就与国家政治活动发生着千丝万缕的联系。正如阿普尔所说："教育并非一个价值中立的事业，就教育制度的本质而言，无论教育工作者是否意识得到，他们已经卷入了一项政治活动。"③ 古代教育家大都具有积极入世的精

---

① 荆学民：《社会转型与信仰重建》，山西教育出版社 1999 年版，第 254 页。
② 同上。
③ 迈克尔·W. 阿普尔：《意识形态与课程》，黄忠敬译，华东师范大学出版社 2001 年版，第 1 页。

神姿态，其人生夙愿是参与社会政治，在统治集团内部履行重要的社会职责。《学记》中说："能为师，然后能为长；能为长，然后能为君。故师也者，所以学为君也。"教育者的政治功能得到极高的评价，"师范立，则善人多；善人多，则朝廷正，而天下治矣。"①

古代正式的学校和教师基本上是应政治人才培养的需要而产生的。在中国历史上，随着剩余产品的出现和私有制的产生，统治者也开始有意识地培养自己的接班人。西周"官守学业"、"学在官府"的教育机制奠定了古代教育思想的政治伦理基础，也引发了教育领域"官本位"思想的滥觞。虽然后期随着"士"阶层的兴盛和私学的发展，使教育与政治发生相对的分离，但是，"士"作为统治者的"智囊"，只能依赖统治阶层的悦纳而生存，即便没有正式的官衔，他们的首要职责也是为统治者出谋划策，他们所倡导的"道"直接关乎政治的清明与社会的治乱。后来，科举制度的兴起，为儒家"学而优则仕"的教育原则提供了最好的诠释，学子将"仕途"作为追求的目标，为了求取功名而苦熬一生，教师也成为国家意识形态的代言人，科举制度如牢笼般禁锢了教师和学生的精神，实现了官方意识形态下的无差异的思维逻辑。士子读书的主要目的就是希望有朝一日"榜上有名"，从此拜官拜相，荣华富贵与之俱来。教师也是在读书—考试—做官之路上或脱颖而出或名落孙山之人。在"学而优则仕"之路上败落的古代读书人沦落为地位低下、生活困窘的私学教师。作为肩不能挑，手不能提的读书人，除了教书，他们没有其他途径维持生计，教书是他们现实的谋生的方式，而他们的理想国却在科举的圣地。如《儒林外史》中的范进，在中举之前是一个穷困潦倒的教书先生，维系其精神的支柱就是科举考试。甚至被奉为"万世师表"的孔子也在官场上几经进退，35 岁时做了齐国贵族高昭子的家臣，51 岁时任鲁国中都宰（今汶上西地方官），由于为政有方，次年由中都宰提升为鲁国司空、大司寇，后来为了施展自己的政治抱负而周游列国，"干七十余君"，以至于被人谴称为"跑官要官"的。清代画家郑板桥的一首诗形象地描述了教师从寄人篱下

①《周敦颐集·通书·师七》。

到平步青云的命运转折。

> 教馆原来是下流，傍人门户度春秋。
> 半饥半饱清闲客，无锁无枷自在囚。
> 课少父兄闲懒惰，功多子弟结冤仇。
> 而今幸作青云客，遮却当面一半羞。

2. 处世横议

在政治开明、社会稳定的历史时期，作为社会精英的"士人"希冀通过"登阁入仕"来实现自己的学术理想与人生价值，而在政局动荡、意识形态多元的时期，古代教师倾向于在体制外发挥"守护社会良知"的职能。远离体制使教师能更多地保有自己的独立人格与自由精神，而且他们依然秉持着士人关心政治的性格特征，甚至把对政治的"讽议"作为"学统"的自我表达机制。他们并不直接干预政事，但却通过与掌权者的接触和政治评议来阐发、宣扬自己的政治主张，并希望以此影响国家的政治现状。

战国时期齐国的"稷下先生"坚持"不治而议论"的政治策略，他们在物质上享有统治者给予的丰厚待遇，在讲学之余也为当权者筹划治世方略。由于稷下先生"喜议政事"，"以干世主"，稷下学宫在讲学与育才职能之外还成为事实上的咨政议政机构，稷下先生以自己的政识与谋略"说威王、谏宣王、劝湣王，成为齐国的谋士"[1]。比如黄老学派的主要创始人之一赵国人慎到（曾著有《慎子》一书）将道家的思想与法家的学说相结合，认为"道"的本质是万物平等，而治国中的平等之术依赖于"法"，提出"大君任法而弗躬，则事断于法矣"的思想。即君主作为"法"的制定者，依法"无为而治"，"民一于君，事断于法"，"官不私亲，法不遗爱"，这样就"上下无事"了。又如阴阳学派的代表人物齐国人邹衍（著述有《邹子》四十五篇，《邹子终始》五十六篇）把阴阳五行（水、火、

---

[1] 孙培青：《中国教育史》，华东师范大学出版社 2000 年第 2 版，第 59 页。

木、金、土）各赋予道德属性，由五行而为五德（水德、火德、木德、金德、土德），然后用五行相生相克的模式来说明政权更替的原因，论证新政权、新朝代产生的合理性，从而为战国时期频繁征战的各国统治者提供了学理的依据，满足了各国统治者的心理需要。

如稷下先生一样虽不直接从政但却有着强烈的忧国情怀的古代师者还有明清时期的"东林学者"。出自东林名师顾宪成之手，篆刻于东林书院门前的一副楹联——"风声雨声读书声，声声入耳，家事国事天下事，事事关心"，充分表明了东林学者对学术与社会的双重责任意识。他们在讲学之余，密切关注社会政局，"讽议朝政，裁量人物"，将讲学活动与政治斗争紧密结合起来，并积极倡导文人学者以天下为己任。顾宪成曾为东林学子立言："官辇毂，志不在君父，官封疆，志不在民生，居水边林下，志不在世道，君子无取焉。"① 可见，东林学者虽身处学舍，但心在庙堂，虽是学问之人，却有江湖之心。他们看重学术的实用性而不是玄虚性，重视的是学术对政治现实和世道人心的功用，充分发扬了儒家学者入世救世的精神传统。由于东林学者的清议之风让朝臣畏忌，东林书院先后被执政权贵张居正、魏忠贤等人禁毁。

后来，明清之际具有民主思想的教育家黄宗羲将东林学者的政治情怀继承下来，并将之提升到学校教育的政治功能的高度。他提出著名的"公其非是"的学校教育主张，认为学校的任务除了传递知识和培养人才之外，也要"公其非是"，成为议政辅政、监督政府各级官吏，甚至指导舆论的机关，在学校的传统职能外赋予其新的历史使命。他曾经说："学校，所以养士也，然古之圣王其意不仅此也，必使治天下之具皆出于学校，而后设学校之意始备。……盖使朝廷之上，闾阎之细，渐摩濡染，莫不有诗书宽大之气；天子之所是未必是，天子之所非未必非，天子亦遂不敢自以为是，而公其非是于学校。是故养士为学校之一事，而学校不仅为养士而设也。"② 黄宗羲认为教师要主张民主，"不干清议"，"其人稍有干于清

① 《明史·列传第一百十九》。
② 《明夷待访录·学校》。

议，则诸生得共起而易之，曰：'是不可以为吾师也。'"①

可见，古代历史上的教师即便独立于政权，不封官拜相，也要从学术的立场上充分阐明自己的政治观念，而且比体制中的学者具有更民主的政治思想。"摆脱了外在权力强迫、引诱和扶植的人文教化才成为大公无私、无所顾忌的人类自我意识化身，由此才会培育出真正的思想自由。对于国家政权来说，只有来自自由思想的批评监督才是独立和真实有效的。由此造就的人文知识分子的独立人格和独立地位，是防止政权腐败、形成民主政治客观格局最重要的条件之一"②。

3. 隐逸治学

孔子曾明确地将儒家的从政哲学阐述为："邦有道则仕，邦无道则隐"，以及"遇明主则入，遇昏君则拂袖而去"。如果社会的政治现状给予士人阐释自己的学术思想，抒发自己的政治情怀的机会，古代的教育者将怀抱"天下兴亡，匹夫有责"的使命感积极地投身政治场域，扮演起"为帝王师"、"为天下师"的社会角色。而一旦当权者实行专制统治，堵塞舆论通道，或者士人感觉对政治现状不满，找不到实现自己政治抱负的机会，他们也不愿意曲学阿世，随世风轮转，因为政治媚俗态度玷污了士人引以为荣的君子人格。在这样的情况下，他们更多地选择了远离政治中心，在知识的传播中实现自己的人生价值。恃才不仕，从理想上说是对学术价值和学者基本人格的尊重，是对当权者的一种消极的抗争，从现实上说也是士阶层的自由精神与专制统治发生冲突的情况下的无奈选择。

受封建社会"政治本位"意识的束缚，隐士即便在思想文化领域表现出了一定的独立性，也无法超越意识形态的制约，"普天之下，莫非王土，率土之滨，莫非王臣"。他们即便隐逸山林，深居简出，也依然处于封建王权的笼罩之下。一方面，由于士人普遍的"政治理想主义"情节，学术思想中依然蕴含着对太平盛世与有道明君的向往，治学求道总离不开对政治和伦理思想的阐发，依然在学术中探求社会兴衰治乱的原因与发展方

---

① 《明夷待访录·学校》。

② 陶东风：《知识分子与社会转型》，河南大学出版社 2003 年版，第 104 页。

向。另一方面，君主政治为了加强社会控制，也不允许隐者完全游离于自己的统治之外，当权者或者采取各种手段诱惑、逼迫隐者入仕，或者从社会舆论的层面控制隐士的言论。"见于秦汉史籍的 145 名秦汉隐士中，就有 136 名曾被朝廷和公府征聘，占隐士总数的 94％，并且在多数情况下，这种征聘带有强制的性质。"① 汉安帝亲政以后，"（陈）忠以为临政之初，以征聘贤才，以宣助风化，数上荐隐逸及直道之士冯良、周燮、杜根，成翊世之徒。于是公车礼聘良、燮等。"②

古代教师在博习儒家经典的同时也强化了儒生的政治依附性人格，因此，无论是辞官归乡还是在民间授徒，他们都无法摆脱政治意识形态的制约。素有"汉代孔子"雅号的董仲舒，在入仕之前和从政之后都兼而从事教育活动，因为与当权者政见不和而被贬官后，便将自己的理想和抱负寄托在授徒讲学活动中，后来干脆辞官回家，专心从事修学著书等教育活动。由于秉持"通经致用"、"以儒正法"的学术理想，因此，即便是隐居之际，也是身在"野"而心在"朝"。据《汉书·董仲舒传》记载："朝廷如有大议，使使者及廷尉张汤就其家而问之，其对皆有明法。"身处宋元之际的许谦，不仕元朝，隐居乡里，潜心私学讲授，其学术思想对社会影响极大，共有弟子一千多人，和许衡并称"南北二许"。许谦足不出乡四十年，外表看来俨然一不问政事的村野先生，然而当有人求教"典礼政事"之时，他却能"观其会通，而为之折衷"，依然对政治抱有旁观者的审思与学者的热情。

隐逸治学的古代教师虽然在政治人格上相对独立，但心中也自有"江山社稷"，对于社会的治乱和政治的理想境界总无法释怀。"隐逸成了中国传统文化的重要组成部分，体现着智慧、价值选择和生活态度。"③ 隐士无论身在何方，总是心怀天下，"居天下之广居，立天下之正位，行天下之

---

① 葛荃：《权力宰制理性：士人、传统政治与中国社会》，南开大学出版社 2003 年版，第 191 页。
② 《后汉书·陈忠传》。
③ 葛荃：《权力宰制理性：士人、传统政治与中国社会》，南开大学出版社 2003 年版，第 187 页。

大道。得志，与民由之；不得志，独行其道。"①

第二节　西方古代教师职业的历史发展

本文所说的西方主要是指以古希腊、罗马文明为发祥地，以基督教为主要宗教信仰的文化区域，在地域上主要包括欧洲和北美。这是从文化类型方面做出的区分。

与中国古代教师的政治意识和社会责任感相似，古代西方教师在历史上也承担了"高度注视人类一般的实际发展进程，并经常促进这种发展进程"② 的使命。

一、西方古代教师地位与职能的变迁

西方文化在不同的历史时期表现了不同的主导文化类型。罗素等人对西方文明所作的古希腊精神、基督教宗教和科学技术观念三种重要精神的划分，在一定意义上是一种历史的划分，因为三种主导精神具有前后相继性。按照各个时期主导文化特质的不同，我们可以粗略地将工业革命前的古代西方历史划分为古希腊罗马时代（公元前 11 世纪—5 世纪）、中世纪宗教时代（5—14 世纪）、文艺复兴时代（14—16 世纪）三个历史时期。教师也在西方文化传统和不同历史时期的主流文化的浸染下表现出不同的文化特征。

1. 古希腊、罗马时代的教师

古希腊是现代西方文明的发源地，希腊精神被当作世界古代文明的典范，甚至是整个西方文明的象征，以至于有人"言必称希腊"。希腊教育奠定了西方教育思想的坚实基础，正规的学校教育也于此时诞生。雅斯贝尔斯对古希腊的教化的生活形式赞誉有加，认为"古典世界为所有塑造西

---

① 《孟子·告子上》。
② ［德］费希特：《论学者的使命·人的使命》，梁志学等译，商务印书馆 1997 年版，第40 页。

方人的因素提供了基础"①。"在西方，个体自我的每一次伟大提高都源于同古典世界的重新接触。当这个世界被遗忘的时候，野蛮状态总是重视。就像一艘船，一旦割去其系泊的缆绳就会在风浪中无目标地飘荡一样，我们一旦失去同古代的联系，情形也是如此。"② 希腊人以好学、创造、自由、人本的思想奠定了西方教育精神的整体格调。

公元前 11 世纪到公元前 8 世纪是古希腊由原始社会向奴隶社会过渡的时期，关于此时的社会生活的记载主要来源于《荷马史诗》，故此时又被称为"荷马时代"。《荷马史诗》中记载了西方最早的教师形象，它通过艺术化的表现手法，表达了古代西方社会对理想的教师品质的向往。在《荷马史诗》塑造的英雄人物阿喀琉斯（Achilles）的成长过程中，有两位教师对他产生过重要影响，一位是喀戎（Chiron），是神的儿子，是当时非常著名的教育家，聪慧，擅马术、医术和音乐，是一个半人半马的怪物，也是希腊智慧和力量的象征，先后培养了很多希腊的英雄人物。另一位是富尼克斯（Phoenix），在教育活动中对学生极具爱心。他说，从青年时代开始，"我就全心全意用来做成你这样一个人。你总还记得，除了我一个人以外，你无论出外去还是在家里都不肯跟任何人一起吃饭的；总还记得，我一径都抱你在膝盖上疼着你，从我吃的肉上切下小片来喂你，那我的酒杯凑上你的嘴唇。……是的，我一生的大部分都花在你的身上，为你辛勤劳苦的。……当初那老战车将士珀琉斯（阿喀琉斯的父亲——引注）送你从佛提亚来帮助阿加门农的时候，不是要我做你的监护人的吗？你还是一个小伙子呢，在人家可以大显身手的战场上和辩论会上都是没有经验的。他所以要我和你一同来，就是来教你这些事情，叫你做一个演说家和行动者。"③ 可见，荷马时代的教师在教贵族子弟辩论和战斗的同时，还负责照顾他们的生活起居。教师不光要品行高尚，而且要精通与军事和政治有关的知识和技能，要具有卓越的演说能力。

---

① ［德］卡尔·雅斯贝斯：《时代的精神状况》，王德峰译，上海译文出版社 2003 年版，第 135 页。

② 同上。

③ ［古希腊］荷马：《伊利亚特》，傅东华译，人民文学出版社 1958 年版，第 166—167 页。

在公元前 8 世纪的时候，希腊开始出现城邦国家，斯巴达和雅典是当时数以百计的城邦国家中最大的、最具代表性的两个。整个希腊的教育发展可以从两国的教育情况中窥见一斑。斯巴达实行严酷的专制制度，故阶级矛盾异常尖锐，为了强化奴隶主的军事力量，镇压奴隶的反抗，特别重视军事教育，"斯巴达教育的唯一目的，就是通过严酷的军事体育操练把氏族贵族的子弟训练成为体格强壮的武士"。① 因此，特别设置了相当于军事训练基地的国家教育场所，对贵族子弟进行严酷的身心操练和贵族政治意识的灌输，教育场所的管教工作一般由年轻力壮的青年担任。斯巴达代表了古希腊专制政治和军事教育的一极，而雅典代表了民主政治和人文教育的另一极。雅典为适应民主政治发展的需要，非常注意培养公民的多种才能和爱国热忱。奴隶主贵族设置私立的文法学校和音乐学校供贵族子弟学习，担任教育职责的，一是有知识的奴隶，负责陪送贵族子弟上学，被称为"教仆"；二是学校教师，大都是有政治权力的自由民，但也有不少是赎身奴隶。从词源学的角度来看，西方国家的"教育学"（英语为 pedagogy，法语为 pedagogie，德语为 pedagogik）均源于希腊语的"pedagogue"（教仆），教师极低的社会地位和教育学的边缘学科位置大约也与"教仆"的奴隶身份有关。

当时社会上还出现了以从事公众教育为谋生方式的西方最早的职业教师，他们云游各地讲学，以钱财而不是门第作为收徒的条件，被称为"智者派"（sophists），其中最著名的代表就是苏格拉底。他一生从事公众教育，运用独创的"苏格拉底反诘法"（Socratic irony）对他人进行教育，以完美的道德形象和卓越的教育智慧赢得世界人民的赞誉，与其学生柏拉图以及柏拉图的学生亚里士多德并称为"古希腊三贤"，其本人也被誉为"西方孔子"。

苏格拉底运用反诘法对他人进行教育的过程中并不直接给予他人正面的、直接的答案，因为他认为自己本身是无知的，对知识的认识存在于人

---

① 王天一、夏之莲、朱美玉编著：《外国教育史》，北京师范大学出版社 1993 年第 2 版，第 26 页。

自身的能力之中，因此，他总是以提问的方式揭露对方提出的各种命题、学说中的矛盾，以动摇对方论证的基础，指明对方的谬误，引导对方逐渐得出比较合理的正确认识。

　　一天，苏格拉底和一个名叫尤苏戴谟斯的青年讨论正义与非正义问题。

　　苏格拉底问道："我们把 δ 写在这边，把 α 写在那边，然后再把我们认为正义的行为写在 δ 的下边，把我们认为非正义的行为写在 α 的下边好吗？"

　　……

　　（苏格拉底）问道："虚伪是人们中间常有的事，是不是？"

　　"当然是。"尤苏戴莫斯回答。

　　"那么我们把它放在两边的哪一边呢？"苏格拉底问。

　　"显然应该放在非正义的一边。"

　　"人们彼此之间也有欺骗，是不是？"苏格拉底问。

　　"肯定有"，尤苏戴莫斯回答。

　　"这应该放在两边的哪一边呢？"

　　"当然是非正义的一边。"

　　"是不是也有做坏事的？"

　　"也有"，尤苏戴莫斯回答。

　　"那么，奴役人怎么样呢？"

　　"也有。"

　　"尤苏戴莫斯，这些事都不能放在正义的一边了。"

　　"如果把它们放在正义的一边那可就是怪事了。"

　　"如果一个被推选当将领的人奴役一个非正义的敌国人民，我们是不是也能说他是非正义呢？"

　　"当然不能。"

　　"那么我们得说他的行为是正义的了？"

　　"当然。"

"如果他在作战期间欺骗敌人，怎么样呢？"

"这也是正义的"，尤苏戴莫斯回答。

"如果他偷窃，抢劫他们的财物，他所做的不也是正义的吗？"

"当然是，不过，一起头我还以为你所问的都是关于我们的朋友哩"，尤苏戴莫斯回答。

"那么，所有我们放在非正义一边的事，也都可以放在正义的一边了？"苏格拉底问。

"好像是这样。"

"既然我们已经这样放了，我们就应该再给它划个界限：这一类的事做在敌人身上是正义的，但做在朋友身上，却是非正义的，对待朋友必须绝对忠诚坦白，你同意吗？"苏格拉底问。

"完全同意，"尤苏戴莫斯回答。

苏格拉底接下去又问道："如果一个将领看到他的军队士气消沉，就欺骗他们说，援军快要来了，因此，就制止了士气的消沉，我们应该把这种欺骗放在两边的哪一边呢？"

"我看应该放在正义的一边"，尤苏戴莫斯回答。

"又如一个儿子需要服药，却不肯服，父亲就骗他，把药当饭给他吃，而由于用了这欺骗的方法竟使儿子恢复了健康，这种欺骗的行为又应该放在哪一边呢？"

"我看这也应该放在同一边"，尤苏戴莫斯回答。

"又如，一个人因为朋友意气沮丧，怕他自杀，把他的剑或其他这一类的东西偷去或拿去，这种行为应该放在哪一边呢？"

"当然，这也应该放在同一边"，尤苏戴莫斯回答。

苏格拉底又问道："你是说，就连对于朋友也不是在无论什么情况下都应该坦率行事的？"

"的确不是"，尤苏戴莫斯回答，"如果你准许的话，我宁愿收回我已经说过的。"①

---

① ［古希腊］色诺芬：《回忆苏格拉底》，吴永泉译，商务印书馆 1986 年版，第 144—147 页。

　　除了苏格拉底以外，柏拉图和亚里士多德也是古希腊时期著名的哲学家、思想家，同样具有丰富的教育思想并在长期的教育活动中进行阐释和运用。

　　古罗马是继古希腊之后西方的又一类型的奴隶制国家。罗马共和国初期只是一个很小的城邦，没有正规的学校教育机构，青年一代所需的教育内容主要由家长传授。后来，随着罗马共和国的对外扩张，罗马人被希腊的优秀文化所吸引，开始有意识地向希腊学习。当罗马征服了希腊本土以后，大批的希腊教仆、教师和学者来到罗马，以创办学校作为谋生之道，他们承担了向罗马人传播希腊文化的任务。此时，根据其从事的教育类型的不同，教师的社会地位和收入水平差别很大，小学教师社会地位极低，收入菲薄；文法学校的教师由文法家和文学家担任，修辞学校的教师由修辞学家和哲学家担任，他们的社会地位和收入较高，罗马帝国时期甚至从国库中拨款支付部分文法教师和修辞教师的薪金。罗马帝国授予教师免税、免服兵役等特权，授予某些从行省来的教师以公民权；教师的住宅不受军队侵犯等。罗马皇帝哈德良（Hardrian）于公元 125 年设立教授职称，使教师社会地位得到提高。

　　2. 中世纪宗教时代的教师

　　西方的基督教文化与我国的儒学文化同属对世界文明产生重大影响的文化系统。基督教产生于公元 1 世纪左右，它宣扬现实的肉体苦难与死后的灵魂升迁，这样的教义给予被压迫者一种精神寄托，维护了奴隶主贵族的专政统治，因而获得当权者的支持而逐渐走向兴盛。出于教会扩张的需要，基督教加强了对教育的渗透和控制，教会教育体系兴起并逐渐取代世俗教育体系。教会学校严格地限制人们对普通世俗知识的学习和兴趣，使科学和哲学成为"教会的恭顺的婢女"、"神学的分支"，只有与宗教有关的内容才能在教会学校的课程体系中占有一席之地。甚至出现了以宗教思想严重曲解科学常识的情况。"结果，理智方面的探索被迫花了几世纪的精力去重新发现古典文化，用与基督教一致的措施把它分类，并像教会的解释那样对古典文化加以重述。这时，思想的强制，对人类精神进步的运动严加妨碍的时期就来到了。"① 由于宗教蒙昧主义对理智生活的压抑，使进步的思想被扼杀，文化的发展被遏止，宗教的乌云笼罩着欧洲大部分地区长达一千多年，被称为"黑暗的中世纪"。

教会对教育严加控制，无论是修道院学校、主教学校，还是面向世俗群众的堂区学校的教师都由神职人员担任。教会学校承担着传播教义、争取信徒的重要责任，因此教士也都具有封建的、神学的价值观念，重视对学生的宗教信仰的培养，而轻视宗教经典以外的世俗知识。比如7世纪的罗马教皇格雷高里就极端敌视世俗教育，尽管他本人接受过普通教育，并精通文法、修辞和逻辑学，但皈依宗教以后，便为了虔诚的宗教信仰而放弃了世俗的生活和教育观念，并抵制教会学校进行世俗知识的教育，目的是使教徒的心"免受卑鄙者渎神的赞词所玷污"②。而且，由于此时教会对国家政治的干预，造成了西方历史上一度出现政教合一的政治局面，教会拥有至高无上的权力，教皇甚至可以废除皇帝，身为僧侣的教师也随着教会势力的升迁而一荣俱荣，在社会上享有极高的政治权力和社会地位。

3. 文艺复兴时代的教师

公元14世纪下半叶到16世纪末，是欧洲从封建社会向资本主义社会过渡的时期。此时，在封建社会内部出现了资本主义生产的萌芽，也产生了具有初步的资产阶级思想的学者，他们以古希腊罗马的优秀文化作为精神向导，对封建主义意识及僵化的经院哲学发动猛烈的进攻。"'文艺复兴'的实质不是古代思想方式和习俗风尚的'再生'，而是对束缚人的狭隘的中世纪精神进行坚决的反抗，是对更丰富、更充实的个人生活的一种尽管模糊，但仍很迫切的要求。"③ 它显示了资产阶级思想家初步的民主思想和人文精神，促进了文化的发展与人性的解放。恩格斯对这一历史时期给予极高的赞誉，他说："这是人类以往从来没有经历过的一次最伟大的、

① ［英］威廉·博伊德、埃德蒙·金：《西方教育史》，任宝祥、吴元训译，人民教育出版社1985年版，第100页。

② ［英］博伊德、金：《西方教育史》，任宝祥、吴元训译，人民教育出版社1985年版，第103页。

③ 同上书，第158页。

进步的变革，是一个需要巨人并且产生了巨人的时代，那是一些在思维能力、激情和性格方面，在多才多艺和学识渊博方面的巨人。给资产阶级的现代统治打下基础的人物，决没有市民局限性。相反，这些人物都不同程度地体现了那种勇于冒险的时代特征"①

文艺复兴的热浪也席卷了教育领域。人文主义者对封建主义的教育理论和教会控制的学校教育形式展开激烈斗争，反对培养神职人员的狭隘的教育目标，改革以宗教服务为出发点的教育内容，批判僵化的经院主义教育原则和方法。他们继承并发展了古希腊的教育思想，提出了培养身心和谐发展并具有进取精神的资产阶级新人的教育目标。在教育内容上，新兴的学校把希腊文、拉丁文作为学校的主要课程，要求儿童从古典文学的阅读中汲取古代的文化精神，并开设历史、地理、数学、自然科学等新兴的学科来丰富儿童的精神世界。在教学原则和教学方法上，倡导理论联系实际，带领儿童向大自然学习，主张通过优美的教学环境陶冶儿童的心灵。尊重儿童的身心发展特点和个体差异。如同卢梭所言："教师在指导孩子辨别哪些东西有用、哪些东西无用之后，就要教会孩子'学以致用'，以后还要谈如何才能正确运用。体力的发达可以激发精神的活力，孩子的好动可以转化为好奇，正确引导孩子的好奇心就是促使孩子学习的动力，我们必须肯定这种好奇心。这种求知欲是出于他的自然天性，所以孩子的学习范围要限制在自然要求内。"②

在市政当局或私人开办的世俗学校里担任教师的都是人文主义者，他们在各类学校中任职时间长短不一，少数人终身任教于一所学校，大部分人都是在很多学校之间流动任教。随着任教学科、学校类型以及教师水平的不同，教师的收入也高低不等。各城市国家对教育比较重视，纷纷从国库收入中拨出专款用来支付教师薪金、办大学，有很多国家还相继创办了主要为皇室子弟服务的宫廷学校，并聘请著名的人文主义教育家担任宫廷学校教师，教师的社会地位较高。著名的人文主义者维多里诺建成了欧洲

① 《马克思恩格斯选集》第3卷，人民出版社2012年第3版，第847页。
② ［法］卢梭原著，胡以娜编写：《爱弥儿》，天津人民出版社2008年版，第80页。

著名的宫廷学校——快乐之家，在接受公爵的聘请时与其约定，凡有伤自己声誉的事情，公爵不能要求他做；公爵若自尊自重，他则忠实地侍奉公爵。一方面，说明了人文主义者的自立自强、不流于媚俗的人格特征；另一方面，也说明了统治者对教师职业的尊重，使教师获得了与统治阶级平等对话的机会。

在西方历史的长河中，随着教育形式和教育实践的发展，教师的身份、社会地位以及教育理念都发生了巨大变化，教师的身份经历了教仆—教士—教师三种不同的历史形态，社会地位也由卑微走向高涨后又回落二者之间。在不同的社会传统和文化思想的影响下，教师的精神面貌和价值取向都发生很大的变化，或在对立的价值冲突中走入极端，或者在思想的抉择上多方兼顾。

二、智性与德性

教师这样一种社会角色总是意味着人类精神文明成果的占有与传输，意味着这一职业群体拥有某些别人所不具有的知识、技能或观念，并乐于与他人分享。从人类的全面发展的角度说，知识与道德、科学与人文、真与善等理念对于人性的发展具有同样的价值，只是各个时代的人们从不同的文化背景和社会认识出发对它们作了不同的价值排序。由于教育是为社会培养人才的活动，教育内容必须与社会的主流价值取向贯通，各个时代的教育者在不同的历史文化背景的影响下，对应该传授给未来社会成员的内容进行选择，体现着不同的价值追求。从西方古代教师职业的发展过程可以看出，随着教师身份和服务对象的不同，教师的价值取向各不相同，但总体来说，古代教师大都具有人文主义思想倾向，注重通过人文学科的教学养成学生优良的品德。

古希腊、罗马的智者派是西方历史上最早的职业教师，他们虽然没有共同的学说和教育思想，但都倾向于通过文学和修辞等学科的教育使青年为未来的公众生活做好准备。此时职业教师角色的保持是基于他所拥有的知识比别人多，师生关系的存在基于双方占有的知识量的不平等，双方接触的目的是将知识从一个人手里传送到另一个人手里，当学生拥有的知识量与教师对等时，这一过程便宣告终结。学生可凭获得的知识参与社会生产和生活，也可以"另投名师"，从新的教师那儿接受某些新知识和新技能。教师身份并非固定的，学生从不同的教师那儿接受不同的知识，教师对学生的教育都是独立进行的，彼此之间没有关联。"学生会到一位文法教师或文学教师那里去学文法，到齐特琴师那里去学音乐，到修辞学家那里去学修辞，到别的教师那里去学其他科目。这些各自不同的教学形式在他脑中汇集，但从外面看来却是相互隔离的。"① 正式的学校产生以后，"学校的理想是培养一个人具有智力、审美感和体质平衡发展的和谐人格"，"古代西方社会把造就一个有教养的人的各种知识的总和视为一个十分明确的整体。这个整体包括七艺——文法、修辞学伦理学、算术、地理、人文学和音乐。这七艺久以成为古典教育不可动摇的基础。"② 其中，文法、修辞、辩证法这三艺是中心，这种课程体系支配欧洲学校教育达一千五百年之久。在教育内容构成上体现了对人文学科和自然学科的重视，但更多地体现了培养具有广博知识和文雅气质的人的教育目标。可以说，古希腊、罗马的教育体现了浓厚的人文主义精神，所有的知识传授都是以养成身心全面发展的理想的人格，或者说发展一种健康的人性为旨归。

希腊的人文主义教育开创了以人文知识塑造高贵德性的教育传统，并把德性作为人性中最美好的一面加以重视和培养。被尼采誉为西方哲人最优秀的灵魂的苏格拉底首先揖别古希腊人把知识等同于诡辩与修辞技能的观念，把知识的追求上升为一种生活的态度，强调"知识即美德"，强化了西方理性与道德并重的教育传统。苏格拉底坚持通过教育开启学生的心智与向善的生活态度，由于对教育在社会发展过程中的作用的重视，促使他把教师放在建立一个美好社会的中心地位，坚持认为教育可以使人变得善良、使社会更加文明。并且要求教育者自身是道德善良的人，因为"行

---

① ［法］爱弥儿·涂尔干：《教育思想的演进》，李康译，上海人民出版社 2003 年版，第 32 页。

② 联合国教科文组织：《学会生存——教育世界的今天和明天》，上海译文出版社 1996 年版，第 30 页。

为比言论更有凭借的价值"①。一切真知的传承与实现，都需要经由教育者的道德人格来验证和示范。这就是所谓的"知德同一"的教育思想。苏格拉底以自身的言行为西方教师树立了道德人格的典范，由于他对正义的坚持和对政治的关注与抨击，使其受到诬告并被判处死刑。黑格尔将苏格拉底的死断定为雅典的悲剧，他说："只有当一个可敬的人遭遇灾祸或死亡的时候，只有当一个人遭受无辜的灾难或冤屈的时候，我们方特别称之为悲剧；苏格拉底就是这样，他无辜被判处死刑，这是悲剧性的……他的遭遇并非是他本人的个人浪漫遭遇，而是雅典的悲剧，希腊的悲剧。"② 他的"知德同一"的教育思想对后世产生了很大的影响，并由柏拉图和亚里士多德一脉相承。

古希腊罗马帝国衰落以后的"黑暗时代"，教育领域里的知性与德性追求遭到了神性的全面贬黜。一些教会学校的创办者甚至站在抵制世俗知识的立场上，使学徒"有意识地没学识和聪明地无文化"③。"寺院制度这种运动本身吸引的是性格、造诣很不一样的虔诚的人们……支配这种倾向的禁欲精神，总的说来，对办教育是不利的。与世隔绝，超尘脱俗去寻求拯救的人，不可能对知识感兴趣，也没有给他人传授知识的愿望。"④ 教会学校从维护宗教信仰的立场出发抵制世俗知识的扩张，身为僧侣的教师不许教徒"沾染希腊学术这个脏东西的"。向教徒传授的简单的读写算的知识也都要经过宗教教义的改造与加工，使这些知识的学习能向儿童提供"上帝创造世界的明显证明"。对世俗知识无兴趣的僧侣阶层从"原罪"的宗教观念出发，表现出对人的"善端"甚至是整个人性的否定。教会学校要求教徒具有服从、贞洁、安贫的禁欲主义生活态度，培养神性压制下的人的奴性道德。当然，基督教的精神思想和教育理论也具有一定的积极意义。正如马克斯·韦伯在《新教伦理与资本主义精神》一书中的主张：经

---

① ［古希腊］色诺芬：《回忆苏格拉底》，吴永泉译，商务印书馆1986年版，第163页。

② ［德］黑格尔：《哲学史讲演录》（第2卷），贺麟、、王太庆译，商务印书馆1978年版，第44—45页。

③ ［英］博伊德·金：《西方教育史》，任宝祥、吴元训译，人民教育出版社1985年版，第102页。

④ 同上书，第100页。

过改造了的某些宗教观念，如加尔文教的道德主张：勤勉、刻苦、追求成就以证明自己是上帝的选民，都对资本主义的产生和发展起到了精神上的促进作用。由于宗教本身的伦理化色彩，基督教毕竟也强化人的精神追求和道德生活的问题，加强了对人的精神世界的引领。通过把人的精神的救赎与社会的教化手段联系起来，基督教育希望将民众的修养提升到超世俗的精神层面。

借14世纪至16世纪复兴古代（尤其是古希腊、罗马）的灿烂文化和艺术的思想解放运动，人文主义世界观重新得以确立，并对这一时期的教育产生了重大影响。人文主义教育家认识到科学对人的心灵和谐发展的价值，因而在一定程度上重视科技教育，一些新兴的学科如自然科学、历史、地理等被吸收到新式学校的课程体系中，但这时的古典文科教育仍然占据主导地位，而且道德教育尤其被重视。

意大利教育家弗吉里奥（Pietro Paolo Vergerio，1349—1420）把品德的培养作为教育的首要问题加以关注，他认为学问是从属于道德的，把学问和品行结合起来的通才教育（或自由教育）是"唤起、训练和发展使人趋于高贵的身心最高才能的教育，就其真实价值而言，才能被正确地认为是仅次于美德的"①。意大利教育家维多里诺（Vittorino，1378—1446）在"快乐之家"这所宫廷学校的教育实践中，为了使学生的道德发展取得实效，他特别注重教师的道德示范，同时也注重让学生阅读宗教修养的书来提高道德水平。在莫尔（Thomas More，1478—1535）设想的乌托邦的公共教育制度中，由"教士教育儿童青年，注意他们的读书求知，也同样注意培养他们的品德"②。莫尔认为，"没有德行的学术荣誉只不过是昭著的恶德。"③ 这些著名的教育家通过教育理论的阐发和亲身的教育实践将知识与道德并重的教育思想推向新的发展阶段。此时的知识已经不仅仅是古希腊、罗马的陈旧文学和空虚的经院哲学，此时的道德教育也已经远离了虔

---

① ［英］博伊德·金：《西方教育史》，任宝祥、吴元训译，人民教育出版社1985年版，第163页。
② ［英］托马斯·莫尔：《乌托邦》，戴镏龄译，商务印书馆1982年版，第118页。
③ 同上书，第92页。

诚、忠贞、忍耐的宗教人格。人文主义教育家提出了身心与人格和谐发展的教育目标，注重人的自由、自信和对自然的热爱等道德品质的培养。

三、信仰与理性

因为教育总是涉及意识形态、国家利益、社会需要以及文化发展方向问题，因此，教育也是一个充满斗争和妥协的场所。而教师对教育目标诠释和教育内容的选择总是会受到各种势力的或明或暗的控制和干预。不同时代的教育者权衡政治的要求和社会的需要培养着不同素质的人才，或侧重于统治者的培养，或强调宗教观念的养成，或注重公民教育，反映了教育者在各种利益集团的压力下的不同的价值选择。

但是，从现实的层面来看，西方古代的教师无论是从城邦的立场出发，从宗教的立场出发，或者是从新兴的资产阶级的立场出发，无论培养的是合格的城邦市民、神职人员还是政治活动家，总是抱有一种教育者的志业感，只是由于时代的主流文化不同，教育者皈依的对象也不同，他们或者皈依于信仰，或者依存于理性。从比较宽泛的意义上说，理性本身也是一种信仰，也为教书育人的事业提供了终极价值的证明。无论是西方的游学教师，还是学校教师，无论是世俗教师，还是僧侣教师，对他们来说，尽管他们以教学为谋生手段，但其中寄托着他们无可替代的职业志趣与人生理想。

伟大的希腊成就主要体现于理性发展。在古典时期，由于知识的匮乏，人们无法从神和巫术的观念中解脱出来，精神的世界只是不同的神争夺地盘的战场，"希腊人时而向阿芙罗狄蒂献祭，时而又向阿波罗献祭，所有的人又都向其城邦的诸神献祭"。[①] 但是，伴随着理智的成熟和发展，人们逐渐不再像相信神秘力量存在的野蛮人那样，为了控制或免除灾祸而求助于诸神的魔法，"人们对独立的理性思维的依赖和对逻辑准确性的追求不断增长，形成从神话到理性的进步。理性思想渗入了整个社会和文化

---

① ［德］马克斯·韦伯：《学术与政治》，冯克利译，三联书店 1998 年版，第 40 页。

的发展中。"① 希腊人越来越相信，自然的存在并非由鬼神支配，而是有某种规律可循的。尽管希腊人从未离弃众神，但却在众神解释不了的区域见证了人类理性和判断力的重要性。他们逐渐认识到，理性是通往知识之路，人，而不是神祇，必须对社会的发展负责。理性贯穿在希腊社会的整个文化生活中，成为希腊文化的主导性精神理念。希腊人的兴趣逐渐从对自然的关注转向对生活、社会和人自身的探究。智者派将人的个体理性的发展作为教育的首要目标，普罗泰戈拉提出了"人是万物的尺度"这个命题，将个别的、具体存在的人作为逻辑判断的主体，并在教育过程中致力于提升人的个体理性。柏拉图在其名著《理想国》中用洞穴寓言揭示了唯心主义对人的理智之心的蒙昧，用走出洞穴的囚徒来影射教育者的职责②。因为他们是知道并宣扬真理的人，因而对人的理智的发展和社会的理性化进程负有义不容辞的责任。

中世纪的知识群体以对神的信仰取代了智者派对人的理性的崇拜，他们将世间的每一种事物，都置于神恩的监督之下，学术发展的最终价值也是为了给信仰提供证明，斯瓦姆默丹的话——"我借解剖跳蚤，向你证明神的存在"形象地揭示了此时学者的终极使命，也就是通过学术研究找到通往上帝之城的道路。"随着教育的权利从国家转给教会，这时学校的学科虽和以前一样，但它们的性质和目的却完全不同了。当时教育的目的基本上是为了修来世。办任何教育的最终目的是教育给信仰带来好处。最好的学者不再是有教养的实干家，而是受过教育的神职人员。所有需要高深知识的世俗社会的事务，不用说都落入教会手中。"③ 宗教思想在文化教育

---

① ［美］马文·佩里主编：《西方文明史》（上卷），胡万里等译，商务印书馆1993年版，第21页。

② 在一个地下洞穴中有一群被铁链锁着的囚徒，他们身后有一堆火把，在囚徒与火把之间是被操纵的木偶。因为囚徒们的身体被捆绑着（不能转身），只能看见木偶被火光投射在前面墙上的影子。因此，囚徒们确信这些影子就是一切，此外什么也没有。直到有个人挣脱了锁链，回身看到了太阳和所有的真相，认识到先前所见的一切不过是木偶的影子。清醒之人对于解救人们的蒙昧状态负有不可推卸的责任，此后他的任务就是爬回洞中的囚徒那儿，率领他们毅然走出洞穴，奔向自由。

③ ［英］博伊德·金：《西方教育史》，任宝祥、吴元训译，人民教育出版社1985年版，第99页。

领域占绝对的支配地位，上帝的启示一度成为知识的唯一源泉，人们确信真正的知识来源于神启而非理性。由于中世纪教会对教育的垄断，僧侣作为基督教学校的唯一合法教师，承担着以宗教信仰教化民众、争取信徒的重要职责，并且在信仰高于理性、知识来源于神启等观念影响下形成了神学的、封建等级制的人格特征。

随着资本主义经济的发展和民主思想的萌芽，人类迎来了神光黯淡后人文精神复兴的时代。文艺复兴时期的世俗教师站在人的尊严与人性自由的基础上，对抗宗教神学的盲目信仰和宗教教育，并且，在反对宗教思想的基础上实现了科学思想与人文思想的美好联姻。一些人文主义者热衷于科学研究，以科学的客观性验证人的主体力量，突破了教会对理性发展的束缚。具有人文主义教育思想的教育者努力摆脱教会对学校的控制，反对培养神职人员的教育目标，改革不合时宜的教育内容和教学方法。他们希望通过教育造就能力、知识、判断力和身体素质全面发展的新人。为了使人的理性得到最大限度的发展，人文主义者反对经院主义的强迫注入，呆读死记和棍棒纪律，反对把儿童当作知识的容器进行机械灌输的教学方法，主张启发儿童的学习兴趣，发挥儿童的主动性和积极性，希望通过广博的知识学习发展儿童的思维的力量，并最终更好地指导行动。他们注重通过教育发展人的个性，把人的思想、感情、智慧的发展从神学教育一统天下的局面中解放出来。

变化的世界需要变化的教育方式，随之也必然要求教师职能与行为方式的变革。尽管人们在头脑中通常把教师看作促进学生学习进步的人员，但是，随着时间、地点和环境的变迁，社会的主流文化对于学校的培养目标、教学内容和教学方法等作出不同方向的规限，教师的角色和职能在很大程度上为其所处的社会的主流文化所决定，当然也会在时代精神允许的条件下发挥其主体价值选择的超越性。

第三节　古代教师的社会人意识

虽然在原始社会的后期就产生了相对完善的学校教育，有了相对固定的教育场所和相对稳定的教育对象，但是，作为早期的教师，无论是中国古代的"士"阶层，还是西方的智者派和僧侣阶层，社会没有任何关于他们的思想和教育实践的制度规约，他们在一定的意义上等同于曼海姆所说的"自由飘浮者"。曼海姆认为，尽管知识现象是在一定的社会历史环境下孕育出来的，但从事知识的创造和阐释工作的知识分子却在很大程度上可以不受社会条件的制约，正因为对社会存在的超越性，他们才能综合不同社会集团的经验并创造出叫作知识的东西来。因此，知识分子是一个"无所归属"的社会阶层，他们既可以独立于任何阶级，也可以服务于任何阶级。靠着自由的思想，他们从乌托邦的观点来了解和体验世界，在沉沉黑夜中担当巡夜者的角色，"如果没有他们，人们也许仍然处于漫漫长夜之中。"① 正是自由的身份和飘浮的生存状态使他们可以保有相对自主的思想主张，使古代教师在精神上相当于爱德华·希尔斯（E. Shils）所定义的知识分子——在社会中频繁地运用一般抽象符号，去表达他们对人、社会、自然和宇宙的理解的人。尽管他们也以思想的力量干预政治实践（如柏拉图培养"哲学王"的目的是为了给城邦培育最理想的统治者，"士"阶层对"道统"的阐发是为了干预"政统"），从而表现出一定的政治依附性，但在思想观念和教育实践上他们是相对自主的，在教育活动中他们更多地"以思想为业"。作为教师，他们都是业余的，没有经过特定的教师教育体制的训育，不受教师管理制度的规约。在知识的开发与传输方面他们是相对自由的，秉持自己的教育理想而自由施教，没有直接的外在力量干预教育实践，他们是教育过程中唯一的责任主体。

作为古代社会的教育者，中国"士"阶层和西方"智者派"的理想的精神世界却并不在学校或学院，他们或者在广场向着民众"布道"，或者在庙堂对着当权者言说，他们基本上属于波斯纳所说的以公众为对象、就政治和意识形态的问题发表意见的"公共知识分子"，也如范仲淹所说："居庙堂之高，则忧其民；处江湖之远，则忧其君。"他们具有极强的社会责任感和理想主义情节，在对伦理、道统的追求中显示了古代教育者的终

---

① ［德］卡尔·曼海姆：《意识形态和乌托邦》，艾彦译，华夏出版社 2001 年版，第 183 页。

极价值关怀。

古代的教师在传承知识的同时，也自觉承担者伦理建构、教化民众的任务，履行重要的社会职责。中国古代读书人信守着知识分子"诚意正心修身齐家治国平天下"的人生信条，将教育者的使命界定为"传道授业解惑"，"能为师，然后能为长；能为长，然后能为君。故师也者，所以学为君也"① 以及"师者所以攻人之恶，正人之不中而已矣。故师范立，则善人多；善人多，则朝廷正，而天下治矣。此所以为天下善也"②。夸美纽斯将教育的作用提高到很重要的程度，认为"教会与国家的改良在于青年得到合时的教导"③，希望通过培养良好教养的人来拯救社会道德的堕落。

正是由于古代教师具有浓厚的社会责任意识，他们虽然以教职谋生，却在教职之外谋道。也就是说，他们的即使处身于私塾、学院和教会之内，却处心在庙堂与广场之中。

一、中国古代教师的社会人意识

古代的庙堂主要是古代帝王祭祀、议事的地方，多用来借指朝廷。而广场主要指一种公共活动空间，是人们就公共事务发表意见的场所，这里借指知识分子发挥作用的民间岗位。这样，我们把"以吏为师"、"官师合一"的文教政策下，在做官与求官之徒中兼而承担教职的中国古代教师称为"庙堂之师"，不单指身在庙堂的官学教师，也用来指心在庙堂的私学教师。而把科举废除后以民主与科学思想启蒙民众的新式教师称为"广场之师"，因为他们发挥作用的理想空间已经从朝廷转移到民众之间。

因为整个"士"阶层的理想出路是通过征辟、科举的升迁机制进入庙堂，在对当权者的辅佐与干预中实现自己的社会理想和政治抱负。即便在科举之路上败落转而从事私塾教育，他们依然是儒家治世之"道统"的宣讲者，是道德理想主义的代言人。传统士大夫在朝则通过"以道干政"、在野则通过"启发民智"来实现修身齐家治国平天下的理想。"穷则独善

① 《礼记·学记》。
② 《周敦颐集·通书·师七》。
③ ［捷克］夸美纽斯：《大教学论》，傅任敢译，教育科学出版社1999年版，第250页。

其身，达则兼济天下"，"风声雨声读书声，声声入耳；家事国事天下事，事事关心"，"先天下之忧而忧，后天下之乐而乐"，"为天地立心，为生民立命，为往圣继绝学，为万世开太平"以及"国家兴亡，匹夫有责"等人生宣言，无不表达了古代士人强烈的社会责任感和使命意识。梁漱溟说："士人居四民之首，特见敬重于社会者，正为他'读书明理'主持风教，给众人做了表率。有了他，社会秩序才是活的而生效。夫然后若农、若工、若商始得安其居乐其业。他虽不事生产，而在社会上却有其绝大功用。"① 由于对"道统"的坚守与阐发，使古代的士能超越自身和群体的利害得失，而发展对整个社会的价值关怀，"士不可以不弘毅，任重而道远"，在这样的意义上，栖身庙堂的"士"阶层相当于古代社会"良知的守望者"。

士的理想与追求并非一成不变。对庙堂的向往固然是中国两千多年封建社会读书人的理想出路，但清朝末年科举制度的废除切断了士子从耕读到政教的登科入仕之途。士阶层所谨守的"政统"的基本价值被涤荡殆尽，这意味着整个士阶层的人生出路和精神寄托不得不发生转向。他们不可能再通过科举的升迁而居身庙堂。在移身到新式学堂之后，除了对学生的教育之外，他们也承担起在广场中对民众进行思想改造与新思想传播的历史使命。知识人从服务于政教转向精英启蒙和改造大众，"到民众中去"成了五四运动后期知识分子活动的一个重要方面。但是，从庙堂到广场的迁移并不意味着传统的断裂和士的精神的消退，思想和文化的传承与创新自始至终都是"士"的学术追求，对社会的关怀与责任意识始终是"士"精神的超越性表现。季羡林先生认为，北大精神即是"士"的精神，蔡元培所要传承给学生的也是"士"的精神。② 从"天道"与"人道"的追求方面说，北大精神是传统的"士"的精神的传承，但是，从坚守的"道"的具体内容方面来说，北大精神却是古代"士"的精神的变革与改良。

五四时期是中国历史上社会精神发生巨大变动的时期。蔡元培、李大

---

① 梁漱溟：《中国文化要义》，学林出版社 1987 年版，第 213 页。
② 储朝晖：《中国文化独有的那群人——对"士"的追思》，《中国教育报》2006 年 12 月 3 日。

钊、胡适等作为中国历史上第一批现代意义上的教师，不再如传统士大夫般在教学的谋生之路上兼而走"学而优则仕"的功名之路，他们已经不再如古代的"御用文人"一样把庙堂作为理想的栖居地，他们希望能在民众之间散播自己的思想，尤其是希望通过自身的教化唤醒民众的社会改革与建设力量。他们高举着科学、自由、民主、人性解放的旗帜，登上了波澜壮阔的历史舞台，并自觉地承担起了唤醒民众、改造社会的历史使命，与坚如磐石的封建传统观念奋力抗争，从而构成了新一代知识分子的主体。

鲁迅在《〈呐喊〉自序》中提到与金心异（钱玄同）的一段对话可以很好地表明当时知识分子的社会处境与心理状态：

> "假如一间铁屋子，是绝无窗户而万难破毁的，里面有许多熟睡的人们，不久都要闷死了，然而是从昏睡入死灭，并不感到就死的悲哀。现在你大嚷起来，惊起了较为清醒的几个人，使这不幸的少数者来受无可挽救的临终的苦楚，你倒以为对得起他们吗？"
>
> "然而几个人既然起来，你不能说决没有毁坏这铁屋的希望。"
>
> 是的，我虽然自有我的确信，然而说到希望，却是不能抹杀的，因为希望是在于将来，决不能以我之必无的证明，来折服了他之所谓可有，于是我终于答应他也做文章了，这便是最初的一篇《狂人日记》。

这样的新型的知识分子，如葛兰西所说，"要积极地参与实际生活不仅仅是做一个雄辩者，而是要作为建设者、组织者和'坚持不懈的劝说者'（同时超越抽象的数理精神）"。[1] 五四运动在"士"的思想教化与政治服务职能之外增加了社会批判与改造的精神因素，使新型知识分子的观念从狭隘的封建伦理上升到人道主义的历史观。

---

① ［意］安东尼奥·葛兰西：《狱中札记》，曹雷雨等译，中国社会科学出版社 2000 年版，第 5 页。

凡知识分子聚集的地方，就有可能成为思想的温床。在五四新文化运动时期，正是由于那些思想独立且具有强烈的现实关怀的现代知识分子的存在，才使得当时的北京大学成为那个风雨飘摇的时代的思想和文化中心。这所伟大的学校，给处于历史转折时期的中国贡献出了一大批富于头脑的人物，这批睿智且极富社会责任感的人，给处于迷茫中的中华民族贡献了具有精神引领作用的思想。德国作家图科尔斯基说："没有别的事情会比生活在自己的时代，但敢于公开反对其时代并大声说'不'来得困难且需要个性。"① 五四时期的大学教师不光以反叛者的姿态对封建伦理道德进行全面批判和彻底否定，而且以启蒙者的身份引进与阐发了能够鞭策整个民族前进的思想与精神。尽管那种过于理想化的"思想意识救国论"无法挽救当时中国社会整体结构的腐朽，人文知识分子的"清谈"无法唤醒"万难破毁"的"铁屋子"里"熟睡的人们"，但是，他们一声凛然正气的"呐喊"，无异于给沉睡中的中国社会以当头棒喝，并在一定程度上引发了社会思想的解放。因此，五四时期的教师是真正介入公共事务的知识分子，他们是当时社会精神资源的代表，在对国家命运的苦苦追索中显示了铁肩担道义的知识分子精神。

二、西方古代教师的社会人意识

西方的"智者"派和僧侣在精神启蒙与宗教救赎的不同向度上引导着民众对真理，对美德的追求，他们教化的对象是广场中熙熙攘攘的民众和庙堂中虔诚的教徒。

智者派奉行"人是万物的尺度"的价值标准，将哲学关注的焦点从物质世界转移到人文世界。"他们超越了各种不同的帮派利益和世俗的宗派主义，以理性代言人的名义，向全体国民说话。这种密切关系还把唯一的正确性和道德威望赋予了他们，只有作为理性的代言人，才能被赋予这种正确性和权威性。"② 他们的社会哲学和伦理学体现了对"社会的价值"和

---

① 林治贤：《鲁迅的最后十年（1927—1936）》，《黄河》2002 年第 1 期。

② 齐格蒙·鲍曼：《立法者与阐释者：论现代性、后现代性与知识分子》，洪涛译，上海人民出版社 2000 年版，第 27 页。

"人的德性"的关注。他们从人的生活世界出发，与青年学生探讨的都是与城邦生活有关的伦理和社会问题。智者派认为社会秩序是人为的而非神创的，因此社会秩序的建立应该以人的利益为依归，对人的强调使智者派谴责奴隶制度和战争，并支持民众的大部分事业。他们的教学内容涉及从哲学到德性再到演说技能的一切知识，最终的目的是要培养合格的公民，使之能更好地参与智者派所提倡的奴隶制民主国家的政治事务。

黑格尔精辟地揭示了智者派教育活动中政治意蕴，他说："智者派的教育，既是哲学教育，也是演说教育，教人治理一个民族，或者通过观念，以便使一件事情能够办得通……此外他们还有着最普遍的实践目的，就是给予政治家一种预备教育，以便在希腊从事一般职业性政治活动。"① 适应社会民主政治活动的需要，智者派在各种公共集会上，发表演说，回答人们提出的各种问题；向青年人传授辩论的艺术。他们虽然以实际技能为主要教学内容，但从人和城邦发展的角度密切关注人的德性的培养。他们认为德性不是天生的，也不是自发产生的，而是约定的规范，而既然是人所约定的，也就是可教的，而只有在人具有了德性的情况下，人才能称其为人，城邦才能存在。因此，作为职业教师的智者承担着德性教育的任务。智者派希望通过教育活动促进当时的民主政治生活和挽救城邦道德的衰落。他们周游各邦，在传播文化、加强交流，以及培养年轻人的思维能力和促进民主观念的发展方面作出了重要贡献。苏格拉底甚至希望以个体的死亡来达到拯救城邦的目的，显示了一种西西弗斯式②的道德勇气。

罗马帝国晚期的战火、瘟疫、饥馑、杀戮结束了古代西方文明的黄金时代，感慨人生苦闷与命运多舛的人们纷纷拥入香火缭绕的教堂倾听教士宣讲上帝的荣耀与慈悲。为了扩大教会的影响，必须给信徒特别是教士以学习《圣经》和履行宗教职责所必需的教育，学校成为教会的助手，教会

---

① ［德］黑格尔：《哲学史讲演录》（第 2 卷），贺麟、王太庆译，生活·读书·新知三联书店 1981 年版，第 9—10 页。

② 西西弗斯是希腊神话中的人物，是科林斯的建立者和国王，一度绑架了死神，让世间没有了死亡。最后，西西弗斯触犯了众神，诸神为了惩罚西西弗斯，便要求他把一块巨石推上山顶，而由于块那巨石太重了，每每未滚上山顶就又滚下山去，使他前功尽弃。于是他就不断重复、永无止境地做这件事。西西弗斯的生命就在这样一件无效又无望的劳作当中慢慢消耗殆尽。

学校长期主导了西方教育的圣地。"其结果正如一切原始发展阶段的情形一样，僧侣们获得了知识教育的垄断地位，因而教育本身也渗透了神学的性质。"① 然而，宗教教育并不是要完全切断教育与世俗生活的联系，僧侣们通过基督教的传播为世俗的苦闷生活设定了一种救赎与超越的理想出路，上帝的荣耀与"天国"的光辉成为人们忍受现世的悲惨生活的精神感召力量。海涅曾经对基督教的历史作用作出中肯的评价："我们决不否认基督天主教世界观给欧洲带来的好处。它作为对罗马帝国内发展起来的可怕的、巨灵般的唯物论的一种有益反应是必要的，这种唯物论使人类一切精神尊严有濒于毁灭的危险。"② 身为僧侣的教会学校的教师不可避免地具有封建的、神学的人格特征，但是，他们所从事的教育活动，也在一定程度上促进了世俗知识的普及，并且通过人生意义、信仰等问题的宣讲表达了对人的精神世界的关注。他们不仅仅是在教堂唱诗与讲经的僧人，还是联系"世俗之城"与"上帝之城"的中介，也是走向街头为民众带来福音的使者。别尔嘉耶夫甚至以僧侣集团和宗教流派来比如 19 世纪末叶的俄国知识分子，认为他们"有自己独特又偏执的道德标准，有乐善好施的人生观，有特殊的行为准则和生活习惯，甚至有其特殊的外貌"③。即便是具有封建人格特征的僧侣派教师也把宗教文化的传播置于对社会事务和人伦道德的关注的基础之上。至高无尚的善，既是神的旨意、目的，也是社会人的愿望与目的。后来，随着宗教精神具体内容的变革，新教伦理所倡导的敬业与节俭的生活态度甚至成为推动西方资本主义文明发展的重要精神动力。

可见，古代的教师并不仅仅是思想与知识的宣讲者，而且是具有思想者气质和社会责任意识的社会服务人员。就古代的教育目标来说，普通社会成员的思想是不完善的，作为城邦和国家的优秀公民和治世的中坚力量是不够格的，富有知识和理性的教育者在思想的启蒙上具有义不容辞的责任，他们希望通过对贵族的教育和对民众的教化提高社会的理性化程度。

① 《马克思恩格斯全集》（第 7 卷），人民出版社 1959 年版，第 400 页。
② ［德］亨利希·海涅：《论德国》，薛华、海安译，商务印书馆 1980 年版，第 31 页。
③ 尤西林：《阐释并守护世界意义的人》，河南人民出版社 1996 年版，第 25 页。

同样，他们也认为统治者的政治理性是有缺陷的，对君主政治体制的干预和对"理想国"般的治世理想的设计，显示了古代教师高度的社会政治责任感。古代教师的思想基本符合迈克尔·康菲诺（Michael Confino）所列举的知识分子的五项特征："一、深切地关怀一切有关公共利益之事；二、对于国家及一切公益之事，知识分子都视之为他们个人的责任；三、倾向于把政治、社会问题视为道德问题；四、有一种义务感，要不顾一切代价追求终极的逻辑结论；五、深信事物不合理，须努力加以改正。"① 从这样的意义上说，古代教师的确更多地具有知识分子的精神气质。

---

① 余英时：《中国知识人之史的考察》，广西师范大学出版社 2004 年版，第 150 页。

第三章
教育体制中的职业教师

尽管古代中西方教师的价值取向各不相同，但他们的精神追求都远远超越学校的"围城"。古代的教师是社会圣贤的代表，他们在主观上表现出强烈的终极关怀——对生命意义、对人的自我认识，对完成社会和君王赋予的政治使命的责任意识，从而表现出更多的社会责任感。而随着近代国家和近代教育体制的完善，教师这个群体开始失去了"知识分子的民间岗位"，失去了知识分子的独立精神与自由思想，失去了修齐治平的雄心壮志，"谋食"的意识逐渐取代"谋道"的观念，教师的职业意识越来越取代了他们的社会责任感。

教师由庙堂、广场上的"社会人"转变为体制之中的"职业人"之后，成了万千社会职业中的一种，他们的身份是专职教学人员，更多地对职业所需的专门知识和技术加以关注，知识服务于社会完善和人类幸福的最高理想在一定程度上被削弱了，他们更加关注达到特定目标的"手段"或者说"服务方式"。这被美国社会学家弗·兹纳涅茨基（Znaniecki F.）称为"文化知识领域角色的最初分化"，他说："在思考文化世界时，旧有的圣哲模式继续发挥作用的同时，出现了其他趋势。首先，按照两个任务之间的不同点，传统的圣哲功能通常开始分裂为两个不同的功能。围绕某些宗教的、道德的、政治的或经济的理想，构造一个价值论系统；当把实现这一理想或其一部分看作一个有计划的活动目标时，揭示如何在既定的文化条件下达到这一目标构成了另一个截然不同的任务。"① 并且认为第一

---

① ［波兰］弗·兹纳涅茨基：《知识人的社会角色》，郏斌祥译，译林出版社 2000 年版，第 58 页。

项任务在自然科学领域里找不到对应物，第二个任务明显类似于自然领域中技术专家的任务。① 由于体制的目标对人的思想和职业生活的渗透和控制，教师的注意力越来越倾向于达到目标的手段的优选与改进，而不再包含宗教、道德和政治圣哲向社会提供价值标准的功能。

第一节　时代的变革

教育的体制化和制度化意味着教育职能从私人领域向公共领域的转移，古代的教学大都是一种私人的行为，在近现代社会制度化的学校教育环境中却演变成国家管理和公众关注的事业，教师的职能空间也开始从私人行为向公共机构转移。"人基本的不确定性，总是由他所处的历史地位来标明的。"② "在某一机构内部工作的人，通常都倾向于为自己的工作的性质寻求尽可能精确而且'恰当'的定义，并使之与这一机构对自身目标及其效益标准的意向性相适应。由于这一过程排斥了看上去与自身无关的其他任何活动，结果便造成了一种狭隘性。"③ 也就是说，随着教师职业从私人性质向社会机构的转移，群体共享的价值——态度系统却发生反方向的转折，即如上文所述，开始萌生了教育的技术化思维，而综合职能和社会责任意识却日渐淡薄。

教育是历史和社会的产物。教师的角色在很大程度受特定的社会环境的影响，受特定社会所指定的教育目标决定。任何经济的、政治的和社会观念的变更，都会不同程度地影响教育机构的总目标和教师的价值观系统。尤其是社会转型期新的价值观的确立与多元价值的共存，在一定程度上冲击了教师重义轻利、安贫乐道、"美德就是知识"等传统价值观。

---

① ［波兰］弗·兹纳涅茨基：《知识人的社会角色》，郑斌祥译，译林出版社 2000 年版，第 59 页。

② ［德］M. 兰德曼：《哲学人类学》，阎嘉译，贵州人民出版社 2006 年版，第 214 页。

③ ［加］N. 戈培尔、［英］J. 波特：《教师的角色转换》，万喜生译，湖南教育出版社 1991 年版，第 19—20 页。

一、社会的转型与"除魅"

对社会转型的理论研究纷繁多样，但比较系统的研究当属西方结构功能主义和马克思主义经典理论中的社会转型学说。社会转型理论是西方结构功能主义社会学派的经典思想。它强调社会转型的主体是社会结构的变迁，是一种整体性发展和基础性结构的颠覆。社会转型的具体内容包括制度变革、利益调整和观念的更新等。在社会转型时期，随着基础结构的调整，人们与之相适应的生活方式、行为方式和价值观念都会发生明显的变化。马克思在《〈政治经济学批判〉序言》一文中指出："人们在自己生活的社会生产中发生一定的、必然的、不以他们的意志为转移的关系，即同他们的物质生产力的一定发展阶段相适合的生产关系。这些生产关系的总和构成社会的经济结构，即有法律的和政治的上层建筑坚立其上并有一定的社会意识形式与之相适应的现实基础。物质生活的生产方式制约着整个社会生活、政治生活和精神生活的过程。不是人们的意识决定人们的存在，相反，是人们的社会存在决定人们的意识。"[①] 马克思又指出："在一切社会形式中都有一种一定的生产决定其他一切生产的地位和影响，因而它的关系也决定其他一切关系的地位和影响。这是一种普照的光，它掩盖了一切其他色彩，改变着它们的特点。这是一种特殊的以太，它决定着它里面显露出来的一切存在的比重。"[②] 也就是说，随着社会经济基础的变化，整个庞大的上层建筑和意识形态或迟或早是要发生相应变化的，否则，社会就会因为经济基础与上层建筑，以及社会意识形态的冲突而不能正常运作。

从历史上看，在社会的发展进程中，每一次经济基础的变化几乎都会引起上层建筑的巨大变更与转型。或者是直接的经济结构的变更引发观念和政治组织形式的变革，或者是以意识形态的革命为先导，然后推进社会经济基础的飞速发展，再引发整个上层建筑的变革。社会转型是建立在经

---

① 《马克思恩格斯选集》（第 2 卷），人民出版社 2012 年第 3 版，第 2 页。
② 《马克思恩格斯选集》（第 2 卷），人民出版社 2012 年第 3 版，第 707 页。

济转型基础上的包括政治制度与文化观念在内的整个社会结构的深刻变革。从社会变革的复杂性程度以及由此引发的社会制度与价值观的变革程度来说，人类历史上影响最深远的社会转型当属从传统社会向现代社会的转型，这是17—18世纪的世界各国在工业化推动下社会全面变革的过程。在西方主要指由工业革命以及由工业革命引发的世俗化价值观对宗教价值观的取代，在我国指改革开放和现代化建设引发的政治、伦理的传统社会价值观向经济、法治型社会价值观的转变。

自17世纪开始，一场在世界范围内影响深远的工业革命席卷了人类世界。欧洲发达国家以工业主导的现代经济形态取代了传统的农业文明的统治地位，并在思想领域树立了"伟大的西方范式"[①] 的权威地位。"现代性，即现代文化和政治方案是在伟大的轴心文明之一——基督教欧洲文明内部发展起来的，它通过含有强烈诺斯替教成分的异端理想的转型而得以形成。异端理想试图将上帝之国引入尘世。"[②] 上帝的隐退使人的精神追求领域出现了空白，而人却不能如动植物般沦落为无信仰的存在。伴随着建立在自然崇拜与宗教信仰基础上的超世俗的纲常理念在生活中的消弭，科技的法则彰显了无尽的生命力，科技理性日益成为世界范围内的主导性意识形态，成为人类社会在自然崇拜与耶稣基督之后新兴的世俗宗教。整个人类社会变成马克斯·韦伯所说的"除魅"的世界，伴随着理智化与理性化的增进，"再也没有什么神秘莫测，无法计算的力量在起作用，人们可以通过计算掌握一切，而这就意味着为世界除魅。人们不必再像相信这种神秘力量存在的野蛮人那样，为了控制或祈求神灵而求助于魔法。技术和计算在发挥着这样的功效，而这比任何其他事情更明确地意味着理智化。"[③] 这个过程已经在西方文化中延续了数千年，在这样的世界里，秩序与信仰不再相关，社会不再有毋庸置疑的权威，也失去了不可逾越的道德戒令，最真实的存在只是回归现实生活的世俗价值。

---

① ［法］埃德加·莫兰：《复杂性理论与教育问题》，陈一壮译，北京大学出版社2004年版，第17页。

② ［以］S. N. 艾森斯塔特：《反思现代性》，旷新年等译，三联书店2006年版，第79页。

③ ［德］马克斯·韦伯：《学术与政治》，冯克利译，三联书店1998年版，第29页。

世俗化的价值成为社会生活的主导力量之后，给人们的社会生活也带来了深远的变化，丹尼尔·贝尔曾经对前工业社会和工业社会不同的中心任务及意图作出区分：在前工业社会或曰农业社会，人类生活的主要内容是对付自然。人们身处自然力量的制约下，在对自然的斗争中开辟人类生活的疆域。工业社会的人的主要任务是"对付制作的世界"。① 贝尔所说的"制作的世界"也就是技术化、理性化的世界，它是一个以人与机器之间的关系为中心的世界，机器主宰着一切，生活的节奏由机器来调节。在这个技术的世界，人逐渐抛弃了自然的崇拜和宗教的信仰，而强化了生活中的经济冲动。并且，人在失去了自然和宗教的立足点之后，生存的价值唯有从职业的生活中得到证明。"清教徒渴求在一项职业中工作，而我们的工作则是出于被迫。"② 这种转变是现代人命运的真实写照。当年清教徒之所以成为职业人，有着深厚的宗教意蕴：是上帝在向教徒召唤，要他们做世俗的职业，要求他们敬业与节俭。但随着资本主义社会的不断理性化，"职业人"已经成为社会分工的必然结果和世俗价值的化身，其中宗教的根蒂已经萎缩。

我国基本上是在西方列强"坚船利炮"的进攻和侵略之下开始了被迫的现代化进程。中华人民共和国建立后，实现现代化的政治环境也相对成熟和稳定，初步建立起完整意义上的国民经济体系，为实现各个方面的现代化打下了较为坚实的基础。可是，从 20 世纪 50 年代后期起，我们就陷入不断的政治运动之中，现代化事业严重受挫。直到 1978 年开始拨乱反正以后，我们才重提现代化的目标，并在排除各种干扰的基础上，逐步走上了一条健康发展的道路。

我国当前正处在改革开放和社会主义现代化建设稳步发展的时期，伴随着计划经济向社会主义市场经济体制的转变，生产力实现了飞速发展，也必然带来社会生活各个层面的变革，包括从血缘亲族聚居的乡村社会向

---

① 丹尼尔·贝尔：《资本主义文化矛盾》，赵一凡等译，三联书店 1989 年版，第 198—199 页。

② ［德］马克斯·韦伯：《新教伦理与资本主义精神》，于晓等译，陕西师范大学出版社 2006 年版，第 105 页。

城乡一体化社会转型，从封闭半封闭社会向开放型社会转型，从二元结构的社会向均衡和谐社会转型，从伦理型社会向物质型社会转型等若干方面。

在社会价值观层面，中国民众在心理上破除了对政治和权威的盲目遵从，开始崇尚知识和理性的价值。在新的人才观、市场观、竞争观、素质与效率观的引导下，中国开始主动地参与到以人才竞争为主旨的综合国力的竞争潮流中，而一旦教育被作为影响综合国力和关乎国计民生的最重要因素来考虑，传统的教育模式和体制就面临着与社会相适应的发展和转轨。

二、教育体制：由松散到系统

社会转型引发了人类社会由超越性价值观向世俗性价值观的转变，而人们对世俗价值和经济利益的关注又大大促进了社会的工业化进程。工业社会的发展和变革通过所需劳动者素质的中介转化为对教育的要求，"当经济发展不断需要具有读、写、算能力的人才时，教育便开始推广和普及，而教育的推广和普及又必然要采取许多新的形式"[①]。以贵族子弟和特殊群体为教育对象的学校教育范围得以扩展，知识的普及不再局限于狭小的范围内，人们要求学校为工业生产储备数量充足的合格劳动力。人文和宗教的传统教育目标已经远远落后于社会的需要，人们希望学校能为造就适应工业生产和民主社会的新人作出贡献。随着现代社会的到来，围绕着社会主导话语从信仰、心灵、德行、仁爱向科技发展、社会需求、选拔、就业、报酬等的转变，教育的体制、组织形式、功能、价值取向也必然发生巨大变化。

社会转型不仅带来了社会生产力的巨大发展，它产生的巨大冲击力辐射到社会生活的各个角落，不仅造就了与之适应的经济制度、政治体制和管理方式，而且带来了教育思想和学校教育体制与之相应的变革，教育系

---

① 联合国教科文组织：《学会生存——教育世界的今天和明天》，上海译文出版社1996年版，第32页。

统成为国家机器的延伸。近现代社会的教育的变革主要表现在以下几个方面。

第一，工业生产对大量熟练劳动力的需求导致传统教育体制和办学方式的变革。

第一次工业革命使人类社会揖别传统的手工作业的劳动方式，工业生产的发展产生了对熟练劳动力的需求和普及义务教育的需要。然而，一方面，教育推广和普及的重任非任何私人的机构和团体所能承担；另一方面，国家又需要通过学校教育造就身体上和道德上合格的现代公民，因此，各国纷纷加强了对教育的重视和干预，以公立学校体制代替了私人办学形式和教会教育体制。法国的拉·夏洛泰（La Chalotals，1701—1785）对以世俗教育制度取代宗教教育制度的必要性进行了系统的论证，他在1763 年出版的《国民教育论》被当作"对耶稣会派教育的控诉书"，他认为僧侣制度的罪恶浸染了整个法国教育，所培养的学生不仅不能清晰地阐释宗教的主要原理，没有清晰的逻辑思维能力，甚至不能适应现实的日常生活，认为改造这种状况的办法就是国家代替教会接管对教育的管理权，建立国民教育制度，但并不完全否定僧侣教师在教育中的重要作用，建议用僧俗两种人做教师。他说："我对牧师并非不公正地一概排斥，我欣然承认在大学和学院里许多牧师是有学问的，能够胜任的教师。我并没有忘记神父团体中的僧侣，他们是摆脱学派和修道院偏见的人，是良好的公民；但我坚决反对排斥俗人。我大胆向国家要求，教育职能依靠国家，因为教育的本质就是国家的事务，因为这个国家对教育自己的成员有不可剥夺的权利，一句话，因为国家的儿童应该由国家的成员来培养。"[①] 随着工业化的进展和社会生产生活方式的变革，普及义务教育、强迫入学、公立教育等观念开始深入人心，并在越来越多的工业化国家得以实现。

1904 年清政府颁布的"癸卯学制"是中国第一部获得实施的近代新学制，以法律形式规定了普及教育的年限，在 1905 年废除科举以后，新式学

---

① ［英］博伊德·金：《西方教育史》，任宝祥、吴元训译，人民教育出版社 1985 年版，第299 页。

校教育获得了重大发展。我国在新中国成立后非常重视义务教育的普及，1949 年 9 月中国人民政治协商会议第一届全体会议通过的《中国人民政治协商会议共同纲领》中规定："要有计划、有步骤地实行普及教育"，明确提出了在全国普及教育的任务。后来，随着现代化建设的开展，我国将提高国民素质、培养"四有"新人的教育目标作为现代化建设的保障措施提上了议事日程。1985 年 5 月 27 日通过的《中共中央关于教育体制改革的决定》明确提出"实行九年义务教育"，把义务教育看作"为现代生产发展和现代社会生活所必需，是现代文明的一个标志。"1986 年 4 月 12 日《义务教育法（草案）》经第六届全国人民代表大会审议通过，并于同年 7 月 1 日开始实行。使我国普及义务教育事业开始走上依法治教的轨道。教育的国家化不仅仅意味着学校管理主体的变更，而且使教师成为国家的雇员，成为国家意识形态的代言人。

第二，市场经济的发展引发学校培养目标和教育内容的世俗化发展方向。

西方的学校从教会的控制中脱离后，尽管部分地保留了宗教科目在学校课程中的地位和教士在学校中任教的权力，但毕竟不再以培养超世俗的信仰为唯一任务，而更多地关注学生理性的发展和实用知识的传授；不再以雄辩家和僧侣的培养为目标，而是以适应工业生产的劳动者和管理人员的培养为目标。中国在被迫的现代化进程中感受到西方科技和教育的优势地位，开始有意识地向西方学习，学校逐渐增加实科教育的内容，人们受教育的目的不再是为了应科举，国家教育宗旨也发生历史性的变化——从封建社会的"忠君、尊孔、尚公、尚武、尚实"到民国元年的"注重实科教育，以实利教育、军国民教育辅之，而以美感教育完成其道德"，到新中国成立初的"使受教育者在德育、智育、体育几方面都得到发展，成为有社会主义觉悟的有文化的劳动者"[1]，再到"以培养学生的创新精神和实践能力为重点，造就有理想、有道德、有文化、有纪律的、德智体美等全

---

[1] 参见 1957 年 2 月毛泽东同志在最高国务会议上所作的《关于正确处理人民内部矛盾的问题》的报告。

面发展的社会主义事业建设者和接班人"①，现代学校的教育目标越来越多体现与生产劳动和社会发展相结合的性质。

工业革命使机器生产代替了手工劳作，使劳动者的谋生手段和技能更加复杂化，义务教育阶段所提供的读、写、算的基础教育已经不能满足机械化生产的需要，而且随着社会生产向机器工业方向发展，封建社会学徒制的劳动力培养方式因为落后于经济发展的需要而亟待改革，正规的职业教育在 18 世纪应运而生。1747 年德国柏林创办的"经济、数学实科学校"，开创了在行会外由学校进行中等技术教育的先例，法国 1791 年废除了同行业者工会，徒工制也随之瓦解，并随之建立了不同类型的徒工训练学校。欧洲其他国家的职业教育也随之发展起来。在我国现代化进程中，伴随着传统的经史之学向现代科学技术教育内容的倾斜，职业技术教育也得到了很大的发展。1904 年颁布施行的"癸卯学制"将职业教育正式列入学制系统。职业技术学校出现，并在学制中占有一定的地位，标志着封建社会学校教育与生产劳动相脱离的局面开始转变。工业化的进程要求通过学校不仅培养熟练的工人，而且要培养中级、高级的技术人员、专家、管理人员。

随着学校教育内容的扩展和教育类型的革新，近现代学校越来越表现出科学化和世俗化特征。可以说，近代以来的教育史就是科学教育对古典教育和神学教育攻城略地的历史，教育开始放松对人的神性、德性品质的关注，转而重视"有知识的人"和"有技术的人"的培养，古典课程、宗教课程逐渐向现代化课程、世俗化课程转变，机工、化学、物理、解剖、园艺、农学、航海学、现代外国语等科目进入了学校课程，知识的实用价值越来越受到重视。

第三，社会生活的复杂化使儿童必需的受教育年限加长，使学校教育体制向两端延伸。

为了培养能适应社会生产、促进国民经济发展的合格公民，近代国家纷纷建立了比较完备的学校教育体制，并且随着学制的延长，将幼儿到成

---

① 参见《中央中共、国务院关于深化教育改革全面推进素质教育的决定》。

人的教育都纳入正规的学校教育系统中来。"当初等教育入学人数增加到相当多的时候，高等教育、中等教育和学前教育在世界范围内的进展甚至比小学教育的进展还要快。中等教育的进展比小学教育要快一倍半，高等教育要快两倍多。"① 世界早期出现的比较有影响的幼儿学校是英国空想社会主义者罗伯特·欧文 1802 年在苏格兰纽兰纳克创办的。该校招收公社成员的学龄前子女，主要是考虑到参加生产的公社成员的孩子无人照顾，同时也是欧文把以教育影响儿童早期性格发展的理论付诸实践的方式。正式以"幼儿园"命名的学前教育机构是德国近代教育家福禄倍尔 1837 年在勃兰根堡创办的学前教育机构。此后，在一批教育家的努力下，幼儿园逐渐推广到欧洲各国。与对起点教育的重视并行不悖的是世界各国高等教育的发展。古希腊智者派创建的学园相当于早期高等教育的萌芽，教育目的是使学生通过学习来掌握永恒的理念世界。中世纪大学创建的意图主要用于智性的训练，在发展过程中承担了医生、律师、神职人员等关键性的职业的训练职能。这一时期的高等教育在欧洲范围内取得了长足发展，到 1600 年，全欧洲共有大学 105 所，我们现在熟悉的欧洲著名大学，基本上都是在那时成立的。18 世纪以后，启蒙思想与宗教改革运动密切结合，深刻地影响了欧洲高等教育的发展，使大学逐渐从教会的控制下解放出来，确立了进行学术研究和人才培养的教育宗旨，现代大学体制基本建立。

我国最早的幼儿教育学校当属 1903 年张之洞在武昌设立的湖北幼稚园。我国的近现代学制虽然没有把幼儿教育列入学制年限，但都将幼儿教育作为中国基础教育的重要组成部分加以重视。随着《幼儿园管理条例》、《幼儿园工作规程》和《幼儿园教育指导纲要》等法规、政策的颁布和实施，我国的幼儿教育正在走上法制化和规范化的轨道。我国最早的高等学校可追溯到汉代的太学。社会主义市场经济的确立对高等教育提出了更高的要求。为了满足各行各业的不同需求，以优化劳动力的资源结构，我国高等教育自觉确立了学术型、应用型、技能型、创新型人才培养的目标。现代大学所具有的科学研究和高等人才培养的职能使其成为创造和传播知

---

① 联合国教科文组织：《学会生存——教育世界的今天和明天》，上海译文出版社 1996 年版，第 62 页。

识的最重要的机构，并在为日益增多的专业提供训练方面发挥了关键性的作用。随着教育体系向学前教育和高等教育的延伸，我国现代学校教育制度不断完善。

第四，适应近代社会对人才数量和规格的新要求，近代学制大大改变了传统的学校教育组织形式。

从学校教育的组织形式来说，传统社会还主要是根据教育对象的出身和经济地位等因素来划分所应接受的教育类型，承担不同教育功能的学校教育机构之间并不一定衔接。传统教育的特点是规模狭小、制度不完善、不系统，还没有形成统一有序、分工明确的各级各类学校系统。从学校教育的实施来看，教学活动的组织形式主要是个别教学和自学，没有统一的教学计划、大纲、教材和质量标准，其组织是不严密和不系统的，也还没有完全代替家庭教育成为人才培养的主要形式。近代学制是在教育普及和发展的基础上产生的。社会的发展对人才培养的数量和规格的新要求推动了各级各类学校并行发展的局面，适应了受教育范围扩大和教育机会均等的发展趋势。近几十年来，一方面，由于科学技术的飞速发展，知识的陈旧速度和更新周期都大大缩短，一个人不论受到过多么高的教育，都难以应对社会发展和职业所需知识能力更新速度加快的需求，因而必须适时地回归学校再次接受教育；另一方面，随着教育民主化进程的加剧和终身教育思潮的兴起，现代教育体系冲破了正规化学校教育的围栏，涵盖正式教育、非正式教育和非正规教育。现代学制除了向学前教育和高等教育方向延伸以外，世界上一些双轨学校开始并轨或融通，许多新的教育形式和教育机构如回归教育、终身教育、成人教育、函授教育、业余教育、远程教育、企业职工培训、社会教育等都得到了广泛的发展并在现代学制系统中占有一席之地。这些新的教育形式和机构不仅是对传统学制的一种重要补充，更是一种改造。新的学制在形式和内容上具有开放性、大众性以及和社会生产、生活密切联系的特点。"从教育作为起点训练这个观念过渡到继续教育这样一个观念，这个过渡就是现代教育学的特征。"① 也就是说，

———————

① 联合国教科文组织：《学会生存——教育世界的今天和明天》，上海译文出版社 1996 年版，第 151 页。

随着教育的民主化和普及化，近现代学制正由封闭的精英模式向开放的大众模式过渡，现代学校正由职前准备教育向终身教育过渡。

第二节　教师职业文化的形成

人类社会的现代化过程是从相对稳定的社会形态步入迅速变革的社会的过程。农业社会的保存和延续主要依靠前人积累下来的经验、习俗、有限的知识量和可控的知识增长速度，人们无须对平稳的社会秩序做过多地干涉就可保持社会的自然平衡。而工业社会的发展依靠知识的激增和技术的革新，科学发现和发明激发了人们征服自然、改造自然的欲望和勇气，日新月异的工业化进程急需大批有知识的劳动者来保障资本主义经济的快速发展。

齐格蒙·鲍曼将工业革命以后社会现代性的发展过程比作一个从"荒野文化"向"园艺文化"的转变过程。他用"荒野文化"指代社会自然地复制自身，无须有意识的计划、管理、监督和专门知识的供给的时代，而"园艺文化"指依靠专业知识阶层的专业技能才得以为继的时代。他说："无论田园在开垦之后是如何地完美，但对于田园永远无法作如是设想，即依靠它自身的繁衍，或者依靠它自身资源来维持自身。"[①] 从"荒野文化"向"园艺文化"转变的现代化过程也是社会对知识和教育的依赖程度日益加深的过程。生产力的发展和社会分工的细化要求把自然状态的劳动力转变成掌握一定科学文化知识的科学家、工程师和技术工人。毫无疑问，教育必然要承担这项时代和社会赋予的使命，普及义务教育的改革被提上了议事日程。而受教育人数的增多必然带来教师需求量的扩展，社会对劳动者素质要求的提高也进一步转变成对教师素质的要求。教师数量的激增和教师培养的专门化和培养质量的提高，使得教师成为一个粗具规模的、有着相对稳定的培养方式和职业行为方式的职业群体，在特定的受教

①　[英] 齐格蒙·鲍曼：《立法者与阐释者：论现代性、后现代性与知识分子》，洪涛译，上海人民出版社 2000 年版，第 67 页。

育经历和职业生活的基础上产生群体共享的职业文化。

一、师范教育体制的建立

教育作为一种适应性的社会活动，总是要面对社会的变革做出功能性的调整，教师的教育和培养也是如此。在学校教育普及以前，并没有正规的教师教育机构和体制，只要有知识的人就可以承担教师的职责，教师只是一种临时性的工作，还没有成为一种真正意义上的职业。

在社会认识层面上，对师资培训制度化的认同也经历了较长的时期。"傍着温暖的壁炉，有修养的小姐或家庭主妇可召集邻居家的孩子围在一起实施最初的读、写、算教育。那时在大多数人的观念里进行现代意义的专门师资培训是没有必要的也是不可能的。"[①] 这也就是为什么教师职业自古就有，而教师教育体制却只有三百多年历史的原因所在。

但是，教师教育机构的产生毕竟反映且顺应了资本主义社会教育普及与提高的需要，它是现代学校教育发展的产物，必将要随着社会和学校教育进一步发展而走向制度化。学校教育的普及和公立学校的兴起需要大量受过良好训练的教师承担教职，靠"师徒帮带"方式培养的教师无论从数量上还是质量上已经不能满足教育的需求，建立新的教师教育体制势在必行。伴随着工业生产的发展和教育的普及，有目的、有计划、有组织地培养教师的教师教育机构和制度开始萌芽和发展。教师教育体制的建立，结束了教师职业可由长者、教仆、僧侣，甚至可由任何有知识的人兼任的历史，在很大程度上提高了教师职业的准入资格。并且，随着教师教育体制的发展，"到了工业化的成熟期，大家都了解教育的重要性，所以教师的培养不只是传授他们一些盲目的技巧，更要在课程的安排上，注意一般课程、专精的课程与专业性的课程等之统整化"[②]。这就使教师的培养和发展摆脱了传统的经验化和常识化状态，逐步向专业化的方向迈进。

世界上最早的师资培训学校可追溯到 17 世纪法国为培养小学师资设立

---

① 李其龙、陈永明主编：《教师教育课程的国际比较》，教育科学出版社 2002 年版，第 3 页。

② 刘捷：《专业化：挑战 21 世纪的教师》，教育科学出版社 2002 年版，第 92 页。

的教育机构。在公立的教师教育机构产生之前，法国的教师培训任务基本上由教会学校承担。为了反对宗教改革，并医治神职人员的腐败无能，耶稣会加强了宗教思想对教育的渗透，开办了许多耶稣会学院（College，拉丁中学）、大学和师范学校，并建立了严格而系统的教师选拔与训练制度，会员中的优秀者被选拔出来，并经过特殊的培训和考验，合格者方可留任教师。到法国革命以前，耶稣会培训会员 55289 人，其中大约有一半的人员从事教师职业。[①] 1681 年，法国天主教神甫拉萨尔（LaSalle）在巴黎东北方的兰斯（Rheims）创立的师资培训学校，标志着世界上第一个正规的教师教育机构的诞生。几年后，在巴黎也设立了两所师资培训学校。由于宗教教育的需要，师范学校的学生必须接受宗教教育和教学工作的专业训练，还要在有经验的教师的指导下到实习学校进行教育实习。也正是由于教会学校的教师教育机构是从宗教发展的角度设立的，因而对学生宗教精神的培养大大重于对师范性的关注。直到资产阶级革命以后，根据"临时议会"的法令，1795 年在巴黎设立第一所公立师范学校，公立教师教育体制才逐渐发展起来。

德国是世界上最早实施义务教育的国家。17 世纪开始，德国政府就逐渐把学校的管理权从教会手中收回，并将强迫儿童入学看作必须强制执行的公民义务。由于当时还没有严格的师资培训体制，教师的素质水平严重制约了学校教学水平的提高。"尤其是大量的乡村教师，通常都是教士或手工业者，大部分是裁缝师和鞋匠，这些人除本身的工作外，把教育儿童作为副业，以增加收入。"[②] 德国最早的教师教育机构产生于 17 世纪末。1697 年，虔信派教育家佛兰克（A. H. Franckee）在哈勒（Hall）首先创办中等师范专科性质的学校，因此而成为德国教师教育的先驱。后来，佛兰克的学生赫克（J. J. Hecker）于 1747 年创办柏林师范学校。这些学校虽然主要是为了训练神学教师而设立，但并不要求教师具有教士身份。并且由于虔信派把手工科（木工、玻璃制造及装订等工作）纳入学校课程，并吸

---

① 滕大春主编：《外国教育通史》（第 3 卷），山东教育出版社 1990 年版，第 66 页。
② 同上书，215 页。

收了拉特克和夸美纽斯等教育家的教学思想，教育内容和教学方法方面都表现出极大的进步性。1765年，德国创立了世界上第一所公立师范学校，标志着国家管理和领导教师教育的开端。

到18世纪末，欧美的发达国家陆续建立了早期的教师教育机构。进入19世纪，伴随着义务教育法令在各国的颁布和实施，教师教育的法规也陆续出台。内容包括中等师范学校的设置、师资的训练、教师的选定、教师资格证书的规定以及教师的地位、工资福利待遇等，此时，教师教育开始步入系统化、制度化的发展轨道。而且，教育理论家的教育思想也被纳入教师教育的课程体系，极大地丰富了课程内容和学科门类。教师教育机构在对教师进行文化知识教育的同时，也注重教学方法的培训，并通过教育学、心理学课程对教师进行专业课程的教育和训练。正是因为有了这种系统化、正规化的教师培训过程，教学开始作为一门专业从其他行业中分化出来，有了专门的培训机构，有了专业的从业人员，也形成了教学职业区别于其他职业的特征。教师教育机构的建立也标志着教师职业文化的形成，它使得教职人员经过专门的培训以后获得了区别于其他行业的知识、技能与行为标准，产生了与之相应的独特的观念和精神特征。教师职业摆脱了对长者、教仆、僧侣以及其他有知识的人的依附，其独立的社会地位开始获得人们的广泛认同，教师作为一种专门职业进入了大批量生产，从业者众多的时代。

二、教师社会身份的变革

对于早期的教师，无论是中国古代的"士"阶层，还是西方的智者派和僧侣阶层，社会没有任何关于他们的思想和教育实践的制度规约，他们在一定的意义上等同于曼海姆所说的"自由飘浮者"，曼海姆认为，尽管知识现象是在一定的社会历史环境中孕育出来的，但从事知识的创造和阐释工作的知识分子却在很大程度上可以不受社会条件的制约，正因为对社会存在的超越性，他们才能综合不同社会集团的经验并创造出叫作知识的东西来。因此，知识分子是一个"无所归属"的社会阶层，他们既可以独立于任何阶级，也可以服务于任何阶级。靠着自由的思想，他们从乌托邦的观点来了解和体验世界，在沉沉黑夜中担当巡夜者的角色，"如果没有他们，人们也许仍然处于漫漫长夜之中"①。正是自由的身份和飘浮的生存状态使他们可以保有相对自主的思想主张，使古代教师在精神上相当于爱德华·希尔斯（E. Shils）所定义的知识分子——"在社会中那些频繁地运用一般抽象符号去表达他们对人、社会、自然和宇宙理解的人"②。尽管他们也以思想的力量干预政治实践（如柏拉图培养"哲学王"的目的是为了给城邦培育最理想的统治者，"士"阶层对"道统"的阐发是为了干预"政统"），从而表现出一定的政治依附性，但在思想观念和教育实践中他们是相对自主的，在教育活动中他们更多地"以思想为业"。作为教师，他们都是业余的，没有经过特定的教师教育体制的训育，不受教师管理制度的规约。在知识的开发与传输方面他们是相对自由的，秉持自己的教育理想而自由施教，没有直接的外在力量干预教育实践，他们是教育过程中唯一的责任主体。

然而，随着社会分工越来越细密和体制的扩张，随着教师教育体制与管理制度的完善，自由飘浮与自主实践的教师也越来越职业化，成为体制里面的人物。他们不再像波希米亚人那样四处飘浮，而是逐渐有机化，开始依附于一定的"皮"之上，以体制中的职业人的面貌出现，因为职业而与社会有了某种固定的思想或物质利益上的有机联系，成为葛兰西所说的"有机的"知识分子。体制化的教育者依附于体制化的意识形态，也为体制制造意识形态。现代化的学校中已经不存在多元价值的争鸣，课程是由国家基于对社会的认识和评价而设置的、年轻人必须掌握的内容，教师是经过培训和聘任来实现国家教育目的的，即便是职称也不仅仅意味着学问的高深和专业的发展程度，而是与体制中的物质待遇挂钩。它是一个工资的级别，一个分配住房的资格，一个享受公费医疗的待遇，等等。

体制化的管理在为教师的职业提供物质保障的同时，也加强了对教育和教师职业的监控，世界各国对教师任职资格的制度规定越来越详尽和完

---

① ［德］卡尔·曼海姆：《意识形态和乌托邦》，艾彦译，华夏出版社2001年版，第183页。
② 参见许纪霖：《中国知识分子十论》，复旦大学出版社2003年版，第8页。

善。对于那些想步入讲台的人们来说，首先必须接受某种程度的专业化的职前训练，还有对其身体状况、道德素质和政治思想的基本要求。另外，对那些已经暂时取得执教资格的教师来说，如果想继续拥有这一资格，还必须不断地通过各种资格评定。教师在本质上成为"被雇佣的职业技术劳动者"①，学校代表国家对教师行使监控权、管理权和使用权，因此，教师的全部教学生活都受国家教育法规和学校管理制度的规约。在世界各国以法律的形式对教师从业资格以及权利与义务做出行政规约的前提下，学校本身对教师的教育、教学活动做出种种具体限定，教师成为国家和学校规约下的责任主体。国家拥有制定学生的发展目标、规格和质量的权力，拥有确定教育内容的权力，拥有制定教师资格标准的权力；学校层面拥有管理课程与教学的权力，还有配备教职员工和管理教职员工的权力，"学校和学院有许多官僚制的特征，如校长位于等级制结构的顶端。在中学和学院里，教师的工作安排根据他们的专业知识来确定，在小学也逐渐如此。学校有许多要求学生和教师执行的规章制度，他们的工作和学习主要是由时间表严格支配的。校长和高级教师对学校管理委员会和外部的资助机构负有效能责任。由于这些原因，官僚理论的许多文献充满了教育管理的内容。"② 古代教师在教育内容的自主选择和课程的自主规划方面的权力向国家和学校层面让渡。

体制中的教师不再像古代教师那样完全以内在的主体意识作为支撑其职业活动的全部基础，他要经过专业的培训，被按照专业的分工指定一定的学科教学范围，并要接受行政系统的制度化管理，这在很大程度上改变了古代教学活动的经验化、随意化、分散化状态，使教师职业观念与行为向着专业化的发展方向进步。而且，作为一种严密、标准、合理的组织管理形式，科层化的管理体制以严格的规章制度保障明确的权责划分，在很大程度上提高了组织的管理与工作效率，保证了庞大的国民教育体系的有序性和统一性发展态势。但是，科层制的管理理论也有适应范围的问题，

---

① 周浩波：《教育哲学》，人民教育出版社 2000 年版，第 239 页。

② ［英］托尼·布什：《当代西方教育管理模式》，强海燕译，南京师范大学出版社 1998 年版，第 54 页。

它发端于企业管理中严格控制工人行为的管理思想，将人作为无情感和价值承载的机器看待，运用到教育领域便徒然增加了对教学技术性的控制而消磨了对艺术性的追求，而且，刚性的管理制度强调严格的层级节制和严密的规章，很少兼顾教师在学校发展和教学活动中的主体权利，如同鲍尔所说："学校引入管理学后，教师的教学工作受到控制，办学有如办工厂，受制于市场及生产竞争的逻辑。以行政理性主导的管理制度排拒了教师有效的参与校政的决策。教师被行政程序牵制，集体参与校政决策不再复现。"① 也就是说，教师在从广场、庙宇退隐，被体制收编而成为"学院"中人以后，一方面在教师职业的权利和责任方面得到了体制的保障，另一方面也在很大程度上失去了古代教师所拥有的思想的灵性和主体责任意识。

三、教师价值取向的变迁

认知和教育产生的基础是由于人们对宇宙万物的好奇而生成的求知传统。正如亚里士多德在《形而上学》中所言："人们是由于诧异才开始研究哲学，过去是这样，现在也是这样。……既然人们研究哲学是为了摆脱无知，那就很明显，人们追求智慧是为了求知，并不是为了实用。"② 出于对知识与智慧的纯粹兴趣，古代的教育者重视对人的理智与道德的培养，而相对轻视实用知识与技能。西方先哲的和谐教育或博雅教育思想引导着教育实践中对儿童多方面素质的培养，具有人文思想的古代教师倾向于把儿童培养成理智、道德与身体综合发展的人。中国的古代教师把自身所要维护和传授给世人的"道统"看作天的意志的体现，所谓"天不变，道亦不变"。而且，在整个古代教育史上，连同"黑暗的时代"包括在内，无一例外地将儿童的道德与修养作为最重要的教育目标加以关注。面对着人类物质与精神二元存在的对峙与冲突，教师绝少表现出功利的追求，职业的兴奋点更多地建立在超世俗的精神价值领域。这固然是由古代社会生产

---

① ［英］鲍尔：《管理学：一种道德技术》，载华勒斯坦等：《学科·知识·权力》，三联书店 1999 年版，第 147—148 页。

② ［古希腊］亚里士多德：《形而上学》，吴寿彭译，商务印书馆 1959 年版，第 5 页。

力水平低下、物质相对贫乏、人的功利意识不强的状况所决定的，但也与古代教育者的人文关怀和宗教意识密切相关，无论是站在"上帝之城"还是"地上之城"的立场上，他们所关心的都是超世俗、超功利、至善的价值世界。他们为此岸世界的人设定的教育目的是通过人文知识的学习达到道德上的至善，最经典的代表就是柏拉图所塑造的"哲学王"形象。他认为，作为城邦的理想的管理者，"哲学王"既是知识之"王"，更是德性之"王"。在柏拉图的心目中，人们学习的目的是为了认识美德的本质，而认识了美德的本质自然也就会成为一个拥有美德的人。古代的教育者受到德性、伦理，人文精神的感召，将教育工作看作一种神圣的天职——"是你深层愉悦与外部世界深层渴望之间相遇交融的圣地"①。

当然，教师的"天职感"并不意味着脱离日常生活世界，为师之道的神圣之处就在于，从终极关怀的立场出发，立足现实世界而引导人走入理想之境。德国思想家马克斯·韦伯认为，有的人之所以愿意为工作献身，就是因为他们有这样一种"天职感"，他们相信自己所从事的工作是神圣事业的一部分，为了信仰而劳动。"把劳动视为一种天职成为现代工人的特征，如同相应的对获利的态度成为商人的特征一样。"② 教师虽然不必按照信徒的模式生活，但起码应该具有超世俗的精神气质。大凡富有"天职感"的教师，他们通过工作所获得的，不仅仅是物质、荣誉等外在报偿，更重要的是获得了内心的满足感和自我价值的实现。因此，他们很少计较报酬、在乎功名，他们所做的一切，只为追求一个完美的境界，在这样的境界中，他们会发现自己生存的意义，感受到教书育人的幸福和自我满足。天职的观念使自己的职业具有了神圣感和使命感，也使生命信仰与自己的工作联系在了一起。不是为物欲而工作，而是在为自己的信仰而工作。古代教师在教育活动中寻求人生哲学的阐发和自身存在价值的证明，他们单凭自己的哲学信念和教育追求而感到快乐，并愿意以生命为理想的

---

① ［美］帕尔默：《教学勇气：漫步教师心灵》，吴国珍等译，华东师范大学出版社 2005 年版，第 30 页。

② ［德］马克斯·韦伯：《新教伦理与资本主义精神》，于晓等译，陕西师范大学出版社 2006 年版，第 103 页。

追求护法。

在如何看待世界的本质的问题上，阿伦·布洛克将西方思想分为三种不同的模式①：超越宇宙模式，其聚焦点是上帝，把人看成神的创造的一部分；科学的模式，聚焦点是自然，把人看成自然秩序的一部分；人文主义模式，聚焦点是人。三种模式分别在不同的历史时期占居主导地位，人文主义传统可以从古希腊的哲学思想中找到精神源头，并在文艺复兴以后具备了成熟的现代形态。超越宇宙模式在中世纪占据支配地位，科学模式大致形成于 17 世纪。科学理性为人类解除蒙昧主义枷锁的过程也是对人的精神信仰贬抑的过程，解昧的过程同时也是除魅的过程。在上帝死了，众神隐退的时代，理性主义成为振聋发聩的时代最强音。工业时代是一个对效率和效果极力追求的时代，韦伯所说的刺激西方社会发展的两股力量——宗教推动力和经济冲动力，在工业革命以后已经越来越不能并驾齐驱。随着工业化进程的加快，经济冲动力逐渐成为社会发展的唯一动力，功利的追求已经越来越使超验的意志力量失去效力。17—18 世纪是理性借文艺复兴的东风和唯物主义的名义对非理性和神学思想"攻城略地"的时代，英国历史学家汤因比通过考察指出："到 17 世纪末，它（指基督教—引者注）就开始失去对西欧知识阶层的统治力量。在以后的三个世纪中，基督教的衰败趋势越来越明显，以致扩大到西欧社会的各个阶层。……他们（指西欧以外的各个民族——引者注）从自古以来就沿袭下来的宗教、哲学的统治中解放了出来。这就是说，俄国的东正教、土耳其的伊斯兰教，还有中国的儒教都失去了统治力量。"②

超验的精神力量失去了对教师思想的激励作用，教师身体在被"学院化"的同时也被置于"被监控者"的地位上，不仅他们的工作场所已经严格固定化，而且他们的思想和行为模式都受到体制的严密控制，现实的教育活动被强行赋予一种周而复始的有规则的节奏。教师成为体制中人，教

---

① ［英］阿伦·布洛克：《西方人文主义传统》，董乐山译，三联书店 1997 年版，第 12—13 页。

② ［英］汤因比、［日］池田大作：《展望二十一世纪》，国际文化出版公司 1985 年版，第 370 页。

育职能也被严格地格式化，局限于校园甚至是课堂的范围内从事着规划好的职业循环。教师更倾向于在体制内思考自己的职责，失去了对社会问题的敏感和对人类存在的价值承担。并且，随着国家对教育控制的加强，教师要经过特定的培训和聘任来为国家教育目的代言，教师职业价值取向也从纯粹的精神追求中抽身，工具理性意识日益增强。"工具理性的眼睛所能看到的只有学校生活的可以观察和测验的表浅层面，而对学校生活中内隐的社会文化层面却视而不见。"[1] 以探究自然奥秘为宗旨的"知识—技术"操作系统取代了意在追求超世俗价值的精神思想。从世俗利益的角度进行价值排序的科学知识成为学校教育的主要内容，教师更多地成为世俗知识的传授者，而越来越远离了精神启蒙者的角色。

第三节　近现代教师的"职业人"意识

在近现代历史发展过程中，伴随着独立的系统化的教育机构的出现，承担教育职能的人由散落在社会上的有知识的兼职人员向体制内的专门人员转移，教师作为一种独立的职业开始形成。教师职业独立地位的确立是历史发展的必然，但面对教育职能向专门人员转移这一历史事实，我们也必须追问：传统的教师赖以存在的文化基础是什么，促使其消失或体制化的原因是什么，独立的教师强化了兼职教师的那些职能？削减或磨灭了那些职能？以什么样的标准衡量教师是否胜任其职？随着社会的发展，教师职业的发展方向将向何处去？

一、教师"职业人"角色的形成

变化的世界需要变化的教育方式和教育理念。新的社会经济形态下全新的人才培养目标改变了传统教师的教育观念和行为方式，教师身份的成立不再仅仅依靠对习俗，对稳定而有限的知识的把握，传统教师所掌握的、赖以维持生存的稳定的知识和技能，在迅速变化的时代里已经不足以

---

① 刘云杉：《从启蒙者到专业人》，北京师范大学出版社 2006 年版，第 192 页。

达到新的教育目标，模仿和经验化的教学也远远落后于时代的需要。

杜威曾经这样描述社会工业化与知识人的角色变迁之间的关系：

> "学问曾是一个阶级的事。这是当时社会条件的一个必然结果。绝大多数人缺乏任何手段去接近知识的源泉。这些知识都积储和秘藏在手抄本中，其中只有少数是有价值的，而且需要穷年累月和辛勤的预备，才能从中有所收获。因此，不可避免地形成这样的情况，即一种学术上的高级僧侣防守着知识的宝库，而只在极严格的限制下才对人民群众给点施舍。但是如我们曾经指出的，作为工业革命的直接结果，这种情况改变了……一场知识的革命已经发生。学术已进入流通状态。尽管今后仍然有、也许永远有个别一类的人以从事研究为专门职业，可是，一个特殊的学者阶级从此不可能有了。"①

古代教师依靠知识和德行的双重作用来完成对民众的启蒙任务，知识只因为思想的承载和对思想的影响而有价值，与人的具体的谋生方式无关。而准备终身以国民教育为职业、承担世俗教育任务的教师，必须以不同于传统教师的思想和知识来武装自己，同时需要随着社会的发展不断扩展自己的知识和技能。"在每个地方和每个时代，环境压力和经济压力都是刺激人们的这种或那种能力发展的因素。这个刺激过程本身便会激起社会生活的变革巨浪。而传授如何应付这些压力的技能，传授为集体利益所需要的新知识，传授有利于开发新环境的新知识，就成了社会交给学校和教师的任务。"② 这样的一种工具主义的知识观和教育观使知识的追求不再与思想相关，教师作为启蒙者的身份也失去了合法性。因为，"一旦启蒙传统赋予知识的特殊地位失去了可信性，就很难赋予学术和艺术活动任何

---

① ［美］约翰·杜威：《学校与社会·明日之学校》，赵祥麟等译，人民教育出版社2004年版，第35页。

② ［加］N. 戈培尔、［英］J. 波特：《教师的角色转换》，万喜生译，湖南教育出版社1991年版，第19—20页。

特殊的和本质性的意义。这类活动被当作职业，在性质上与其他职业没有差别。在这种情况下，知识和艺术不大可能因其本身受到重视，而是因为它们对社会有用"①。

在古代社会，知识与真理、智慧与道德密切相关，教师的权威地位更多地依赖于真理与德性的支持。他们的职能更多地体现为对有意义的生活方式的探索和引领，这使他们的学术创作和知识传播工作得到了社会的肯定和尊崇。古代的教师大都是思想家、哲学家或者是传播精神信仰的人，其教育目的更多的是为了心智和性情的陶冶，为了思想的完善，他们期望通过教育的手段帮助人们创造一个更加美好的世界，使世人过上值得过的道德生活。在这样的意义上，古代的教师可以作为知识分子的代表，他们是"分工看守社会良心的人"。"由于灵魂的敏感和天性的高贵，知识分子总是能够一叶落而知天下秋，他们总是能够在社会大众尚处在懵懂状态时就已经深切地体察到生命的不自由。当庸众为满足自己的胃而重复着毫无意义的社会生产时，知识分子考虑的却是哲学的最基本的命题，即当下的生命究竟是否值得我们经历的问题。"② 无论是东方的孔孟还是西方的苏格拉底，与其说他们是社会知识的载体，不如说他们是社会价值的代言人，他们所从事的不是与追求个人的利益有关的事务，而是为人类的生活寻找理想的发展方向，这是人类历史上教师真正地表现出人文关怀的历史时期。

教师的知识分子身份与启蒙意识的隐退与知识的世俗化发展趋向相关。到了近现代社会，知识与道德甚至与智慧分离，知识不仅不能增进人类的福祉，甚至无益于提升人的思想的力量，知识不仅成为与大多数人的现实生活无关的事物，即便对于以知识生产和传播为业的教师群体来说，他们也仅仅把知识当作需要推广与分发的产品。在切断了理想的根源并在人文关怀的方向上迷失以后，教师职业所能剩下的仅仅是一种技术性的操作。在今天的学校里，教师更多地关注通过知识的传播满足学生升学与就

---

① ［英］弗兰克·富里迪：《知识分子都到哪里去了》，戴从容译，江苏人民出版社 2005 年版，第 13 页。

② 徐晋如：《应该如何为知识分子"除魅"》，载贺雄飞主编：《中国历史的宿命——对真相的怀疑与常识的挑战》，世界知识出版社 2009 年版，第 213 页。

业的需要，而不再是思想的启蒙与德行的养成。教师的学术研究越来越受企业、公司、基金会、政府资助等外部资本的诱导，对热点的追逐与对项目资金的关注在很大程度上妨碍了教师自由思想的表达，消解了他们对教育与社会的人文关怀。正是在这样的意义上，后现代主义者让－弗朗索瓦·利奥塔（Jean－Francois Lyotard）宣布了"教授的死亡"，因为在剔除了社会责任、思想表达、人文关怀等向度以后，教授仅仅剩下了知识传播的唯一职能，而教授"在传播既有知识方面并不比数据库网络（memory bank networks）更胜任"①。

　　教师启蒙意识的丧失还与社会分工的发展相关。近代社会生产的日益复杂和所需知识的专门化必然导致社会分工，人们在日益多样化的岗位上履行着不同的社会职能。知识领域的社会分工意味着古代教师所担负的知识生产、知识传播与品德的培养等职能的分离，知识的生产职能已经让渡给专门的研究人员，知识的传播职能仅仅面向特定范围、特定年龄阶段的教育对象，而品德的培养功能则面临着边缘化。"百科全书式"的教师开始向学科和专业领域退缩，变成在特定时空（课时和教室）范围内，向特定对象（班级内的学生）传授特定学科范围内的既定知识的专业教师，即便在既定学科范围内，教师职业也越来越与本学科知识的生产无关，而更多地担负知识的传承职能。这正应了涂尔干 1983 年在其博士论文中所作的预言："尽管在今天科学家和教师这两种职业的联系还很紧密，但总有一天他们会永远分开。"时至今日，随着知识的生产与传播职能的区分，教师与科学家的职能越来越远。

　　教师在从知识的生产职能中抽身而退的同时，对人的德性的培养职能也似乎在有意无意地让渡给学校内的专职思想辅导人员，教育领域里"知识就是力量"的主导话语取代了"知识就是美德"的古老箴言。与知识的世俗化倾向相伴，知识的传播不再与人类的德性与社会的福祉直接相关，国家主义教育的主要目的是使教育充当经济增长的引擎。在很多时候，为

---

　　① ［英］弗兰克·富里迪：《知识分子都到哪里去了》，戴从容译，江苏人民出版社 2005 年版，第 7 页。

了思想的教育只是一种理想，很少成为现实，教师的生存方式越来越与思想的成长和德行的生成无关，而仅仅与知识的传承和学生的考试成绩相关。

> "到了近代，知识成批量地增加，学校教育开始制度化。知识传播在教育中的空前凸显，掩盖、遮蔽了导向德的教育的本质。随着科技发展，改造自然大于或高于生命本身，人的本质、教育的本质开始异化。本来是生命一体化的东西，一旦变成生命外在的东西，便不再是生命本身的需要了，进而变成束缚人、压迫人的东西，于是受教育者便普遍产生了一种想远离、逃脱和反叛这种教育的生命冲动。"①

相对于在庙堂、广场向世人问难，提升世人生活的理智和道德水平的古代教师来说，现代教师已经变成了校园围城和学科边界内的职业人，伴随着启蒙精神的消退，其对社会生活的影响力也大打折扣。

二、教师"职业人"意识的表现

工业革命以来，教育的普及化发展态势使办教育的主体发生改变，"一直到本世纪（20世纪—引者注）的初期起，教育主要由家庭、宗教团体、受资助的学校、学徒行会和独立的高等教育结构负责办理的。今天在世界上大多数国家里，这种办教育的责任主要放在公共团体和国家身上了。"② 学校由一种相对松散的组织而变得制度化，教育的经济功能、政治功能和文化功能受到重视和促进，而这些功能必须通过知识的选择和传输获得实现。因此，国家一方面通过将教师纳入体制化的学校组织，通过体制的保障"给予他们社会行为的权利、身份和合法性，满足他们的各种需

---

① 朱小蔓：《育德是教育的灵魂，动情是教育的关键》，《教育研究》2000年第4期。
② 联合国教科文组织：《学会生存——教育世界的今天和明天》，上海译文出版社1996年版，第39页。

求，代表和维护他们利益"①；另一方面体制也获得了控制教育系统和规约教学行为的权力，个人自觉地服从并依赖于体制化组织，传统的"自由思想型"的教师在处身体制之中的同时不得不接受体制的规约，教学功能不再是个人化精神的表达，而是国家所需的政治、经济、文化诸功能的展现。

教师职业的独立和体制化对于教学行为的理性化和知识传输的高效化具有巨大的促进作用。伴随着教育科学的发展和教师教育体制的建立，教师已经不再依靠传统的经验性思维方式来培养学生，教学行为有了教育科学的理论指导，教学内容也不再是个人思想、宗教观念的宣讲和"布道"，而是经过特殊的筛选和编制，由相对整合的知识变成相互区隔的学科，特定学科的知识也变得越来越系统化。并且，随着社会知识数量的激增和学科的分化，一定范围内的知识开始由专门的人员来传播，并要求这样的人需要接受系统的学科知识的教育，这样，学科化的教师角色也就应运而生了。教师的工作岗位经历了从社会向专门的学校的转移后进一步向细化的学科中退缩。这是世界范围知识数量激增和学科分化引发的教师职能进一步专门化的结果，也是社会发展对教师所拥有的专业知识数量和教学效能要求的必然反映。

对教师的体制规约在提高知识传输的效率的同时也带来了教师精神的世俗化过程。传统的教学行为更多地依赖信仰的追求和精神的表达，而与功利化的动机无关，教学内容大都是与学者的思想和信仰有关的人文性知识。因此，孔子才反对"樊迟学稼"，七世纪的欧洲教皇格雷高里（Pope Gregory the Great）才反对教会学校沉溺于"虚荣的世俗学问"②。然而，经过工业革命的洗礼，世界文明在理性的增进的同时也伴随着精神的世俗化过程。世界精神文化大背景的转换必然在置身其中的行为主体的思维方式和行为方式上有所体现。教育领域内的"神圣"的教师职业也不免受到世俗化文化背景的冲击。"在这种动荡之中，过去的教学法规则和曾被奉为

---

① 李路路、李汉林：《中国的单位组织——资源、权力与交换》，浙江人民出版社 2000 年版，第 3 页。

② ［英］博伊德·金：《西方教育史》，任宝祥、吴元训译，人民教育出版社 1985 年版，第 103 页。

神圣的正统课程似乎已成为一种残存旧物。在电影、电视、计算机和大量易于理解的科学和目录学文献面前，昔日的哲人和教师们都显得渺小了。"① 随着教师的工作岗位从"庙堂"和"广场"转向体制化的学校，教师的价值取向不再体现在"道统"、"理念"、"德行"、"上帝"等超世俗的精神层面，在职业的体制化和"知识就是力量"的社会主流认识的影响下，教师的思想意识开始长期地浸润在职业文化之中，教师开始由"庙堂"、"广场"中的"启蒙者"转变为独立的、专门的教育机构中的"职业人"。教师有了固定的工作场所：教室，固定的教学内容：学科，固定的工作节律：课时，固定的工作对象：班级，并逐渐地将所教学科知识之外的学习内容和校园围墙外的社会生活从自己的责任范围中剔除。

教师自身的社会地位和物质待遇与其从事的学科教学和学术研究息息相关。他们把学科知识作为文化资本，而此时的文化被去除了古代教师赋予的"非功利"的神圣光环，成为与衣食住行、与社会地位、阶级、社会再生产密切相关的因素。教师恪守着学科范围内的教学规范，这样的教学越来越多地失去了学者自由思想和人文关怀的表达，成为他人规定的客观知识的传承和别人创作的模式化教学过程的"复演"。于是，许多教师对乏味地令人沮丧的现实教学生活极度不满，因为知识的传承不再出于什么超越性的目的，不再以生活的意义为根基，也有教师发自内心地接受了社会上的实用主义态度对知识与教学的影响，甚至本应该是自由思想表达的学术研究也难以超越功利和实用的目标框架。

教师将专业发展的目标定位在学科知识的积累和教学技能的精进等方向，由此导致了"教学文化在学术学科基础上的分隔和断裂"②，原本以德性的养成和精神的提升为目标的超越性价值观被学科知识的学术性和狭隘发展所取代，而且这样的学术性学科知识直接与个人生活的功利性目标相关。"在社会和经济不平等继续存在，教育文凭仍起重要作用的等级社会中，以学科为基础的学术知识也是教育、社会选择和机会的'通货'。拥

---

① ［英］博伊德·金：《西方教育史》，任宝祥、吴元训译，人民教育出版社1985年版，第405页。

② 徐继存：《教学论导论》，甘肃教育出版社2001年版，第133页。

有这种知识也就拥有了某种文化资本，可以兑换教育文凭，进而购买职业机会和晋升。"① 学生学习的目的是依赖学术性知识和职业教育获得社会地位的升迁，而教师也如马克斯·韦伯所说"以学术作为物质意义上的职业"②，"今天，作为'职业'的科学，不是派发神圣价值和神启的通灵者或先知送来的神赐之物，而是通过专业化学科的操作，服务于有关自我和事实间关系的知识思考。它也不属于智者和哲人对世界意义所做沉思的一部分。"③ 从"庙堂"与"广场"中的"思想的讲台"转战到教育体制中的"谋生的讲台"，教学活动在很大意义上沦为教师谋取物质生活资料的一种手段，并且，不同层面的社会要求不断地转化为对教师工作的压力，将教师的教学紧紧地束缚在课堂环境和学科知识之中，减少了或者取消了教师自由地思考教育目的和社会问题的机会。

在学术崇拜和对学科知识重视的背后，是与世界意义有关的知识在教育世界的消退。学术研究和教学活动也越来越受功利化动机的驱动，"所谓功利化就是把教育目标仅看作是培养为经济服务的工具，而不是把它看成是造就有文化，有知识的人，进而提高整个民族素质。这种功利化倾向加上目前学校教育中仍然向学生灌输枯燥无味的政治说教，致使受教育者素质下降。有些人在学校掌握了一定的专业文化知识和技能，却既缺乏事业心和责任感，也没有必要的涵养。"④ 因为，伴随着社会职业的分工和教师职业的体制化过程，教师逐渐丧失其"社会人"意识以及对儿童精神世界的敏感，将德性的问题视为社会的责任，将制度的问题视为理所当然的，不加以质疑，甚至如古代"御用文人"般将制度的支持程度看作研究专题是否值得进行的判断标准。

古代的教师职业赖以存在的基础是他们所拥有的人生哲学，现代教师却更多地在世俗价值的追求上关注学问。当然，这不仅与教师主体的精神

---

① 徐继存：《教学论导论》，甘肃教育出版社 2001 年版，第 133 页。
② ［德］马克斯·韦伯：《学术与政治》，冯克利译，三联书店 1998 年版，第 17 页。
③ 同上书，第 45 页。
④ 参见孙喜亭：《弘扬与培育民族精神是大学教育的重要使命》，《高等教育研究》2003 年第 5 期。

状态有关，而且与体制中的功利性评价机制有关，成绩排名、升学率、论文发表与教师奖罚、评职、聘任与解聘等直接挂钩，教师作为理性的行动者，在个人利益最大化原则的主导下强化着教育价值观的世俗与偏狭。而且，从社会认识的角度来看，人们更多地关注教师作为知识传输者的"工具价值"，而很少从教育的终极价值及主体存在的维度上思考教师职业及教师作为人的存在的本体价值，这也是导致教师价值取向世俗化的重要原因。

虽然难以回避世俗化价值的弊端，但教师职业文化的形成毕竟赋予教师这一职业群体以凝聚力。如同资本家经营着"利润"，武士验证着"勇敢"，教师群体依赖文化传承（主要是知识传承）的功能而存在，社会和教师组织乃至教师个人都需要依赖与文化传承有关的价值体系来判断个体教师行为的当与不当。

在现代社会，随着对学校教育与生活世界相关性理解的加深，"学校的责任正在扩展，这包括向学生传授生存技能、生活技能、文化意识、道德信仰、政治责任、自治能力、想象能力及其他种种有关课程；并且，这种传授只能成功，不许失败。虽然这种责任的扩展尚未定型，但尽管如此，它无疑拥有广播的丰富性：内容、方法、自愿的选择与开发、特定目标的系统阐明、进步与演化、调整社区关系与公共态度，等等，不言而喻，所有这一切责任都得由教师去完成，他们的工作是关键，他们无时无刻不被深深地卷入这些事务之中。"① 在这种条件下，教师不应该仅仅是学科知识的代言人，而更应该是人生价值的引领者，不光要使学生掌握谋生的技能，更重要的是培养学生一种积极的生活状态，以积极的生存心境、积极的人生态度对待生活。苏霍姆林斯基说过，孩子在离开学校的时候，带去的不仅仅是分数，更重要的是带着他对未来社会的理想的追求。即便是面对体制的问题时，理性的教育者一方面不能在功利化的评价机制中沉沦，另一方面也不能一味地抱怨和消极地等待。我们应该深思，在目前的

---

① ［加］N. 戈培尔、［英］J. 波特：《教师的角色转换》，万喜生译，湖南教育出版社1991年版，第40页。

体制下，我们能为学生的精神发展做些什么，甚或我们应该以怎样的态度来消解体制的弊端，或者更进一步地为体制的健全做些什么？这才是教育者对人对己所应该具有的责任意识。

第四章
唯专业意识下的教师文化困境

现代社会对教育的重视引发了人们对教师作用的关注，社会变迁和教育改革对教师素质提出了更高的要求，为应对变革的世界和变革的教育方式，教师职业迫切需要更多的科学引领。当前，世界各国纷纷将专业化发展作为当前乃至未来教师职业的发展方向，从教师的专业地位、专业培养、专业知识结构与技能等方面探讨教师专业化发展的路径，人们通常将专业化的教师更多地看作一个"技术熟练者"。事实上，专业化发展不仅仅意味着学科知识和教学技能的增长，而应该是一个人文精神、教育理念、教学认识、知识与技能的全方位发展过程。在现代社会知识资源日盛而精神资源日缺的条件下，教师尤其应该发展超越专业技能以外的专业精神。当前的教师教育应该努力扭转技术驱动的专业化发展理念，更积极地促进教师专业精神的成长。

第一节　教师专业化的发展历程

教师是人类历史上最古老的职业，但作为一种专门的职业是在人类社会发展到一定的历史阶段上出现的，而专业化教师的思想则是现代社会变迁与教育革新的产物。

一、古代的兼职教师

古代社会的教师并非以教学为专门职业。中国古代实行官师一体的政教制度，官学教师由政府官员兼任，私学教师也大都是等待科考或征辟的清贫知识分子。读书人在应考途中为维持生计而开馆授徒,他们"初志本不愿教书,然今出门教书者,为糊口计耳"①。古代的士阶层在做官与求官的过程中兼而承担了教书的职能,因此教书只是科考或做官的副业。西方的中世纪是神恩感化天下的时代,教会学校是当时教育体制最主要的组成部分,神父、牧师和僧侣自然地承担起教师的责任,使宗教知识和宗教意识作为正统观念内化到学生的头脑中。"就低年级学生而言,人们认为教师的任务主要是进行宗教灌输。如果主管当局证明了即将就任的教师在宗教上是正统的,在道德上是可靠的,那么,就认为公共利益有了保障。"②

无论是在古代中国"以吏为师"、"官师一体"的政教制度中,还是在古代西方"以僧为师"、"僧师一体"的教会教育体制下,都没有产生专门化的教师职业,教师由官吏和僧侣兼任,人们看重的是教师的政治和神职身份,而绝少对教师的知识、能力及能否胜任教学工作提出质疑。因为那时虽然有了教师职业,但还没有作为专门的职业从其他职业中独立出来。

二、近现代的专职、专业教师

教师的职业化意味着教师与政治事务、宗教行为相对疏离,专门以从事教学活动作为谋生的手段。在各国政府开始兴办初等学校后,出于对教育质量的考虑,禁止从教人员再从事妨碍学校教学工作的职业,使教师从业人员专职化。尽管此时对教师的要求仍然很低,对教师资格的要求仅限于行为举止的得体和宗教信仰的正统,但对教师职业的发展来说,毕竟走过了兼职的历史。此时由于教育内容和受教育人数有限,教师靠对前辈教师的模仿与经验的自然累积尚可以满足教育活动的需要,还没有萌生对教师从业者进行专业训练的要求。

专业化的活动首先以基本的专业训练为前提,因此,师范学校的出现代表着教师专业化的肇始。近代社会生产方式的转变引发了人才培养规格的提升,继而对教师的知识和教学技能提出了更高的要求,国际上开始出

---

① 刘大鹏:《退想斋日记》,山西人民出版社 1990 年版,第 55 页。
② [美] 科南特:《科南特教育论著选》,陈友松译,人民教育出版社 1988 年版,第 164 页。

现专门的教师培养机构，这为教师专业化地位的确立提供了体制上的保障。但是，早期的教师培养训练主要采用口耳相传的"艺徒式"训练方式，具有很明显的经验化、随意化特征。由于缺乏科学理论的指导，教师在实际工作中主要依凭个人经验，尚不具备专业化的教育理念与教学行为。只有当教育科学发展到一定水平并被纳入教师教育课程以后，教师的专业训练和专业化发展才进入了比较成熟的阶段，教师的教学也逐渐摆脱了工业革命以前的经验化和常识化状态，有了科学的理论指导。

"二战"以来，随着世界政治格局的变迁，教育成为关乎各国在综合国力大战中能否取胜的一个最重要的砝码，促进教育改革和发展的呼声铺天而至，也引发了对教师专业发展和专业教育的关注，世界范围内开始把教师专业发展的问题作为关系教育质量的关键问题加以探讨和研究。1966年，联合国教科文组织和国际劳工组织在法国巴黎召开了"教师地位政府间特别会议"，通过了《关于教师地位的建议》，明确提出："应把教育工作视为专门的职业，这种职业要求教师经过严格地、持续地学习，获得并保持专门的知识和特别的技术，它是一种公共的业务。"① 这是世界范围内首次对教师专业地位的探讨，从而开启了世界上教师专业化研究的序幕。进入 20 世纪 80 年代，教师专业发展问题日趋成为人们关注的焦点。1980年，世界教育年鉴将"教师专业发展"（professional development of teachers）作为主题，由此引发了一系列以提高教师素质为核心的教育改革，并发表了一系列有价值的研究报告。美国霍姆斯小组于 1986 年、1990 年和1995 年先后发表的《明天的教师》、《明日之学校》、《明日之教育学院》等一系列报告，卡内基教育和经济论坛"教育作为一种专门职业"工作组1986 年发表的《国家为培养 21 世纪的教师做准备》的报告，共同倡导通过确立教学工作的专业性地位，培养训练有素的专业化教师等途径来提高美国的教育教学质量，由此引发了声势浩大的教师专业化运动。

改革开放以来，我国政府积极顺应世界教师专业化的潮流并汲取教师

---

① UNESCO, International Labour Organization（ILO）（1966）, Recommendation Concerning the Status of Teachers.

专业化研究成果，有意识地提高教师的社会地位和待遇。教师地位的提高与教师素质的提升是并行不悖的，而且，在一定层面上，教师地位的提高必须以教师素质的发展为基础，而这必然要求教师教育体制的发展。

我国是教师教育起步较晚的国家，师范教育体制是在被迫的现代化过程中随着普及义务教育运动而产生的，在时间上要比西方晚一百多年。在发展过程中曾经"尝试和实践过世界上的日德式、美式和苏式的不同师范教育制度、经验和做法，道路是曲折的、经验是丰富的、教训也是沉痛的"①，也曾尝试独立建制。在建立完整意义的中国师范教育体制的过程中还要克服一系列传统价值观念的障碍。两千多年封建社会"以吏为师"和"以士为师"的传统对国民心理产生了根深蒂固的影响，社会普遍将教师职业看作自然养成的过程，无须专门的制度化培养。鲁迅先生所说的一个实例很能说明教师教育制度在中国发展面临的艰难处境："前清末年，某省初开师范学堂的时候，有一位老先生听了，很为诧异，便发愤说：'师何以还须受教，如此看来，还该有父范学堂了！'"② 言说者早已"退场"，而"师何以还须受教"的诘问却积淀成中华民族的"集体无意识"，深深地困扰着教师教育体制的发展。

即便在我国封闭的教师教育体制百余年的发展历程中，无论在社会认识层面还是现实的基础教育领域向来都不排除综合大学的毕业生当教师的可能性。我国《教师法》虽然从国家法律法规的角度肯定了教师职业的专业性，但却并未对教育部门的从业者是否接受过正规的教师教育，是否学习过教育专业课程提出硬性要求，只是对从事各级教师职业所应达到的最低学历标准做出了规定。2001 年，北京推出了面向全体中国公民的"教师资格制度"，鼓励社会人士加盟教育。当前，我国正逐步实行教师资格证考试改革，改革后无论是师范生还是非师范生，只要参加国家统一的教师资格考试并成绩合格，都可获得教师资格证。从 2011 年开始，我国陆续在浙江、湖北、上海、河北、广西、海南、贵州、山西、山东、安徽等省市

---

① 张燕镜主编：《师范教育学》，福建教育出版社 1995 年版，第 56 页。
② 鲁迅：《随感录二十五》，人民文学出版社 1973 年版，第 6 页。

开始试点，到 2015 年，国家教师资格证考试（简称"国考"）将正式实施，并在全国铺开。

这些现象的出现固然是受到了"学高为师"的传统观念的影响，但也与教师教育体制的发展状态密切相关。在一定意义上，正是教师教育起步较晚、发展缓慢、教师专业培训不力的状况，使得我国教师职业的专业化地位失去了最根本的依据，使得教师职业处于只要具备相应的知识储备便可胜任的境地。当前，我国的教师教育改革正致力于通过教师培养规格的提升和体制的转轨来保障教师的专业化水平。

教师教育中存在的问题需要重视和解决，全面推进素质教育对教师要求的提升更加促进了社会对教师教育改革的关注。为了造就合格乃至高质量的教师队伍，1998 年 12 月，我国教育部颁发的"面向 21 世纪教育振兴行动计划"中提出实施"跨世纪园丁工程"，规划了提高教师基本学历、加强在职教师的职后教育和加强骨干教师的培养等一系列工作，1999 年《中共中央国务院关于深化教育改革全面推进素质教育的决定》将建设高质量的教师队伍看作全面推进素质教育的基本保证。当前，我国基本解决了教师的学历达标问题，教师专业化水平也获得大幅度提升，然而，与先进国家相比，我国教师整体素质、专业化水平仍然偏低，教师的教育观念、专业素质、知识结构和教学方法相对滞后，难以适应我国现代化建设特别是全面推进素质教育新形势的需要。为了尽快跟上世界教师专业化发展的步伐，世纪之交的中国学者开始了对教师专业素质，专业伦理、专业发展模式以及教师教育改革的方向等热点问题的研究，促进了教师教育的改革，引发了教师整体素质的提升并推动了教育的健康发展。新一轮基础教育课程改革的启动，尤其对教师的教育观念和教学行为提出了更高的要求，势必将我国起步阶段的教师专业化推进到理论研究与教育改革的焦点位置。

传统教学科目之间的边界被打破，教学世界与社会生活世界进一步弥合，这使得教师在专业能力与专业精神等方面面临新的挑战，教师不仅担负着向学生传授知识的责任，还承担着促进学生精神和心理发展的重任，既要培养他们的智能，又要发展他们的个性、品德和社会伦理。用涂尔干

（Durkheim）的话说，就是要"帮助孩子准备好其社会作用"，而不是让他生活"在一个纯粹理想的世界里"①。这就对教师的专业发展提出了更高的要求。因此，我国已经加快了教师教育改革的进程，以期为新课程改革目标的实现提供专业的师资保障。但是，就目前我国的教师专业化发展来说，更多地停留在专业技能的要求与培养等层面，而缺乏对教师应有的专业精神的重视。

第二节　教师专业发展对教师文化的影响

目前，世界各国都加快了教师教育改革的进程，以期为教育改革目标的实现提供专业的师资保障。专业化的教师教育促进了教师知识、技能以及文化精神世界的发展，但由于专业认识和专业教育的误区，在不同的层面上导致了教师唯专业意识的形成，教师对自身的专业发展的认识更多地停留在专业知识和技能等层面，而缺乏对教师应有的专业精神的重视。

一、教师专业发展对教师文化发展的促进作用

教师专业化保障了教师专业知识的精深和专业技能的纯熟，使得教师在综合知识水准提高的前提下掌握所教学科知识并知道如何传授给学生，这对于教师身份的认同和教师文化的发展都具有积极作用。

1. 教师专业化是教师身份认同的基础

教师教育是教师文化传承和发展的主要渠道之一。优秀教师文化的培育和传承在很大程度上依赖专业教育的过程，正是专业教育使得入职前的教师具有了基本的专业知识、专业能力和专业意识，为个体教师融入教师职业群体做好了充分的思想准备，并使他们在专业教育的过程中获得一种基本的身份意识和职业归属感。因此，教师专业教育的过程不仅是发展教师知识和技能的过程，更是教师责任意识、职业道德和精神关怀同步提升

---

① 参见［加］莫罕默德·梅卢奇、克莱蒙·戈蒂埃：《教师是知识分子：文化的传承者、阐释者和批评者》，宋莹译，《清华大学教育研究》2006 年第 4 期。

的过程，通过专业教育的过程，不仅使未来教师做好知识与技能的储备，而且使他们在教育学科课程的学习和高校教师的言传身教中习得专业的思维方式和"为师之道"，高等师范学校特有的文化氛围和教师的言传身教在很大意义上是一种潜在课程，对入职前教师的文化习得具有潜移默化的影响。同时，教师专业化极大地提升了教师的职业尊严感，使教师感受到教学育人的崇高价值，增强了教师职业群体的凝聚力。

2. 教师专业化是教师文化发展的前提

教师专业教育是教师知识、技能与精神文化同步发展的过程，教师知识与技能的发展是教师文化发展的前提。知识和技能的发展可以极大地提高教师的自我效能感，自我效能水平高的教师在教学活动中通常勇于接受挑战，能够创造性地开展工作。这样的教师在教育活动中能充分地发挥自身的主体作用，这是教师文化发展的前提条件。只有在专门化的知识和技能的支撑下，教师才能在教学中充分地实现自身的发展规划和愿景，并且只有以专业知识和技能的娴熟为基础，教学才能超越知识和技能的层面而向人的精神世界延伸。

3. 教师专业化有助于教师价值追求的提升

教师文化表现深受教师专业发展的动机和驱动力的影响。如果教师将专业发展的驱动力定位于谋生层面，则在职业生活中更多地表现为技术化的操作水平和低迷的精神状态；如果教师的专业发展驱动力来自精神的追求和神圣的使命感，则在职业生活中表现出精神感召的力量。美国心理学家马斯洛将人的需要层次划分为生理需要、安全需要、社交需要、尊重的需要和自我实现的需要五个层面，只有在较低层次的需求得到满足之后，较高层次的需求才会成为行为的驱动因素。教师专业化的实现促进了教师教育水平的发展，为教师的生理需求提供了体制保障，建立了专业组织，提升了教师的社会地位，极大地满足了教师低层次的需求，将教师发展的驱动力推进到自我实现的层面，极大地促进了教师自我成长意识和精神境界的提升。

二、教师专业化问题与教师唯专业意识的形成

教师职业从兼职状态步入专门职业的行列以后，教育者的心灵在与学科结合，与学生结合的同时却失去了与社会、与人的精神世界的联系。在如同工匠般的日复一日的机械化的"知识搬运"工作中，教师形成了一种"唯专业意识"，只把与任教学科和班级相关的事物看作自己的职责范围，或者更狭隘地认为只有上述范围内的教学才是自己的本职工作，教师过多地追求专业知识和技能的提升，却忽略了精神与思想的力量。在精神懈怠的前提下，教师的专业知识和技能无论达到怎样的高度，只能意味着知识传输效率的提高，而知识的高效传输是教学机器的存在特征，并不是教育的本义，自然也不是教师专业化的体现。我国目前的教师专业认识和专业教育过多地强调教师的专业知识和专业技能的提升，在一定程度上导致了教师唯专业意识的形成。

1. 学科本位的职前教育忽略专业思维培养

由于缺乏本土考证、实验研究，也没有对课程结构与毕业生就业情况相关性的长期追踪调查，我国师范学校的课程设置在很大程度上仍然处于随意而为、增补删减、照搬国外模式的阶段，在课程编排上陷入了学科课程本位的误区，教学中也没有顾及教师理想的价值观和专业思维方式的形成。

高师院校培养的是学科教师而不是某一学科的专家，教育类课程的开设既是教师教育与普通教育的区别，也是教师专业教育的根本体现。也就是说，通过具有教师教育特色的教育专业课程的学习，理应使专业教师与只受过普通教育的外行人士区别开来，将教学由经验的水平提高到科学的水平。但我国高师院校的课程设置只是将学科专业与教育专业课程简单相加，实事上，教育类课程处于学科课程的附属地位，并在学科课程的强劲扩充态势下日益边缘化。"学高为师"的传统观念和教师"学术性不精"的现状屡屡向当前的高等师范教育发难，被当作提高高等师范教育的学术水平，加强学科教学的借口。受国外非定向型教师教育模式的影响，一些高等师范学校不考虑现状和本校的客观条件，纷纷提出向综合性大学转轨的目标，有人甚至提出按照与综合大学完全相同的规格和专业标准去培养

教师的观点。这深刻地影响着高师院校的课程设置与课时分配，使高等师范教育在一定程度上走上了"学科课程本位"的歧路，表现为课程设置上不断强化高、精、尖的学科课程，学术性课程难度加深，选修课门类不断增加；而教育类课程的设置还停留在通识培训的水平，尽管在教师教育改革过程中增设了一系列教育类课程，但在实施过程中并没有得到应有的重视；教育实习和实践不被重视甚至流于形式。

教师教育作为教育工作的"母机"，自当为教师的专业化发展提供最基本的保障，专业的教师素养首先要靠专业化的教师教育来养成。然而，正是由于教师教育中的学科课程本位的影响，使得教师的专业化发展自起步阶段便落下了先天的残疾。拷问现实的教师教育领域，有多少师范生能在高等师范学校课程的学习中获得一种教师职业的认同感？教育类课程在师范院校被命名为"公共课"而与"（学科）专业课"区别开来，而"公共的"似乎就意味着是肤浅的、不被重视的。即便在有限的教育类课程的教学中依然没有很好地体现师范教育特色。教育学科是一门实践性很强的学科，其学习不同于学科课程的关键在于对人的教学思维与教学方法的训练，即如何使知识具有可教性。而现阶段的公共课的教学关注的却是教育学知识的授受，即如何掌握教育学知识。知识的掌握并不代表思维方式的转变和教学实践的改观。举个不甚准确的例子来说明问题所在：数学教育专业的学生如普通数学系的学生一样懂得"$1+1=2$"的基本原理，也如教育系的学生一样懂得教学方法要与儿童的心理发展阶段相适应的基本原理，但却缺乏根据儿童心理发展阶段特点向儿童传授"$1+1=2$"的知识的思维训练。要知道，教师所应当考虑的不仅仅是学科知识本身，而是要把学科当作以儿童的已有经验为基础，以促进已有经验的成长为旨归的要素，也就是要学习如何把学科知识"教育学化"、"心理学化"，或者如舒尔曼所说的："帮助学生们看到如何在皮亚杰的发展理论与星期一教什么之间，或者是维果斯基的最近发展区理论与分组教学活动之间建立联系。"[①] 考虑到现实的教师教育体制，我们可以毫不夸张地说，现有的师范

① ［美］李·S. 舒尔曼：《理论、实践与教育的专业化》，王幼真、刘捷编译，《比较教育研究》1999 年第 3 期。

学校课程是在保证教师的学科知识结构的基础上增加了一点儿教育学知识的碎片，没有充分顾及教师专业化思维方式的形成。

2. 学历本位的职后培训挫伤专业发展意识

教师的专业发展正在走向职前培养、入职培训、职后提高的一体化道路，并以教师教育概念取代了传统的师范教育概念，将教师专业发展推进到终身化阶段。然而，现实的教师继续教育在很多方面表现出形式大于内容的严重倾向。在很多地区，一些课程进修班甚至纯粹以营利为目的，学员只要交纳适当的培训费便可顺利毕业，得到主办方承诺的学历证明。一些教育行政部门组织的教师职后培训也致力于颁发证书，出现只要交钱就可发证（如继续教育合格证、计算机合格证等）的不良现象，学历晋级成为教师职后培训的出发点和旨归，至于这样的进修班在多大程度上实现了促进学员素质发展，提高教师专业水平的目的，无论是培训方还是被培训方都极少给予关注。

事实上，教师的专业发展与学历的提升并不是非此即彼的二元选择关系，学历提高应该是专业发展的题中应有之义，学历的晋级应该是对专业水平提升的证明。理想的教师职后培训应该将二者作为一体化的目标来实现。而当前出现的过分关注学历的形式化偏向，主要是受到了学历本位教师评价观的影响。因为，无论是从知识广度、个人素养和业务能力等专业技能方面，还是从教育理念、教育责任感和人格品质等专业精神层面，人们都很难对教师的专业能力进行完全客观地衡量与评价，而学历作为一个人接受过特定专业培训的证明，自然地担当起了衡量教师专业能力的任务，成为评判教师素质高低的重要指标，在教师任职资格、职称评审、各种评比中发挥着重要作用。在没有其他更加便捷的衡量指标的情况下，人们甚至有意无意地忽略了学历与素质、能力之间的不平衡现象，将学历的高低等同于教师专业化的发展水平。这就导致部分教师培训部门在发展定位上出现严重偏差，竭力地在学历的补救与晋升等层面寻找发展的契机。在培训过程中，无论在课程编排还是教学内容上都没有质量保障，对教师的专业能力的发展毫无助益。

一方面是利益的驱动，另一方面是"学历本位"的教师评价观，将教师培训推进到只重视学历晋升，不关注培训的实质内容的形式主义的泥沼。教师的发展热情在形式主义的教师培训过程中屡屡受挫以后，处于求教无门的专业发展境地。长此以往，容易彻底地失去专业发展的信心和动力，知识、技能和教育观念年复一年地在原层次打转，甚至在社会发展速度日益加快的形势下表现出不进反退的态势。

3. 制度本位的道德建设忽视自主责任意识

教师职业道德建设对学生成长和国民素质的重要性越来越受到社会的关注。教师专业化发展也意味着对教师职业道德要求的提升，教师职业道德是教师专业发展的重要组成部分，从影响学生精神与人格发展的层面来说，它是教师教育力量的最重要来源。"教师专业化实质上是回应时代要求提升教师质量的运动，而教师质量与专业精神不能分离，因此由抽象、模糊、未分化的师德走向具体、明确和专业化的伦理规范是理所当然的事情。"[1]

在我国目前的教师专业发展进程中，教师职业道德建设可以通过各级各类学校的教师职业道德规范体现出来。我国教育行政部门一直注重师德建设，改革开放以来出台了一系列师德建设的法律和政策法规。《中华人民共和国义务教育法》、《中华人民共和国教师法》都有对教师职业道德的规定，教育主管部门还相继颁发了《中小学教师职业道德要求（试行草案)》、《中小学教师职业道德规范》、《关于进一步加强和改进师德建设的意见》等文件。在国家颁布的各级各类学校教师职业道德规范的基础上，各地市制定了本地市教师职业道德规范，各学校也依据国家和地市对教师职业道德的规定，参考本学校实际情况，制定了学校内部的教师职业道德规范，这就形成了层次上由国家到学校、类别上由幼儿园到高校的教师职业道德规范体系。通过法律、规定、奖惩等外部制约机制的建立，我国走上了自上而下的制度本位的教师职业道德建设路径，各个层面上的教师都受到上自国家下到学校的道德规范的监督。

---

[1] 檀传宝：《论教师"职业道德"向"专业道德"观念的转移》，《教育研究》2005 年第 1 期。

　　教师职业道德规范屡次修订，内容日臻完善，对教师职业的规约力和引领作用日益凸显。在新的历史时期，学习和贯彻教师职业道德规范，对推进教师职业道德建设的制度化、规范化、科学化和教师事业心和责任心的提升具有重大的现实意义。但是，教师职业道德的建设，不能仅仅停留在规范的宣传与学习上，而是要思考怎样引导广大教师把崇高的师德要求转化为自觉的价值追求和行为取向。

　　教师职业道德的建设一方面需要制度的规约，另一方面更需要教师自主责任心的培养。在教师职业道德建设的过程中，我们需要树立与社会主义市场经济相适应的新型的教师职业道德观；需要建立与教师专业化相结合的终身教育培训制度、奖惩激励制度和督促评价制度；需要创新师德教育的方法与途径，优化师德成长环境；更需要注重教师职业道德修养，培养教师的自主责任意识。尤其是在当前社会转型时期，我们面临着社会价值观念多样化等现实问题，学校教育的周边环境日益复杂，由此带来各种功利思想和非理性行为在一些教师头脑中滋生和蔓延。在当前的社会文化环境下，如何克服教育因功利化、市场化所带来的各种急功近利、随波逐流的倾向，摒弃盲目和短视，保持教师作为知识分子应有的风骨和品位，注重优良价值观和人生观的锻造，是我们在推进教师职业道德规范建设的同时应该进一步深入思考的问题。

　　教师职业道德的形成和发展是包括道德认识、道德情感、道德意志和道德行为的相互影响、相互制约和共同发展的过程。因为其构成要素的复杂和内隐性特征，在大多数情况下，教师职业道德的发展需要在具备特定的主客观条件的情况下经历相当长的时期才能有所成就。在不同的历史时期，随着社会经济的发展以及社会环境的变更，教师职业道德体现着鲜明的历史特色。在特定历史时期的不同个体身上，随着教师入职时间的延伸以及职业经历的不同，教师职业道德的发展也表现出一定的发展轨迹。

　　随着社会历史以及教育实践的发展，教师职业道德的发展表现出由社会伦理到职业道德到专业道德的转变。自春秋以至明清的古代社会，诵读经典、待取功名的士人和学优而仕的官宦承担着早期的教师职责。社会没有任何关于他们的教育思想和教育实践的制度规约，他们的教育活动没有经过特定的教师教育体制的训育，他们依靠自身对"道"的理解和教育经验的积累来解读经典、教化童蒙；他们学而不厌、诲人不倦；他们修身养德、博学笃行。对于他们来说，自发的职业道德既记录在经典文录中，也体现在自身的社会践行中，既是对自身的职业约束，也是对整个社会的伦理要求和期望。到了近现代社会，由于社会对劳动者素质要求的持续提升，制度化的教育活动和专门的教师教育体制不断完善，结束了教师职业由士人和官宦兼任的历史，而教师职业道德的发展也从社会伦理的总体要求向一般性职业道德的范围转变。在早期制定的教师职业道德规范中，笼统地规定了教师要热爱祖国、爱岗敬业、依法执教等，对教师职业停留在模糊的、抽象的德行要求，在一般行业规范的意义上规约着广大教职人员。此时，在教师职业道德的具体规定中，还没有体现出对教师专业伦理的要求，而教师在遵章守制的前提下从事着职业性教育活动，更多地成为世俗知识的传授者，而人格修养和德性砥砺等传统教师赖以修身养性的传统功课却被边缘化。

在当前新的历史条件下，随着教育活动的复杂化和教育科学的不断发展，人们越来越认识到教师的专业独特性，从专业行为和专业道德两个方面不断提升着对教师的专业要求。教师不仅仅是学科知识的代言人，而更应该是人生价值的引领者，不光要使学生掌握谋生的技能，更重要的是培养学生一种积极的生活状态。教师职业道德的发展开始突破一般性职业道德规范的约束，将中心转移到教师专业道德与专业伦理的建设上来。

但是，由于教师职业道德的形成和发展是道德认知、道德情感、道德意志和道德行动的和谐统一的过程，而认知、情感与意志等主观性方面的发展和变化是难以客观测定的，各级教育行政部门和学校管理者虽然充分认识到教师职业道德建设的重要意义，却苦于在实践中难以找到有效的方式和手段促进教师职业道德的发展，因此，通过教师职业道德规范和制度等方面的建设，经由"他律"的途径促进教师职业道德的发展便成为相对便捷的抓手。因此，在以往的教师职业道德建设过程中，人们过多地关注着制度和规范的建设，而对教师自主责任感的培养重视不够。

规范和制度的建设能够不断地促进教师职业行为的合理化，但却不能保证教师职业行为价值的最大化。也就是说，遵从规章制度只是对教师思想和行为的最低要求，这样的教师只能达到"称职"的基本标准，就好比一个医生在遵守规章制度、照章办事的意义上可以说是个合格的医生，而只有当他既有精湛的医术，又有"医者父母心"，表现出较高的医德和高度的人道主义精神的时候，我们才称其为一个好医生。同理，对教师职业道德的评判仅仅停留在遵章守制的层面也是远远不够的，况且，对规则的认知和行动意愿并不具有内在的必然联系。"对目标的认知依赖于智力；来源于内在本质的行为依赖于意愿。当然，这两种作用同时存在于人的精神中，是人的精神中所固有的；而且无论怎样，它们之间都是有区别的，因为事实是，在善里面，知道目标是一回事，而使主体去影响它又是另一回事。在知识和行为之间，存在着一种心理空间，在这心理空间中，智力和意愿发挥着不同的作用。"① 也就是说，教师的道德行为是一种综合的价值判断过程，而不只是机械地运用内化了的规则。况且，人自愿受制于某种规则并不仅仅是因为规则的存在，遵守规则是因为规则根基于人的价值观和价值判断。

道德行动不仅是一种"客观上正确"的行动，而且是一种"主观上正确"的行动，道德规则认知上的轻微变化并不能引起道德行为上的变化。因此，在教师职业道德规范和制度逐步完善，各级教育行政部门和中小学校高度重视并认真组织规范和制度的学习宣传和贯彻实施的同时，我们尤其需要关注教师的道德认知到道德行为的转化环节，注重教师的自主责任意识的生成与培养。

4. 教师的唯专业意识的形成

由于教师专业教育的误区和专业主义思维方式的勃兴，教师群体在认识层面潜滋暗长着一种唯专业意识，在教育实践中表现出一种专业技能本位的倾向。

随着现代社会知识增长速度的加快以及分工的复杂化，夸美纽斯所提

---

① ［意］丹瑞欧·康波斯塔：《道德哲学与社会伦理》，李磊等译，黑龙江人民出版社2004年版，第7—8页。

倡的尊奉泛智教育思想的百科全书式的教师开始向学科和专业退缩，变成面对特定教育对象和特定学科的"专业化"教师。一些人据此认为，专业化的教师应该是某一学科领域的"专才"，知识的专精化和训练的规范化应该是专业教师和专业教师教育的根本特征。似乎只要掌握了精深的学科知识，接受过规范化的教学技能训练的人就可以称为"专业教师"，而不必考虑学科教学以外的因素，由此造就了认识上"唯专业主义"的思维方式和实践中的"专业技能本位"倾向。

这表现在以下两个方面：一是专业教学方面，教师抱有一种狭隘的专业发展观，只把所教学科看作自己的专业范围，不愿与同事协商均衡各种教学资源，在教学资源与教学时间的分配上存在一种"抢占"意识，表现出一种孤立的专业观和互相敌视的个人主义教师文化；二是在专业道德方面，"唯专业主义"思维方式把优秀教师的最重要的标准固定在专业教学技能的领域，所谓学生合理知识结构的养成、素质的综合发展、品德与个性的健康全不在自己的责任范围之内，更遑论社会责任与全球伦理了，由此导致学校教育中道德教育的失位。

这种认为专业化仅仅意味着教学技能纯熟和学科教学成绩提高的专业观，是对教师专业化的误读。快捷高效地传递学科知识是专业化教师的一项至关重要的任务，但却不是唯一任务，如果把专业化教师的发展方向仅仅局限在知识的传授这一维度，则无疑是在向着与专业化乃至教师地位提高相反的方向发展，因为这样的教师将不再是不可替代的。在知识的传输方面，计算机比任何高明的教师都具有更明显的优势。因此，专业化的教师发展方向必然蕴含着在知识与技能的维度之外的更深刻的东西，这种东西是没有受过专业训练的人或者教学机器所欠缺的。

萨义德坚决反对知识分子退缩进狭窄的专业领域，成为冷漠、狭隘、唯专业建制是从的套中人。他把"专业化"看作对知识分子精神的最大威胁，而他所说的"专业化"是指"把自己身为知识分子的工作当成为稻粱谋，朝九晚五，一眼盯着时钟，一眼留意什么才是适当、专业的行径——不破坏团体，不逾越公认的典范或限制，促销自己，尤其是使自己具有市场性，因而是没有争议的、不具政治性的、'客观'的"①。这样的"专业化"是对自由的精神的束缚。况且，由于知识总要不断更新，没有任何知识和技能是可以终身受用的，因此，知识和技能的传授远不是教师的专业性的根本体现。离开了教师专业精神的发展，知识和技能的培训只能是一种治标不治本的专业教育。而当前教师教育和专业认识中存在的问题使得教师的专业发展只是在知识、技能、学历、成绩等层面打转，最终导致教师专业精神的迷失。

第三节　教师专业精神的式微及其表现

理论界对教师的"专业精神"具体包括哪些方面尚无定论。有学者认为，理想的教师专业精神具有服务性、专门性、长期性、创新性、自律性等五个特质，集合了教学的兴趣、庄重的态度、崇高的理想与待人的热情四种要件。② 也有学者认为教师的专业精神包括敬业乐业精神、勤学进取精神、开拓创新精神、无私奉献精神、负责参与精神等五个方面。③ 无论对教师专业精神的基本内容作怎样的分析，都强调了教师对教育事业的热情、信念、积极进取的精神特征。

专业精神、专业知能与专业道德应该是教师专业素养不可缺少的方面，教师专业发展是知能、道德与精神的全方位发展。在现实的教育实践层面，具备基本的专业知识和专业道德是教师做好本职工作的最低保障，而专业精神是教师专业水准提升的动力，是教师高质量地完成本质工作的重要保证。专业知识和专业道德在很大程度上依赖于外力的培训与规范，而专业精神一经形成，就引发并不断提升教师主体的积极进取的精神姿态。在价值多元、传统价值失范的现代社会，尤其需要从教师的精神世界引出教育的力量。"如果师范教育只重视专业角色中的智能的培养，而不把道德的、精神的培养作为主要的和本质性的部分，那么师范生就没有领

---

① ［美］爱德华·W. 萨义德：《知识分子论》，单德兴译，三联书店 2002 年版，第 113 页。
② 朱宁波：《论教师的专业精神》，《教育科学》1999 年第 3 期。
③ 李瑾瑜：《专业精神——教师的必备素质》，《中小学管理》1997 年第 4 期。

悟教师专业的全部含义并对之作出体认和判断，这种师范教育是残缺不全的。应当把师范生严格的道德陶冶和精神培养当作师范教育的重要方面"[1]。我国当前的教师教育和教师管理只重视对教师知能的培养和考评，而对教师的专业精神的培养和关注相对滞后，由此导致教师只重视专业知识的积累和技能的发展，而忽视了专业精神的提升。

很多人是怀着一种对教育事业和教师职业的热情进入师范学校的，如同一些人怀着对病患的怜悯之心和救死扶伤的使命感进入医学院，初读医学院课程的学生还深深地关心病人的痛苦，深切地同情他们的遭遇，但是4 年后他们就很容易把病人看作有机体，是骨骼、肌肉、神经、血管等的组合，可以修就修理好，修理不好就扔掉。如果医学院的课程中只有肢解的、无情感体验的人体结构，学生在教育过程中即便掌握了人体的生理结构知识，也无法获得"医者父母心"，临床时便倾向于把活生生的病人当作挂着的骷髅或肌肉的堆积。师范学校的课程如果只有待灌输的知识和灌输的技巧，而不关照人的心灵的成长，那么教育的世界也会变成一个冰冷的知识加工场所。现实的专业教育大大提升了教师的专业技能，却没有使师范生和在职教师形成对教师专业的深刻认识，没有激发和维护他们献身教育事业的热情和志趣，教师在专业知能水平不断提升的条件下，面临着专业精神的失落。而且，一旦教师职业失去了专业精神的激励，不思进取、混沌度日、应付公事、职业倦怠等心理状态便与之俱来，而且这种状况会随着教师入职时间的增长而日益恶化。

国外的教师专业发展阶段研究充分地揭示了教师专业技能与专业精神的非同步增长状态。[2] 教师在入职初期还富于理想主义和道德激情，工作中表现出积极、热情的一面，但随着时间的增长，熟练的教育经验和技巧使之对教育工作充满自信，同时却失去专业发展热情和精力，步入稳定和停滞阶段，志向水平开始下降，对专业的投入也日趋减少。

在教育实践中，教师专业精神的式微主要表现在以下两个层面。

---

① 李瑾瑜：《专业精神——教师的必备素质》，《中小学管理》1997 年第 4 期。

② 刘捷：《专业化：挑战 21 世纪的教师》，教育科学出版社 2002 年版，第 130—134 页。

一、狭隘的学科边界意识

笔者曾经因为学科边界的问题与一位教育学老师发生过争执。他是我的一个大学朋友，研究生毕业后在某综合大学教育系从事教师工作。争执是因为学生网恋的问题引起的。在闲聊的时候他提到，在一学期的公共教育学课程结束后，有一个男生来办公室找他，说他女朋友整天沉迷于网络，还有网恋的倾向，两个人的感情出现了危机，希望老师能帮忙开导。我们谈这些话的语境是对现代学生思想状况的分析，对于他提出的现代大学生思想问题的多样性与复杂性笔者深表赞同，可是他处理问题的方式使笔者产生了异议。他对那个男生说，你应该去找心理学老师开导开导她，或者去找你们辅导员做做她的思想工作，就这样把那个迷茫的少年打发走了。因为是关系很好的朋友，笔者直接表达了自己的反对意见。笔者认为他作为这个班级的任课老师，理应对学生的各方面的发展负责，朋友也坚持自己的想法，他觉得自己就是学科老师，自己的专业是教育学，对学生的心理不了解就没有发言权，以免问题处理不好反而误人子弟。

事后反思，笔者与朋友都存在着不同程度的学科边界意识，朋友是被自己的专业束缚在特定教学内容的范围之内，笔者却将视野局限在班级范围内的特定教学对象的身上。事实上，这样的学科边界意识在教育体制中所有教师的身上不同程度地存在着，而且，专业的分工越是明细，教师的知识和技能越是朝着专业化的方向发展，这样的学科边界意识也就越是难以突破。

埃米尔·涂而干（Emile Durkheim）说："当科学逐渐朝着专业化方向发展的时候，每个科学家就开始把自己封闭起来，不仅局限于特殊的学科，同时也局限于某类特殊的问题。"[①] "只要分工的发展超出了某个特定的阶段，有时就必然会带来这些后果和严峻的事实……在这种情况下，个人常常埋头工作，在自己的特殊活动中把自己孤立起来。他不再会意识到在他身边从事着同样工作的同事，他甚至已经完全想不起来还有什么共同

---

① 埃米尔·涂尔干：《社会分工论》，渠东译，三联书店 2000 年版，第 316 页。

的工作。"① 学科的分工不可避免地导致教师知识和技能的专业化发展，这是现代教育发展的基础和必然要求。然而，一旦教师走入了狭隘的学科边界意识，就难以对教育问题进行全面充分地理解与阐释。他们只和学科范围内的人交流，只听得进与自己学科相关的意见，只读一种书，而不愿意在超越学科的知识领域"浪费时间"。

学科的分化并不意味着教育职能的分离，我们不能把人的整体发展机械地割裂开来，把语言发展的责任交付语文教师，把数理逻辑的发展看作数学老师的责任，而思想的问题只与班主任和辅导员的职责相关。教师在提高个人的专业知识素养的同时，应该努力突破自身的专业局限，不仅要对学生的整体发展负责，甚至对整个社会的文化与精神状态承担一定的责任。也就是说，教师不仅要直面青少年的学识与人生发展，甚至还要直面社会、历史与人类的未来，融现实关切与学术情怀为一体，而对于教育和社会发展中的重要问题，即便不是自身学科范围之内，也应该秉持教育者的职责，进行细致的研究和学习，并从知性的角度、人文关怀的角度阐发自己的独立思考与理智的判断。这也许就是萨义德所说的"边缘心态"，或称"业余状态"，教师要尽可能地"摆脱各种世俗利益的羁绊，自由地说出他的真实想法；并且能够在体制之外，更清楚地洞察各种体制、机构、秩序的弊端，从而很好地为社会代言"②，而不能只把自己定位于专门人才。

时代的发展、教育问题的复杂化要求教育者应该具有学者的品质，"学者的使命主要是为社会服务，因为他是学者，所以他比任何一个阶层都更能真正通过社会而存在，为社会而存在。因此，学者特别担负着这样一个职责：优先地、充分地发展他本身的社会才能、敏感性和传授技能。"③ 埃德加·莫兰从人类伦理学的角度为我们指出了新千年的人类使命："为人类的人性化而努力；实行全球的两个示范性工作：顺从生命，

---

① 埃米尔·涂尔干：《社会分工论》，渠东译，三联书店 2000 年版，第 317 页。

② ［美］爱德华·W. 萨义德：《知识分子论》，单德兴译，三联书店 2002 年版，第 114 页。

③ ［德］费希特：《论学者的使命·人的使命》，梁志学等译，商务印书馆 1997 年版，第 42 页。

引导生命；实现全球在多样性中的同一性；尊重他人与自己的区别和与自己的同一性；发展相依共存的伦理学；发展相互理解的伦理学；教授人类的伦理学。"① 学科和专业的存在不能作为教师推诿教育责任的借口，只要与人的发展相关，与社会的存在相关的问题，教育者都应该保持理智的认识和敏感性，他们应该把为人性和社会的发展而存在的知识和技能，真正地用来发展人性和整个社会。

二、工具、技术主义的思维方式

或是由于多年的学习和受教育经验，或是受某种形式的权威的影响，教师在实践中倾向于接纳外部规范的教育方式，将之作为成功的经验不加反思地运用。他们很少主动寻求革新，也很少思考改善实践的原动力和方法论问题。人们普遍存在的想法是研究应当只在象牙塔内进行，而实践则在象牙塔之外，实践者只是把研究者的研究成果加以应用的消费者。实践者总是希望把理论的指导转变为具体的实践操作。

在深入课堂听课、评课的过程中，我们不止一次地被这样要求，"你们不要给我们讲什么基本理论，只要告诉我们课堂教学那个环节不合适，应该怎么改进就可以了。"还有老师向我们提出了给他们上示范课的要求。一线教师总是抱怨教育理论过多地"纸上谈兵"，而无法具体地指导实践。在现实的教学中，他们需要的不是理论和策略，而是技术和程序。教师总是被一种似乎能够控制教学过程的技术所迷惑，他们抛弃了自己的内心世界，把面对的每一个问题都转化为需要解决的外部客观问题——他们相信每一个客观的问题都会有某种技术上的解答。"这就解答了为什么我们培养医生来医治我们的身体，而不尊重我们的精神；牧师成了首席执行官，而非灵魂的指引者；教师只掌握技巧，却不关注学生的灵魂。"② 教师的教学行为大多是在技术理性的支配下进行的，他们追求一种工具的效率以及

---

① 埃德加·莫兰：《复杂性理论与教育问题》，陈一壮译，北京大学出版社 2004 年版，第86 页。

② ［美］帕尔默：《教学勇气：漫步教师心灵》，吴国珍等译，华东师范大学出版社 2005 年版，第 20 页。

对各种行动方案的正确选择，而不是"交往理性"支配下的与生命、自然谋求和谐的存在方式。教师的工具性思维方式在现代学校教育中表现得尤其明显。教师通常将自己的角色限定在"被雇用的职业技术劳动者"范围内，在教学实践中将严格地服从于法定知识与主流意识形态潜在的规约，认为法定的知识如真理般不可质疑，教导学生无条件地接受并内化之。

教师对技术的信奉与缺乏反思的状态与现实的教育管理制度有关，现实的学校制度过多地注重对教师行为的规范，而外部的种种规定不足以激发和维持教师对教育事业的热情。教师在体制的束缚下一味等待外部条件的成熟和支持，并且在传统价值观念和行为方式的影响下日益依赖于外在的束缚。这使我们想起了电影《肖申克的救赎》里入狱二十年的老囚犯瑞德的经典台词："监狱里的高墙实在有趣，刚入狱的时候，你痛恨周围的高墙；慢慢地，你习惯生活在其中；最终你会发现自己不得不依靠它而生存。"[1] 数十年如一日的"改造"可以使本来向往自由的心灵"习惯"牢笼的禁锢，也会让曾经充满激情、富有活力和创造力的探索者变成按部就班、教学常规操控下的工匠。而最可悲的是，当"习惯"日益控制了教师的思维与实践，教师就会无意识地忽略了不确定的教育情景给自己和学生的发展带来的挑战和机遇。

在教师非专业化历史时期，由于教师专业教育的欠缺和建立课堂教学常规的要求，通过对他人经验的模仿形成的技术性教学实践有助于教育的理性化发展。"以往的教师教育和教学研究也是'技术性实践'模式所支配的。这就是说，以为存在着所有的教室与所有的教师普遍有效的程序、技术、原理；认为教师教育的基本就是掌握一般化的程序、技术、原理；寻求应用这种程序、技术、原理于各个教室之中的教学实践。"[2] 然而，随着教育过程中复杂、综合性问题的显现，教师不能依赖程序性的教学行为应对不确定的课堂情景和学生丰富的心灵世界。为应对复杂的问题，"策略应该优先于程序（programme）。程序建立一个行动的序列，这些行动应

---

① 原文如下：These Walls are Kind of Funny Like That. First You Hate Them, Then You Get Used to Them, Enough Time Passed, Get So You Depend on Them, That's institutionalized。

② ［日］佐藤学：《课程与教师》，钟启泉译，教育科学出版社2003年版，第333页。

该在一个稳定的环境里不加变化地加以执行；一旦外部条件发生了改变，程序就得停车。策略是相反地在审查形势的确定性和不确定性、大的可能性和不大的可能性的情况下制定的行动方案，方案可以和应该根据行动中途搜集到的信息、遭遇到的偶然事变——临时受阻或大好机遇——做出修改。"① 这也凸显了教育研究和基本理论的现实关照，因为只有坚持实践策略与原理的指引，才能彰显教育理论高屋建瓴、统摄全局、应对复杂性问题的能力。

在学校教育过分制度化、其划一性与效率性受到批判的今日，"技术性实践"教育模式的历史使命已经终结，随着教师专业教育的成熟，教师也开始认识到教学的创造性和个性化特征，开始有意识地反思自己的教学实践。即便在体制的束缚依然存在的条件下，教师还是可以从自己的心灵引发灵动的教育资源，以创造性的精神力量对学生进行价值引导，使自己的教学策略和方法与学生的智慧发展水平和内在动机相契合，达到丰富与发展学生个性、潜能的教育目的。也就是说，面对体制的束缚，教师也不应该是无所作为的，"除了等待，我们还有另一种选择，我们可以找回对改变工作和生活的内部力量的信念。我们成为教师是因为我们一度相信内心的思想和洞察力至少和围绕我们的外部现实一样真实，一样强大有力。现在我们必须提醒我们自己，内部世界的真实性可以给予我们影响外部客观世界的力量"② 。而这种热情、奋进、不墨守成规的精神状态理应是教师文化建设的方向和目标。

---

① ［法］埃德加·莫兰：《复杂性理论与教育问题》，陈一壮译，北京大学出版社 2004 年版，第 72 页。

② ［美］帕尔默：《教学勇气：漫步教师心灵》，吴国珍等译，华东师范大学出版社 2005 年版，第 20 页。

第五章
学校制度与教师文化的冲突与制衡

教育体制的建立意味着社会、家庭、宗教团体等承担的社会监护职能和教育责任大范围地向学校教育机构转移。在教师和学生数量激增，教师职能和责任扩展的条件下，必须有适当的学校制度来保障学校各项工作的顺利开展，体制化的学校教育不能像古代那样依靠教师自主的教育信念和自由的教育活动运行，制度对于近现代学校发展具有极大的重要性，任何层面的教育活动都离不开制度的引导与规约。而作为关照人的心灵的事业，教育活动又必须从精神自由的角度出发，以教师的自由创造精神引导儿童精神生命的成长，这就与制度的规约属性形成了一对矛盾。

第一节 学校制度与文化建设的冲突

近代学校教育体制的建立是工业社会的产物，而学校教育体制建立后的制度化与规范化建设则是持久的历史任务，需要世代的教育工作者前赴后继地不懈经营。到 19 世纪初，世界范围内已基本形成了相对完善的、与工业社会相匹配的学校管理制度。在统一规格的教学目标和内容、模式化的教学程序、严格的组织管理机制的操控下，现代学校教育的发展步入了体制化、理性化的发展轨道，变得一切都有章可循、有标准可依，但学校制度的建设依然是一个未竟的事业。

加强现代学校制度建设是学校发展的必然趋势。1999 年中共中央国务院《关于深化教育改革，全面推进素质教育的决定》中指出："深化学校内部管理体制改革，进一步精简机构，减员增效。改革分配和奖励制度，实行多劳多得、优劳优酬。"我国教育部《2003—2007 教育振兴行动计划》中提出了深化学校内部管理体制改革，探索建立现代学校制度的目标。2014 年教育部发布的《国家教育事业发展第十二个五年规划》中提出要"创新国家教育制度"并将"建设现代学校制度"作为其中的一项主要内容。尤其是在当前教育改革的环境下，传统的教育教学方式面临着重整与转型的任务，旧有的学校制度部分地失去了对学校教育教学的调控与规约力量，现代学校必须通过制度的建设为学校的发展和教育教学质量的提升提供具体而完善的保障。

一、学校制度的理性追求

传统制度建设的基本假定是：个人的理性行为能力是有缺陷的，容易感情用事的人在具体的行动过程中缺乏行为的自控能力和严密的逻辑推理能力，而通过理性计算所建立的完备的行动方案与行为规范有利于抉择的科学化。也就是说，通过制度的合理化设计能有效地保证人行为的合理性，有效地制约乃至消除教育活动中的非理性行为。制度的建设无论是对于国家的教育质量还是学校的教育教学水平的提升都具有重大意义。但是，由于现代性思维对技术理性的盲目崇拜，一旦某种制度的建设被提上议事日程，人们就尽可能地建立详尽的条例、实施程序和保障机制，使制度的出台达到具体、明确、可操作、可监督的目标，并且殚精竭虑地把制度的规约范围遍布学校各个角落，希望靠制度的力量来应对与消灭所有的教育问题。

仅就制度自身的发展机制来说，追求标准与程序的完善具有充分的合理性。在现代科技理性狂飙的社会背景下，人们仅当程序正义与实质正义①、形式的公正与道德直觉存在着明显的不可调和的冲突的情况下，才会对二者的关系与价值排序进行忖度与思量。否则，程序的完善与标准的坚持永远是人们的第一选择，因为"现代社会的一个根本性质就是社会生

---

① 程序正义着眼于形式和手段的公正性，认为只有遵循着严格的程序规则才能达到公平公正的结果；实质正义着眼于内容和结果的正义性，认为符合道德理想的结果才是最重要的。二者之间常常存在着明显的冲突。

活的所有方面的标准化，无论是生产、商业还是教育，无论是国家制度还是公司制度，无论是产品还是人。把所有存在都加以标准化使得统一管理、通用计算和全面审查成为可能，这是现代效率的基础……现代性是一个盲目的、不负责任的社会程序"①。在科技理性和遵章守制的名义下，各种价值无涉的规则、规范和标准成了人们行为懈怠、庸俗，甚至堕落的合法化的理由。因为标准与规则仅仅是人的行为的最低要求，而由于人们通常对自身的要求普遍地低于对他人的要求（很多人对自己的道德要求是只要"遵纪守法"就是"良好市民"，而一味要求他人有良善之心），制度的建立使得规范作为先入之见抵制了主体自身对更高的品德与价值的追求。而且，这样的"规范情结"总是力图把人心格式化为同样规格的软件，把人装进体制的"套子"，使得人人只要按部就班就能稳妥地生活，机械劳作不逾矩的日子不会有原则性的大是大非，当然也不会有动人的情感与慑人心魄的美。

最早的教育组织与管理思想是从工业管理领域移植过来的，是工业领域的科学管理理论在教育领域的应用。此后教育管理理论的发展虽然逐步地借鉴社会学的知识，并注意人文精神的提升，但还是有许多工业体系的管理理论和管理程序被原封不动地移植到教育中。由于科层组织理论与科学理性精神的深刻影响，学校制度建设的基本理路是追求行为的规范和制约的"控制工程"。

时下流行一种量化打分的中小学教师考核方案，它是依据《中小学教师日常行为规范》和一些学校的《学校内部管理体制改革方案》的要求制定的一种全面、全程、全方位的教师考核制度，对教育教学的每一个环节，对所有的教职员工，对教师的业绩、业务水平与考勤情况进行面面俱到的量化打分，并在实践过程中不断根据新发现的问题进行条例的增添与修补。这样的制度对于教师的管理来说是一个便捷的手段，而对于教师的工作热情却是一个致命的打击。它使得教师在教学活动中不是将眼光放在学生身上，更不是放在对教育理论、教学知识与技能的探索上，而是仅仅

---

① 赵汀阳：《论可能生活》，中国人民大学出版社 2004 年版，第 107 页。

满足于驯服地执行教育当局的方针、学校的规程，疲于应付一些条条框框上的规定，无暇顾及业务的学习，失去了开拓创新的意识与力量。教学智慧与灵感的生发泯灭于标准与规范的遵守中，真正的管理目标和教育目标——教师素质的提升和学生发展的目标在一定程度上被放逐。

二、学校制度的价值指向

人生路途中，人们不能一味地赶路，更应该时刻留意路边的风景，是美丽的风景让我们的生活变得丰富多彩，而只顾埋头赶路则会使生活变成苦难的旅程。在学校制度的建设中，规则的完善虽然是学校制度建设的必由之路，而管理者也不能在"只埋头拉车，不抬头看路"的一条道上走到黑，因为制度与规范本身并不能体现教育的价值和真义，人们总是应该为了某些更有价值的东西才制定并遵守规范，制度如果仅仅是管束人们行为的一系列规则，则不具有任何意义，人们不可能为了要遵守制度而制定制度，也不仅仅因为规则的存在才去遵守规则。所有的制度其实都具有某种价值取向，不考虑制度背后的价值因素的话，学校与监狱将毫无二致。

不同领域有不同的"轴心原则"，相应的核心价值观也不同。按照丹尼尔·贝尔的理论，"掌管经济的是效率原则，决定政治运转的是平等原则，而引导文化的是自我实现原则"①。国有国法，家有家规。由于核心价值观的不同，制度也有其特定的适用范围，一旦超出范围，就面临着功能与价值的失效。军人的天职是服从和战斗，企业家追求的是利润的最大化，教师的使命是促进学生的身心成长，而学生的任务是好好学习、天天向上。这里，我们不能将军队的制度标准推广到企业家身上，同样也不能将企业的投入—产出原则运用到教师与学生身上。与其他领域相比，教育领域从根本上关涉人的成长与价值实现，因此，学校制度建设的根据或基础应该是人的自由发展和完满生活。

学校教育领域需要制度的建设和规范的制定，否则将不可避免地陷入

————————————

① ［美］丹尼尔·贝尔：《资本主义文化矛盾》，赵一凡等译，三联书店 1989 年版，第41 页。

混乱和争端，但是，与人的存在和发展相比，制度和规范的维护不具有自足的价值，除非它们与人的发展方向一致时，才能获得存在的合理性证明。因为"即使每条规则的技术合法性都能够得到辩护，一个规范系统，或者说一个游戏的整体性质的合法性仍然没有得到说明。也就是说，即使我们能够确证一个游戏在技术上或程序上是无懈可击的，仍然不能证明这个游戏在价值上的优越性……现代社会企图通过完善各种制度的技术性程序来制造好的社会、好的制度或者好的法律，这是幻想，这像想仅仅通过学习标准的句法而写出好文章"①。教育世界需要的是按照人的成长逻辑行事的制度，而不仅仅是按照体制自身的程序规则行事的制度，学校制度建设的价值在于为人的价值实现提供保障。

制度不能自行定义自身的价值与合理性，学校制度的最终价值必须在人的成长与生活的意义中得到证明。学校制度建设的目标是要促进人的发展，为人的发展服务，而人是开放性的、创造性的存在，人的发展是不可限定的。因此，教育制度不应该用僵化的形式作用于人，制度尤其不能通过对人的行为的规范而封锁人的自由发展的疆界，而应该在约束与自主、限制与开放之间保持适当的张力，以利于人的各种素质的全面、自由、积极地生成。

学校教育目标的实现依靠的是教师的创造性教学活动，教育的灵动之处与教学智慧的生发之处就蕴含于无法预期的思维碰撞与问题的创造性解决过程中。这也就决定了对教师和学生的管理和考核，不可能依照哪一种工业或者商业的管理模式完成。判断学校管理制度好坏的唯一标准只能是人的发展的标准，也就是要看这个制度是否能给学生的成长创设更加有利的条件，是否使教师们更自觉、更有创造性地进行那些无法用数字来统计的教育教学工作，是否让学生在知识的学习过程中感受到精神的愉悦与人格的陶冶。

---

① 赵汀阳：《论可能生活》，中国人民大学出版社 2004 年版，第 67 页。

三、制度规约与文化自由的矛盾

人的发展应该是自由的还是应该受理性法则支配？理性的行为选择预设了某个正确的方向，而自由是不预设任何方向的。如果学校制度仅仅从形式方面及程序方面去进行建构，则不可避免地导致对人的自由发展的阻抗。因为制度化的生活塑造的是无创新的行为模式，而通用规则的强制与灌输又断绝了思想的自由之路。理性化追求的学校制度对于规范管理，促进学校发展发挥了重要作用，但却淡化了那种基于学生幸福生活、教师创造性发展的人文维度的教育目标，给师生精神文化的发展带来了伤害。人的精神发展与价值观念的转变主要依赖文化建设的实践，而理性管理制度的形式化与规范化追求与文化建设的价值观塑造之间存在一定的冲突。学校管理根本上应该是以人的发展为指向的，而人的发展尤其是精神层面的发展，在很大程度上是不可限定的，因此，必须在制度建设过程中为人的精神文化的发展留有足够的弹性空间。

制度建设的原始意图并非是为了对人进行限制和约束，而是致力于人的行为的理性化与发展的高效化。只是在标准化、规范化和量化管理目标的追求中，制度增强了自身的强迫性意志，从而容易发挥一些负面作用，即通常会出于维护自身的稳定性与系统性的派生目标而遮蔽、忽视了人的发展的原始目标，这是任何制度建设都面临的哲学难题，学校制度的发展也难出其右。

对于担负着人才培养与民族兴衰大业的教育事业来说，伦理性的关涉人的美好生活的目标具有更充分的价值，然而，在理性化管理思路的限制下，人受制度的操控表现出一种"剧场化行为"①。也就是说，人的讲话与行为在制度的规约下失去了自我本真表达的功能，纯粹是为了迎合现有的制度，为了做出来给人看，不是自我的本性与人生态度的表现，就如同剧场里演员的表演只是为了供观众欣赏而不是内心真情实感的流露一样。尤

---

① 徐继存：《教学制度建设的理性与伦理规约》，《西北师范大学学报》（社会科学版）2006年第2期。

其是在引入了现代企业管理中的"组织"概念作为类比的对象以后，组织的系统化目标几乎成了现代学校发展的核心追求，学校制度建设也不免落入企业管理的效率追求、价值无涉的思维方式的窠臼。这样，对教育和教学的服务意识在学校制度的组织化过程中淡化，更深层的人的发展维度的目标也在制度发展的过程中被排挤。在需要高度的创造性、蕴含着人文意义的学校教育领域，以标准化管理和效率为目标的学校教育制度无意中忽视了人的个性、尊严、价值、精神层面的存在。

严格的限制是科学理性的必然逻辑，受理性发展过程中效率至上与目标管理理念的制约，学校制度的程序化发展有可能使教育教学事业沦为机械操持的流程。制度严格地履行着对人的行为甚至意识层面的监督和监控之职，规范的落实和人的行为的"不敢越雷池一步"代表着制度建设的成功。如果说现代学校教育所要培养的就是制度约束下的"循规蹈矩"的人的形象，那么我们就不必也不可能要求的更多，因为制度的专制必然带来人性的泯灭，如同现代企业生产的标准化产品一样，现代思维也的确生产了喜欢标准化产品的人。然而制度的效能指标往往与教育教学的真正价值之间存在着冲突，秩序井然，升学率高，而人们忙忙碌碌却不知为了什么，师生均体验不到教育世界的愉悦和幸福，那么，在高效的知识传输系统中的现代教师和学生与忙碌的蚁群有什么两样？知识的搬运与承载并不必然带来人的生活的美满。一些学校将学校制度建设的目标定位于建立严密的学生个体质量评估体系和教师教学评价指标，人的幸福的目标已经被最便捷的量化手段、最大化效率和标准化程序的追求而排挤并最终消失了，似乎教育不再需要情感的投入，没有什么追求使得"教者"忘我，"学者"陶醉其中，教育的中心任务就是规范地教学，教学就是程序化知识的宣讲与记忆。

学校制度的建设必须在无限地控制与完全地放任之间寻求一种动态的平衡。太多的限制会产生阻碍，而失去了约束也会带来混乱。就像城市中交通信号灯的设置一样，如果没有交通灯，就会出现交通混乱，而如果设置过多的交通灯，也会招致交通停滞的麻烦，只有适量的信号灯才会产生有条不紊的交通状态。同样，只有适量的限制才会带来有序的行为，并能为人的发展提供适当的拓展空间。由于人有自由存在和自主发展的需要，由于教学面对的是复杂的不确定状态，教师的任务不仅仅是知识的输出，更需要创造性的发挥。制度的建设必须考虑人的自由与创造性的发展空间，必须具有人性化色彩，铁板一块的律令是机械的运行原则而非生命的本真需要。

学校制度建设的目标不仅仅是一系列约束学校领导、教师和学生行为的规范，不仅仅要制定严格的评价标准以鉴别何为"效益低"的学校领导和教师，更重要的是保持规范的适度张力，避免事无巨细地管得过死，压制了人的自由和创造性的发挥。现代教师的教学本来就很少如古代教师一样出于对"道"的追求和对人性发展的思考，而更多的是支配教学的原理、原则、方法、规范和标准的表现，当规约的体制膨胀到无微不至地控制整个教学生活的境地时，就更加彻底地摧毁了教学智慧的灵动与意义生成的空间。学校制度的建设既要追求自身的体制化和规范化，又要兼顾教育的创造性发展与人的创造性品质，规则与标准的制定是制度的存在保障，而人的发展的维度却是制度存在的价值证明。现代学校制度的建设必须在二者的冲撞中保持适当的平衡。一旦把制度管理的理性化模式推向极端，只见组织、结构、规则、标准而不见人，看不到教育世界中的人文精神的表达，看不到人的主观能动性对激发学校文化"场"的凝聚力的作用，就会以手段、过程的标准化遮蔽目的的合理与正当。

第二节　机械规约制度下的教师文化

一些学校对制度的效用达到了迷信的程度，把制度的建设作为学校工作的中心。人的缺场使得制度的建设唯独剩下约束与监控的职能，个体行动的基础与目标仅被限定在制度的约束层面，教师的教育活动和教育思想不再以促进幸福生活、体验人生价值为基点。

理性化的管理制度严格地控制着教师的行动和思维方式，"教育的科层体制（官僚体制）愈来愈试图加强对教学过程的行政和集权式控制。在这种情况下，教师的任务也变得'理性化'了，结果是，作为专业教育者的教师变得越来越丧失了技巧，因为课程变得越来越规定化和受集权化控制。"[①] 当教育管理被看作一种近乎"纯技术"的合乎规则的控制时，当工具理性成为教师从事教育活动的主导思想甚至是唯一指导思想时，教师形成了一种技术专家的心智品质：将学生看作有待于"塑造"、"加工"的"产品"，是被动地等待知识灌输的容器。在这种规约的教育制度下，教育、教学纯粹就是一个授受的系统，学生也最终成为被取消了自由、独立判断、个性化成长权利的"模铸件"。

一、学校制度的机械规约机制

为了真实地展现规约的管理制度下的教师文化表现，我们特别选择了以管理严格而闻名的 A 学校作为研究对象，通过长期的观察以及与校长、管理者和教师访谈的方法了解规约的管理制度下的教师文化特征。

该学校制度的规约机制由纪律规训与考核评判两个层面组成。首先，通过强制性纪律为教师的行为设定轨道，使教师进入校门后的一切时间都有章可循，为教师制定出勤制度、坐班制度、课堂教学抽查与监控制度等，严格监督教师的行为。

A 学校规定：教师不准随便串办公室，工作时间只准看自己所教学科的参考书，办公室不得大声喧哗，教师不得三三两两上厕所，违规者开会点名，屡教不改者停职待岗。

教师感觉自己的所有活动都受一双无形的、不信任的眼睛的监控，这或许就是福柯（Michel Foucault）借用英国思想家边沁（Jeremy Bentham）的"全景式监狱"（panopticism）理念所描述的权利空间[②]。有的教师反映说，这样的管理制度让老师感觉压抑，感到窒息和无奈，教学对教师而言没有快乐，只是混饭吃的工作，他们反感教师职业，没有体会到教师职业多么伟大，在公共场合甚至避讳谈自己的职业。

该校的考勤制度这样规定：

---

① ［加］马克斯·范梅南：《教学机智：教育智慧的意蕴》，李树英译，教育科学出版社2001 年版，第 132 页。

② ［法］福柯：《规训与惩罚》，刘北成等译，三联书店 1999 年版，第 224 页。

考勤制度：

一、实行签到制度，即每天上、下午第一节课预备前，晚上下班前10分钟，全校教职工必须到值班室亲自签到，并严格杜绝代签行为。值班领导负责签到督察并及时向主管领导反馈信息。

二、全校教职工统一由教导处考勤，教导主任负责，临时工由总务校长负责。

三、凡请假者一律填写请假条，准假后方可离校，假满返校要消假，否则视为未返校。因特殊情况，事先来不及当面请假者，可用电话或由亲属代请，事后及时补假，补填请假条。

四、病假在三天（含三天）以上者，需提交市医院诊断书。

五、病、事假在三天以内，向教导主任请假；三天以上向校长请假（休息日不计算在请假日期内）。

六、请假未准而离校不上班，或未请假不上班，视为旷勤。

七、领导班子人员须向校长请假，外出办公事须向校长告知。

八、因公全日或超全日外出，并涉及核销差旅，要通过校长准许并做登记。

九、有关领导安排因公临时外出或临时请病、事假外出，均需持教导处盖章的出门证，往返时交门卫检查，否则视为间溜，同时扣罚门卫当日工资。

十、对有不满周岁孩子的女教工，每天给两次送奶时间，每次不得超过一小时（含途中）（产、婚、丧假按规定办）。

违反考勤制度扣罚款规定：

一、旷勤：每个工作日罚款20元；半个工作日罚款10元。

二、间溜：每次罚款8元。

三、迟到：经请假迟到，1小时之内（含1小时）扣款1元，2小时之内（含2小时）扣款2元，以此类推；未经请假迟到，1

小时之内（含 1 小时）扣款 2 元，2 小时之内（含 2 小时）扣款 4 元，以此类推。凡迟到者到校后要补写请假条，否则按事假半天或一天处理。

四、早退或临时外出：经请假早退或临时外出，1 小时之内（含 1 小时）扣款 1 元，2 小时之内（含 2 小时）扣款 2 元，以此类推；未经请假早退或临时外出，1 小时之内（含 1 小时）扣款 2 元，2 小时之内（含 2 小时）扣款 4 元，以此类推。凡早退或临时外出者要填写请假条，临时外出者返校后要及时消假。

五、请事假：每个工作日扣款 7 元；半个工作日扣款 3.5 元。

六、请病假：每个工作日扣款 5 元；半个工作日扣款 2.5 元。

七、请假者，由教务处原则上安排同年级同学科教师代课，每代课一节，补助 3 元。

八、教务处每月初向教职工公布上个月的考勤情况，并向校长上报扣、罚款记录表，由校长签字同意后，总务处负责从教职工岗位津贴中扣款。

这所学校以校规严格而闻名，教学成绩也比较突出，然而教师和学生却普遍地感觉压抑，精神懈怠，教师对自己的职业没有自豪感。在交流中，有教师反映，学校毕竟不是监狱，监狱还给犯人自由活动的时间和空间，这样的管理简直比监狱管理还要缺少人情味，好像教师就不应该有七情六欲，不应该有社会交往，不应该有个人的生活空间。这样的管理制度压制了教师的工作热情，教师出于惩罚的威慑力量表面上埋头工作，而事实上却心怀不满，牢骚满腹，教师有时候设法避开领导的"眼线"处理一些私人事务，同一教研组的人甚至互相包庇来逃避制度的惩罚。学校领导和教师之间的关系貌合神离。教师只是为工作而工作，甚至将工作作为"混饭吃"的手段，越是骨干教师越是感觉压力过大，很多人产生改变工作环境的想法。

无孔不入的纪律规训通过对教师行为的全方位控制，限制了教师的自我发展、自我表达，甚至是自由思考的权利。"本着合理性原则建构起来的社会秩序并不一定是增进自由的手段。实际上，它们往往用于暴政和弄权，用于剥夺个体理性思考的机会与作为自由人行动的能力。"① 机械的规训制度锻造了教育中的"普罗克拉斯提斯的铁床"②，教师的个性化行为方式被削足适履地放进学校制度的熔炉中接受改造。

其次，学校管理者为了方便对教师进行管理，制定了细则化的考核标准，从教师的专业知识水平（以学历为标准）、业务素质（以职称为标准）、科研能力（以公开发表论文数量为标准）、工作量（以授课时数为标准）、学生考试成绩（以县市排名为标准）等方面，对教师的工作表现进行评定，将可量化与不可量化的指标统统进行量化处理，以数字的升迁说明教师的工作表现，并将之作为教师评优与奖惩的依据。这样的评价方式关注的只是无情感因素的数字指标，忽视了教师的教学态度、创造力、责任心等教学资源对教育的影响。

以下是 A 学校按照区里颁布的中小学内部管理体制改革实施细则出台的教师工作综合考评方案，该方案按照"德、能、勤、绩"四个方面考察教师的整体教学工作，并将四个一级指标详细地分解为 20 个二级指标，各二级指标权重不同，详见表1。

为了促进教师素质和教学水平的提升，学校实行"末位淘汰制"，将全体教师根据综合考评成绩排名，排名最后的教师将落聘，落聘者在学校保留工资关系（只发档案工资），由教育局安排到乡镇（办）学校任教2—3 年，任教满 2 年后，考核合格者，符合聘任条件，由原学校聘任，否则继续在乡镇（办）学校任教。不愿意在乡镇（办）学校任教，自谋职业确有困难，由本人申请，学校可根据实际工作需要安排其脱产进修或做其他临时性工作，不占编制，不享受结构工资待遇，不参与评优、晋职和增加工资。视其工作表现何时聘任由学校决定。

---

① ［美］C. 莱特·米尔斯：《社会学想象力》，陈强、陈永强译，三联书店 2005 年版，第183 页。
② 普罗克拉斯提斯，古希腊神话中的强盗，他有一张铁床，当他抢劫之后，让捕获的人躺在铁床上，身高比铁床长的就砍掉超过铁床的部分，比铁床短的就强硬地拉长，使之与铁床长度相等。

表1 **A 小学教师工作综合考评得分**

一级指标	二级指标	权重	权重分配			考评内容	考评单位	备注
			A	B	C			
德 110分	1. 政治学习	15	15	10	5	学习笔记	党支部、工会	
	2. 办公环境卫生	15	15			检查记录	爱卫会	
	3. 领导评价	30	30	20	10		办公室	
	4. 教师相互评价	30	30	20	10		办公室	
	5. 学生或家长评价	20	20				德育处、教科处	
能 590分	6. 计划与总结	10	10	5	0	材料	教科处	考 评 小 组
	7. 工作量	100	100			周课时数	教导处	
	8. 备课	100	100	80	60	教案、教学反思	教科处	
	9. 说课	30	30	20	10	材料	教科处	
	10. 上课	100	100			检查记录、问卷调查	教导处	
	11. 作业布置与批改	60	60	40	20	作业及批改记录	教科处	
	12. 听、评课	50	50	30	10	听评课记录	教科处	
	13. 实验课题	50	50	30	10	材料	教科处	
	14. 业务学习	20	20	10	0	学习笔记	教科处	
	15. 期望教育	20	20	10		检查记录材料	教科处	
	16. 综合实践活动	50	50	30	10	检查记录和材料	教科处	
勤 100分	17. 考勤	100	100			考勤记录	办公室	
绩 200分	18. 教学成绩	200	200			期末成绩	教导处	
	19. 教育科研荣誉	30				证件	办公室	
	20. 班主任加分	60					德育处	

　　校长也算是一个业务型、懂管理的领导。在与笔者的交谈中，他详尽地阐述了实行"末位淘汰制"的理由，他给我们讲述了"鳗鱼的故事"①，

---

① 古时候，日本渔民每天出海捕鳗鱼，因为船舱很小，回航的时候鳗鱼差不多都死光了。但有一位渔民每次回航时鳗鱼都是活蹦乱跳。所以他的鳗鱼卖得很好，价钱也比别人的贵。不出几年，这个渔民就成了富翁了。直到他弥留之际才将致富秘诀告诉他的儿子：原来他在装鳗鱼的船舱里放上一些鲇鱼。鳗鱼和鲇鱼天生爱斗，鳗鱼为了对抗鲇鱼的攻击被迫竭力反抗，不断游动，所以全部都活下来了。

他说只有时时处于危机感和战斗状态的人才能将自身的潜能充分地释放出来，教师也只有在被淘汰的重压下才能充满生机和活力。

但是，这样的管理制度是否得到教师心里上认可呢？教师们的精神状态与工作表现又是怎样的呢？带着这样的一些疑问，笔者与几位教师进行了深度访谈。下面是教师代表访谈记录。因为牵涉到学校的管理问题，教师在谈话中有很多顾虑，所以访谈都是单独进行，甚至是以非正式的方式，在随意闲聊的情况下进行的。

笔者：我想了解一下你们学校教师管理制度的情况，您能不能给我谈谈你们学校的教师管理方面的做法和你个人的感想。

A 老师：最近我家里有事，我很少来上班，有些情况还真是不太清楚。

笔者：我只是想了解一下咱们学校的教师管理制度的情况，不会打扰你很长时间。您能不能告诉我一些关于"末位淘汰制"的情况，我只是为了纯粹的理论研究，对你们学校没有什么影响，对任何人都没有影响的。

A 老师：这个制度前两年就有，老师很抵触，今年停了，文件可能能找到。

笔者：那时候有几个老师被淘汰了，是吗？

A 老师：是。

笔者：我只是想了解咱们学校的教师管理情况，所有的谈话都不会对外透露个人姓名，我保证不会给您个人带来任何麻烦，请您放心，希望您能开诚布公地谈谈对这个制度的感想。

A 老师：我知道的，没关系的。这个制度很不合理。老师们都受不了，压力很大，谁知道明天淘汰谁，人心惶惶的。

笔者：被淘汰的真的下岗吗？老师的生活怎么办？

A 老师：当时发工资的70%，实际以后年终都给暗补了。

笔者：听说有个老师因此还生病了。

A 老师：是。

　　笔者：您能不能给我说说那个老师的详细情况，他现在还在咱们学校上班吗？

　　A老师：有的继续上班，有一个请了长期病假。

　　笔者：是真的病了吗？

　　A老师：心理病。那个老师说是受到了侮辱。我们工作的压力已经让很多人难以承受，还要承受这些压力。

　　笔者：那落聘的老师现在恢复上班了吗？

　　A老师：有一个还没有去（来）。

　　教师对于学校管理的问题是比较敏感的，在不信任的人面前总是想方设法回避这样的主题，只是在笔者一再坚持和保密的承诺下，他们才勉强透露一点儿个人的想法和意见。从谈话内容中可以看出，对于这样一个据说是从企业管理中借鉴的，对于教师的工作积极性具有极大的促进作用的制度，教师并不是非常认同。

　　在现代社会，人总是要在组织生活与个人生活两个世界中生存，制度的规约力量可能倾向于取消人的个性化生存方式，而主体的思想与生活方式也可能抵制与之相冲突的制度类型。相对于制度的组织化特点，教师的生活世界带有更多的个体自由性，而组织和制度一旦形成，便具有一种凌驾于个人生活之上的力量，把体制中人的生活齐一化。当个人的价值观与制度的价值取向一致时，便形成合力；反之，便是潜在的对抗。因此，当学校制度漠视了教师价值认同，或者试图强制扭转个人的习惯、宰制个人的生活时，就会扼杀教师的主体性和教育的创造性品质。"更高级的行动是由这样一种体制培育出来的，在这个体制中是以现代西方文化中的活力和事业心来抵制以前各个时期的懒散和僵化的。"① 如果体制忽视了对人的心灵的关照，就容易造就在遵章守制名义下的例行公事，以及在表面的合作情形下教师心里的冷漠与抵制情绪的潜滋暗长。

---

　　① ［美］T. 帕森斯：《社会行动的结构》，张明德等译，译林出版社2003年版，第177页。

二、机械规约制度下的教师文化表现

现代管理技术的盛行似乎已经成为社会发展的重要标志。"规诫权力在历史中发展了精致性的技术，包括对活动加以强制的时间表，对行为表现进行监控的监督措施，擢拔驯服者、淘汰不驯者的考试算度机制，引诱和强制的各种奖惩制度，强化道德控制的规范设定。个体不断地被诠释、推论和建构，逐渐地成为一种被生产的产品，规训技术构成了个体的欲望、意图、关系、精神甚至身体。"① 机械规约的管理方式压抑了心智理性在教育事务中发挥作用的机会，导致了教育管理如工厂甚至监狱管理般的"没有理性的合理化现象"。教师的心智和文化品位逐渐衰竭，他们不再自由地表达思想并艺术化地创设教学情景，也不再愿意为学生的成长承担学校以外、课堂以外甚至是学科知识以外的责任。教师在日复一日的制度化的服从中迷失了自我，丧失了教育者的热情与激情，变成了"单向度的知识传递者"，教师自身的教育热情、人文精神和自由意识渐趋消失，这是教师劳动的异化与教育价值失范的最危险的信号。

A 学校的校长是因为在其他学校任校长多年，政绩不错而被调入这所学校的。新校长上任后，充分地借鉴原来学校的工作方式和管理经验，出台的一些新的管理制度基本上也是原学校的制度的翻版。

为了促进教师的合作，提高课堂教学质量，A 学校出台了"集体备课"制度，学校规定每周四下午第四节课是集体备课时间，要求学科组全体教师参加，主要内容是总结回顾一周教学情况，交流课堂教学的心得体会、学生的学习和思想情况等。校长从这项制度在原来学校中运行的经验和成效出发，坚信这项制度在本校也能取得良好效果。然而，由于事先没有做好教师的思想工作，在教师感觉很突兀的情况下硬性地将学科组的所有教师聚集在一起集体备课，教师没有对集体备课的必要性的价值认同，实施的效果也不是很理想。

下面是一次集体备课过程的记录，笔者并不是以纯粹的旁观者的身

---

① 金生鈜：《规训与教化》，教育科学出版社 2004 年版，第 24 页。

份，而是干预性地参与了这次英语学科组的集体备课活动。

学科组长先讲"六一"儿童节的学校安排，然后要求笔者给他们评课，对他们的教学提出具体的建议。笔者针对具体的课堂教学问题谈了几点个人感受，包括形式化的互动、情境因素的处理、关键教学时机的把握等，都是教师在课堂教学中真实存在的问题。而且，为了减少教师心理的紧张与不适，对个别人存在的问题尽量当作面上的问题处理，不提及个人。在完成这个任务之后，下面才是谈话的重点，笔者希望引导他们建立真正的集体备课制度。

> 笔者：我想说的最后一点，也是最关键的一点就是看看我们学科组之内能不能建立一种互相听课与评课的制度，每个老师都有自己成功的教学经验，我们能不能将这样的经验拿出来与大家分享，有些老师的课堂教学的成功之处恰恰是某些老师教学中最大的欠缺，如果我们能实现真诚地互相学习和帮助，建立学科组范围内的学习共同体，我相信对我们每个人的课堂教学一定会有很大的改善。现在大多数教师将自己教学水平提高的希望寄托在外出培训和理论学习上，其实，更大的发展资源往往就在我们同事中间，关键是看你能不能充分利用。所以，我有这样的不成熟的想法：我们老师之间能不能通过集体备课、互相听课、共同评课来达到提高课堂教学质量的目的。比如说，B 老师和 C 老师教同一个年级的英语课，进度也差不多，互相听课、多多交流肯定会对各自的教学有很大改进。
>
> C 老师：哎，我们小学老师事太多了，现在的学生又难管，时间太紧张了。
>
> A 老师：其实每个老师在教学中都形成了自己的教学方式，每个人都有自己的一套，别人的不一定对你管用，即使你真诚地建议别人改变教学，别人也不一定愿意接受。
>
> 学科组长：你的意见是很好的，我们学校已经建立了集体备课制度，但由于条件的限制还没有真正地完善起来，真正按照你

的想法实施起来肯定会对我们的教学有很大帮助，只是由于目前
学校的条件和师资状况，老师的教学任务太多，各学科教研室都
是混杂的，时间和空间都不允许，等学校条件改善以后，我们老
师之间就会有更多的交流机会了。

下面是很长时间的沉默，大家似乎都不愿意就这个问题深入交流下
去。然后话题就转开了。有的老师抱怨学生对英语不感兴趣，但接下来并
没有如我期望的谈论怎样提高学生的学习兴趣，而是抱怨目前的考试体
制，有的老师认为只要把一门学科作为高考科目，就很难使学生真正地发
生兴趣。有的认为我们国家对英语过于重视了，甚至对英语的重视程度超过
汉语，这是不正常的。有的老师认为英语应该以选修课的方式开设。……谈
来谈去，都绝口不提如何提高学生对英语课的兴趣，话题总是在课堂教学
的外围打转。后来因为一个老师正在看报纸，给大家读了一则报纸上的新
闻，于是大家开始聊时事、聊社会，气氛重新热烈起来，大约一个小时的
集体备课时间就这样过去了。

有人曾经对教师在办公室的谈话主题做过调查，结果表明，在国家政
策、学校制度、教学技能、学生、同事、日常生活、自身利益、社会热
点、学生家长九个主题中，教师在办公室中谈论最多也是最集中的话题是
"自身利益"和"日常生活"，约分别占九个言语类目累积频次的23.54%
和21.16%。"学生"和"教学技能"在教师言语的累积频次中居第三位
和第四位，累计频次的比例分别是15.87%和12.17%。而且教师谈论教学
技能方面的内容大多都在学校规定的时间内，如学校组织的教学观摩之后
或业务学习时间①。也就是说，有时候即便有了特定的教学制度，但却没
有制度赖以存在的绩效文化，制度也难以发挥作用。教师没有对制度的价
值认同，就会成为外在于制度的游离的因子，甚至是与制度相抗衡的反作
用力，制度的存在也将有名无实。学校出台的集体备课制度无非是为了促

---

① 周润智：《被规约的教师职业——知识制度的社会基础及其表现》，博士学位论文，南京
师范大学，2002年，第120—122页。

进教师在教学中的合作与交往，然而，从上述的集体备课过程来看，由于没有对集体备课制度的价值认同，教师的合作与交往都是表面化的、形式化的，甚至是与课堂教学无关的，对个人的发展也是无效的。那么，在规定的集体备课时间之外，在非正式的场合，教师之间的交往又是怎样的呢？

经调研发现，A学校的教师尽管有的人相互之间私交很深，但很少探讨专业问题。尽管教师教学水平差异很大，但教师之间很少有帮带或者合作的关系。即便是相濡以沫的夫妻，也很少就课堂教学问题交流个人意见。

外语教研室有一对夫妻，二人同年被学校聘为英语老师，且任教于同一年级的平行班级，在教研室二人的办公桌也是紧挨在一起的。夫妻二人有过同样的受教育经历和工作经历，共同上班、下班、面对同样的学生和同事，但教学成绩却差别很大，丈夫的成绩每次在平行班级中都很突出，都是第一、二名的位置，而妻子任教的班级却成绩平平。私下里向其同事打听两位老师的情况，言及："都说夫妻性格是互补的，他们两个在教学上也好像是互补的，教学的表现一点儿都不一样。"

带着对这种"不一样"的困惑，我深入听取了夫妻二人几节课，结果发现即便是同样的教学内容，夫妻二人的课堂氛围、教学方式都截然不同。在听完了夫妻二人同样的课程内容以后，我与二人进行了交流。

笔者：你们两位不愧是夫妻啊，真是志同道合，是不是在同一个年级教同样的学科会有更多的共同语言啊？

D老师：一样的。

笔者：我听了你们两人的课以后，有这样一个感觉，因为二位都是咱们学校比较优秀的骨干教师，有着丰富的教学经验，也都形成了自己的教学风格，在二位的课堂中我还发现了另外一方所不具有的一些优点或者说是优势，我当时在听课的时候就在想：你们二位的关系应该比其他人更方便交流，如果你们能彼此借鉴，优势互补，是不是能对提高课堂教学质量更有效呢？别人很难有你们这样多的交流机会，你们夫妻应该就是一个很好的学习共同体，不知道是不是也经常就教学问题进行探讨呢？

E 老师：在学校上完课回家很少谈教学上的事情。

笔者：D 老师今天也和我一起听了 E 老师的课，可以说 E 老师的课和你的有很大不同，你感觉 E 老师这节课上哪些环节处理得比较恰当，哪些又是需要改进的呢？

D 老师：她对课堂细节的处理一贯和我不一样，我感觉她这节课尤其没有放开，感觉什么都不敢放，好像怕放了就不能控制了一样，整节课也就那个小男生提的那个问题还有点儿意思，可以说是一个激发学习兴趣、实现思维跳跃的很好的时机，但是处理地过于保守，是我的话我也许就把回答的权利都交给学生，回答错了也不要紧，关键是要让他们敢说。

E 老师：我们班的学生不一样，这个班的风气本身就是比较沉闷的，他们没有形成那样的氛围。

D 老师：关键是你要引导，要大胆地给他们机会。

……

笔者：可以说两位老师对一样的课堂教学总会有不同的看法，尽管是夫妻，但观点还是不同的，我觉得夫妻之间应该是互相扶持，在工作上也应该随时交流的，更何况你们还在一个教研室，还有集体备课的时间，是不是也能利用集体备课的时间，或者是在家里的时间，充分地交流，互相学习呢？

D 老师：回到家里自己备自己的课，也就是一些教学资料可以互相借用一下。

E 老师：我们两个人的教学表现很不一样，这是大家都知道的，所以我们也从来不刻意地模仿对方，再说有些东西是个人化的，别人学也学不来的。

跟夫妻二人谈完以后，我的心情异常沉重。由于学校管理者没有对教师进行专业合作方面的价值观念的引导，而教师自身又缺乏对合作发展的重要性的认识，因此，即便在学校提供了集体备课时间的情况下，教师之间也很少就课堂教学中的问题进行交流。机械规约的制度无法得到教师主体的认同，也不能带来预期的行为转变。

教书育人本来是教师的神圣职责，课堂是教师教学生活的最重要场域，对教师具有个体生命意义。教师理应从自己的职业中体会到身为教育者的自豪感和愉悦感，而忽视教师的价值体认的机械制度剥夺了教师自我发展的主体责任感，使教育沦为机械地操持和算计，使教师的劳动处于一种异化状态。异化了的教育把遵规与成绩看作教育成功的标志，目的是把鲜活的个性打磨成浑然的共性，在其中甚至看不见人性化的主体。这不免让笔者想起了那幅名为《开学与毕业》的漫画，"开学"时学生的脑袋有圆形的、三角形的、四边形的，各式各样，到了毕业时就变成清一色的方方正正如计算机显示屏一样的脑袋了。

下面是一节英语课的教学实录：

师：上节课给同学们布置了一个作业，要求大家把自己的全家福照片带来，带来的请举手。哦，有好多同学把自己的全家福照片带来了，真不错。现在让我们通过照片认识一下这位同学的家庭成员。

（老师走到学生中间，拿过了一位学生的全家福照片，开始提问。）

师：Who's he?

生：He is my father.

师：Who's she?

生：She is my mother.

（老师又以同样的问题提问了几个学生，其中有的学生在代词的运用上出现问题，老师随即纠正。）

师：请同学们注意代词的运用，这是我们以前学过的内容，我们知道母亲是女性，所以用来指代母亲的代词应该用"she"而不是"he"，请同学们跟我读。

师领读：She is my mother.

生齐读：She is my mother.

领读几遍以后，老师继续拿着同学的照片提问了几个学生。然后让同学之间对话，指明几位同学提问，让他们走下座位，随机选择一位同学的照片对同学进行提问。一切都按照预期的程序进行，但是中间出现了一个小插曲。一位同学按照常规完成对话后，又冒出一个问题。"Who's the boy?"被问的同学一时之间回答不上来。一下子程序化、平面化的课堂出现了认知冲突。学生的精神一下子活跃了起来。老师鼓励了那位学生勇于质疑的精神，然后就开始给学生讲解对这个问题的回答方式。

师：同学非常勇敢，也非常聪明，他大胆地向同学提出自己的疑问"Who's the boy"，那么我们应该怎么回答呢？

下面有学生已经说出了正确答案，老师将正确答案告知学生，然后课堂教学按照原来的教学设计继续进行。

照片中的一个小小的婴儿引起了学生的兴趣，我们如果把它与站在教室中的小学生两相对照，这样一张小小的照片不仅仅可以作为句型练习的素材，在"It's me"这样一个知识点的学习以外，婴儿到儿童的成长过程以及照片中蕴含的亲情也许具有更大的价值。而上述教学案例过于重视知识目标的达成，而且在整个教学过程中只看见知识的传递与接受，课堂中一些人文性的发展资源没有得到充分利用，没有对学生情感、态度方面产生一定的影响，只是作为知识教学的辅助手段而存在。

康德曾说过，人是两个世界的公民，一个是日常的经验世界，即自然世界；一个是灵魂和精神的世界，即自由世界。人类在物质世界与情感世界的二维存在决定着教育者在完成知识传授的任务的同时，更要关心学生的情意层面的发展。要求教师不仅仅是一个被法定知识规约的"经师"的角色，而更应该是一个以自身的文化修养与向善情结来阐发社会理想，引导学生精神性发展的"人师"。"经师"职业发展的主旨在于严格奉行普适性的教育"规律"，对学生进行机械地操练，而"人师"却将职业目标定位于寻求情景化的教育意义，引导学生对学习及生活的人生体验；"经师"教给学生的知识仅仅是一种"考据之学"，而"人师"教给学生的学问则包含着"义理之学、性命之学"；"经师"将培养学生的规格定位于"记诵之学"的狭小范围内，对他们来说知识分子"读书为积累知识，以此谋衣食之资"；而"人师"的教育目标是要培养"经世致用"之才，对他们来说，"读书为体悟学问，以此明做人之道"。

教师职业本来是为了学生的发展而存在，而非以制度的遵从和成绩的提升为目标。然而，在异化的劳动状态中，教师从学校发展的主体场域中退出，沦为"打工者"的身份，神圣而富有生命意义的教书育人的活动沦为机械化的"操持"，在各种制度的规限与量化考评手段的促动下，教师为了各项任务的完成和学生成绩的提升而疲于奔命。长此以往，初任教职时的饱满热情与神圣的使命感被消磨殆尽，职业倦怠感相伴而生。这样的学校教育就如同米尔斯所想象的"配备了船役奴隶的船"①，船桨的规律运动使船役奴隶沦为机器上的齿轮，他们甚至不必清楚地知道船的行驶方向，方向自有船长把握，而他们的劳动只受监工的暴力威胁。刚性的学校制度也体现出一种划桨式管理而非掌舵式管理的管理理念，受过许多制度规约的教师也如船役奴隶般限于盲目的、机械的劳动状态，同样不能参与学校发展的规划，在其中，他们只是被规定了的角色，却永远也不能与规定者共享规定的价值。

制度建设成功的奥秘不在于形式的完善，而在于催生内在的尊规（尊重规则）精神和遵规意识。也就是说，要保证制度的有效运作，必须以对主体性思维和生存方式的尊重和引领为前提，以民主协商的运作方式保障制度的效力，一方面使得个人能在体制的裹挟中拥有足够的个性化生存空间，另一方面又激发了整个群体对制度建设的主体责任感。控制取向与规约性的管理制度只能导致程序化的教学与工具理性的教师，在这样的情况下，即便是人在课堂，而教育者与受教育者的灵性却已退场。规约的管理

---

① ［美］C. 莱特·米尔斯：《社会学想象力》，陈强、陈永强译，三联书店 2005 年版，第41 页。

制度在提高教育的理性化与效率追求方面发挥了很大的作用，顺应了特定历史时期对知识和效率的追求，而当社会对人才的要求提高到综合素质乃至个性的层面以后，就需要从创新精神、实践能力以及个性发展等人文视角对教育管理的价值取向进行重新解读。制度立意和作用点的置换是社会发展对教育管理的全新挑战。

第三节　制度立意：从机械规约走向人文关怀

教师管理制度理应具有两方面的基本功能，一方面是对教师进行奖惩的依据，但更重要的一方面恰恰是通过奖惩展现对教师发展方向的引领。而过分规约与量化考核的制度仅仅是一种出于控制的目的而提炼成的技巧，更多地表现为一种算计的伎俩，最大的价值不过是发展了人的工具的性能和功利的动机（如果这勉强可以算作价值的话），而放弃对教师的自我实现能力尤其是人文关怀精神的培养。如果学校的评价体系过分地纠缠在数字、分数、排名等量化的层面，甚至将这样的评价手段与教师聘任制、落聘制、下岗制挂钩，全然不考虑教师的工作热情以及教育成果表现的滞后性，那么教师的专业发展至多只能是教学技能的增长，任凭领导者将素质教育的口号喊得多么响，数字化的评价指标下只能成长着永远的"教书匠"，教师即便获得了精湛的专业技能，却永远也无法形成专业的教育精神——那种以人性的成长为出发点和旨归的教育精神。

教育活动是一个涉及多主体、多因素的复杂活动，必须合理地组织各个成员的行为，理顺分工协作关系，才能保障学校秩序的正常运转。"通过制度的作用，能调控各种组织内部的纵向和横向的关系，使系统不断抑制和克服消极因素，保护和弘扬积极因素，这样才能使管理包括教师管理工作进入稳定高效的运作状态。"[①] 然而，制度的存在毕竟只是手段而非目的。学校教育与企业生产的不同之处就在于目标的不可限定性，准确地说

---

① 袁小平：《从对峙到融通——教师管理范式的现代转向》，湖南师范大学出版社 2004 年版，第 174 页。

就是学校所致力于达到的人的发展目标的不可限定性。教师不可能如工人一样通过标准化的工作流程机械地复制学生的认知与情感。学校教育既然以人的发展为目标，而人的发展很大程度上是能预期和引导却不可限定的，教育活动作为促进学生成长的主要途径，是一种需要创造性和智识的工作，是具有很强烈的人文意义附着其中的，而过度的制度规约容易造成教师僵化的行为和思维模式，使他们失去创造性解决问题的愿望和能力。

一、重视制度建设中的教师认同

完备的管理制度历来是学校管理的重要举措和努力方向，也被很多学校看作管理科学化、精细化的体现。在教学改革过程中，各学校都注重从政策和制度的层面保障教育改革的进展和教学成效。

在2012年12月—2013年5月开展的山东省课堂教学改革调研过程中，为了全面了解各学校的政策制度的制定及落实情况，我们从先进性与规范性层面对各学校的政策制度进行考察：一方面通过问卷形式考察教师对教学制度的主观评价，另一方面通过教师访谈了解教学制度的执行情况。问卷统计结果如表2所示。

表2　　　各地市课堂教学改革制度的描述性统计结果（M ± SD）

地市	被试	先进性		规范性	
		M	SD	M	SD
A	136	4.73	0.56	2.63	0.70
B	76	4.66	0.74	2.63	0.83
C	87	4.87	0.43	2.78	0.58
D	71	4.86	0.39	2.65	0.59
E	39	4.33	0.81	2.41	0.88
F	35	4.83	0.51	2.88	0.33
G	59	4.88	0.33	2.80	0.41
H	56	4.76	0.59	2.82	0.39
I	67	4.95	0.21	2.88	0.54
J	39	4.79	0.47	2.46	1.05

地市	被试	先进性		规范性	
		M	SD	M	SD
K	59	4.93	0.25	2.83	0.50
L	58	4.97	0.18	2.88	0.33
M	60	4.76	0.43	2.82	0.39
N	58	4.45	0.83	2.41	0.88
总分	900	4.78	0.53	2.70	0.65

注：按照调研先后顺序排序，各地市代号如下：A—济宁，B—泰安，C—淄博，D—滨州，E—枣庄，F—临沂，G—德州，H—聊城，I—莱芜，J—日照，K—东营，L—潍坊，M—青岛，N—济南。

1. 先进性

先进性指标主要用来评判学校的规章制度和课程改革方向的吻合程度。调研发现，几乎所有的学校都制定了促进课堂教学改革的规章制度，在保证课程开足开全的基础上，对课堂教学进行精细化管理。出台的相应制度包括：教研制度、集体备课制度、听课评课制度、教学督导制度、教学评比制度等。调研中设计了"学校的教学制度能够促进新课程改革"等题目来考察二者的吻合度，采用五点计分的形式。具体结果表明，山东省各个学校制定的教学制度与课程改革方向吻合程度是比较高的，平均分为4.78分，说明教师对学校的教学制度与新课改吻合程度的评分介于比较同意和非常同意之间。

2. 规范性

教学制度的执行状况反映了教学制度践行中的规范性。调研中设计了"学校制定的课堂教学改革规章制度能够很好地落实"等题目，采用五点计分的形式考察各学校教学制度的执行情况，得分越高表示学校制定的规章制度越规范，执行效果越好。具体得分（2.70分）介于比较不同意和不清楚之间（结果如表3所示）。这说明，各学校制定的教学规章制度在落实过程中存在一定的问题，其执行效果不能得到教师的普遍认同。教师访谈的结果也进一步证实了以上问题。有教师反映，其所在学校的教学制度有很多无法执行或根本无人执行，有的即便执行，也很难真正促进教师的课堂教学。

为了调查学校教学改革的制度化程度和教师参与程度，我们在调查问卷中设计了"学校制定了相应保障制度"和"学校在制定制度时征求过我的意见"两个题目，统计结果发现，教师对前一个题目的认同率非常高（比较同意和非常同意的占 97.4%），而对后一个题目的认同率非常低（比较同意和非常同意的占 3.0%）。这充分说明，各学校教学管理的制度化程度比较高，而在制度制定的过程中，教师的参与度却非常低：这一方面是因为一些教学管理人员在制度制定过程中没有广泛征求教师的意见；另一方面更主要的是因为教师对教学管理缺乏主体责任意识，认为自己只要按照学校规定完成教学任务即可，对学校教学改革相关问题漠不关心。

表3　　　　教师对教学管理情况的认知与评价（N=924；单位:%）

教学管理情况	非常不同意	比较不同意	不清楚	比较同意	非常同意
学校制定了相应保障制度	0.4	0.8	1.4	9.2	88.2
学校在制定制度时征求过我的意见	87.1	8.1	1.8	1.1	1.9

在教学改革过程中，行政指令和政策制度只能对教师的行为进行外部驱动，我们称其为教师教学改革的"外驱力"；而教师的主体意识和自我成就感才是教学改革的内部动力，我们称为"内驱力"。教师的教学改革行为是外驱力和内驱力综合起作用的结果。访谈过程中发现，由于在教学制度制定过程中没有广泛征求教师意见，导致一些教师对制度的认同程度偏低，使得制度的执行流于形式。如此，教师对教学改革的行政指令和政策制度只知其用却不解其意，其教学活动停留在遵章执行、机械模仿的层面，自然难以体验到自我价值和成就感的内部驱动。

合理的教师管理制度应该以教师对学校管理理念的认同为出发点，在执行过程中应该对教师的情感予以尊重。得到教师认同的管理制度才能对教师教育信念的发展起到积极的促进作用，从而形成学校整体的文化凝聚力，实现学校、教师、学生的整体协同发展。从教师管理制度建设的目标来讲，既要体现惩戒和规约作用，也要有导向和促进作用；从制度建设的类型上来说，既要发展日常教学与行政的考核与奖惩制度，也要使教师的专业学习和进修等活动制度化；从制度建设的立足点来说，既要看考核与奖惩制度是否可行，也要看能否得到教师心理的认同。常言道：使人畏之，不若使人服之；使人服之，不若使人信之；使人信之，不若使人乐之。只有从教师主体的发展需要出发，真正体现出对教师的人格尊重和人文关怀的制度才能得到教师的认同和有效贯彻。

二、规约性制度向引领性制度转变

现代科层体制下的学校制度大多采取的是后顾和规约的管理模式：主要以教师过去和当前的行为表现为评价依据，而不注重对教师未来发展方向的引领；着重规范教师的日常工作与教学行为，而不注意为教师的自主发展创造空间和可能性；重点发展教师考核和淘汰制度，而对教师培养和培训制度重视不足。

教师处于科层管理体制的底层，其行为受校长、教务、总务等处室行政人员控制，受备课检查制度、作业布置与批改规定、坐班考勤制度以及各级各类排名评比的约束。硬性的指标要求与专业人员的自主精神以及教学风格的多样性形成矛盾。每个不想被制度排挤、取消资格的人不免要在一定程度上放逐自己的专业权利，由此导致哈格里夫斯所定义的"教师文化中的殖民主义"——教育行政部门强加于教师及教学上的各种目标，教育界的官员和领导们强行推动的各项改革，以及实施这些改革所采取的强行方式干预了教师文化的自然形态和对教师文化的理解与研究[①]。比如，一种新的教学模式也许在一定层面上经受了理论与实践的检验，可以有效地促进教学的发展，但制度化推进却可能会造成教师的负担。尤其是辅以量化和程序化标准强制推行时，就容易与丰富的现实教学情景形成矛盾，而且，成熟教师在长期的教学过程中早已形成了个人化的教学风格与实践

---

① 李方、钟祖荣主编：《教师专业标准与发展机制：教师专业化国际研究译文集》，北京出版社 2004 年版，第 256 页。

经验，如果不考虑教师的实践经验和教学风格而硬性推广一种教学模式，就容易导致教师所倡导的理论（espoused theories）与所采用的理论（theories – in – use）的对峙与冲突，即便教师采用了此种教学模式，也往往使教学过程徒具此种教学模式的外壳，而不具备实质精神，最终也无法取得预期的效果。

理论界所倡导的启发—引导式教学、活动教学、合作教学等教学模式在现实课堂中的形式主义遭遇，一定程度上也与硬性的制度推行策略有关。为了满足新课程改革中科际整合和综合实践活动课程的要求，各学校也出台了教师合作化发展的制度，要求集体备课、指定老教师对新教师的帮扶任务，为教师硬性地拉帮结对。但是，如果此种合作形式不是出于教师自主的专业发展需要和自然的合作愿望，教师就仅仅是为了合作的要求而合作，而不是为了发展的目标而合作。

制度的制定与完善是任何现代学校教育管理的必然要求，而教师行为的机械与呆板却并不是制度化学校管理的本意。通过制度的建设不仅可以达到压制、防范、规训等目标，而且还具有促进、激发和解放等积极功能，教育管理的思路应该从后顾的、规约的模式中解放出来，发展一种前瞻的、促进的管理模式。尤其是对于具有高度自我实现需要的专业化教师群体来说，更需要避免制度对教师自主精神的制约，通过制度的完善达到促进教师专业发展的目标。为了不让教师掉进一个矛盾重重、暗淡无光、毫无自主性可言的制度管理的泥淖之中，为了真正激发教师的专业发展动力，必须将制度建设的重点转移到教师的培养、培训制度与发展性评价体系的建设上来。而且，在培养与培训过程中，不仅要重视教师的知识和能力的发展，更重要的是要促进教师文化等精神和理念层面的发展。

发展性教师评价体系本身就意味着学校管理理念与目标的调整，面向未来、促进每位教师的发展是教师评价的根本目标。在发展性评价体系的建设中，应该将促进教师的专业发展作为学校制度建设的首要任务，并通过有意识、有目的的管理，帮助每个教师获得成功，实现自身价值，从而满足教师这一特殊群体的创造、成就、自尊、荣誉的需要。对于这样一个自尊自立意识极强的专业群体，最有效的管理策略是发展卓越，以卓越引领群体发展，而不是打击后进，使人人自危，并互相排击。美国纽约市教学委员会主席小路易斯·V. 格斯顿（Louis V. Gerstner Jr. ）曾说过，如果我们不对卓越加以奖赏，那么收获的将是平庸。对教师这样的职业群体的管理，最有效的手段应该是以卓越引领平庸。

前瞻与促进的管理模式培养的是民主、自由、主动、进取的学校教师文化特征。加拿大学者威特贝格将教育的目标定位于"解放、整合和信仰"三项，所谓"解放"，是指教师要从陈旧的观念、错误的信仰和消极蒙昧的迷雾中走出来。所谓"整合"，是指要为思想观念提供一个正确的理论框架；所谓"信仰"，是指信仰合乎理性与道德的理想①。在相当程度上，教师的首要工作是向学生尽可能地展示一个理性的行为主体是如何思考和行动的，因此，只有当教师能果敢地追求自由与创新的思想，进行自由地探索实践的时候，才能为学生思想的解放创造机遇和空间。而只有教师具备自主的专业权利与自我专业发展的动机时，才能在摆脱规训的同时真正地解放思想，否则，没有思想和主体性的教学机器只会在控制中享受控制，一旦控制被取消，他们甚至连行动的方向都会迷失，又如何对学生进行引领。因此，学校教育的首要目标应该是主体性与创造性的发展，而这就需要机械规约性的制度的转向，需要尊重教师自主精神、促进教师专业发展的制度的出台。

为了避免新的教师专业发展制度落入形式主义的窠臼，成为外在于教师的、仅为制度化管理的实现而出台的制度，需要在制定教师专业发展规划的过程中真正地从教师的主体立场出发，而不是将教师置于待控制的客体地位。要充分地调动教师的主体性和能动性，由学校与教师共同商定学校与教师"双赢"的教师专业发展规划，这是实现教师专业发展目标的重要保障。在这一方面，澳大利亚对中小学教师实行的目标管理、民主管理和自主管理相结合的管理方式为我们提供了很好的范例。联邦政府教育部统一制定了一套评估指标体系，在此基础上，各州教育部根据教育部的评

---

① ［加］N. 戈培尔、［英］J. 波特：《教师的角色转换》，万喜生译，湖南教育出版社1991年版，第50页。

估指标并结合本州的教育实际，制定各自的管理和评估指标体系。教师根据学校的教育教学任务和自己的教学计划，提出自己的工作目标，最后与学校共同确定。教师执行和实施教育教学的过程，实际上就是民主管理和专业自我规划的过程①。只有当教师作为专业发展的主体真正地对自己的专业发展负责的时候，自由、自主的专业化行为与持久的专业发展动机才能产生，学校的可持续发展的目标才能得以实现，这样就使得教师发展与学校发展的总体目标保持一致，在实现教师专业发展的同时也实现了学校的教育目标和相应的管理目标。

真正高明的管理理论是"以柔克刚"，是"无为"中的"有为"。对于自主意识强烈的知识人群体，温和的柔性引导在某些方面比强硬的刚性规约具有更好的效果。当然，这并不是说对规约性制度要全面废止，由于人性永远不可能尽善尽美，必要的规约可以减少个体的非理性行为和教育中的无序状态。在这个意义上，规约的存在是必要的。我们要结束的是规约性制度无孔不入、一统天下的局面，将教育管理从细化、量化、控制、规约的技术性价值取向的牛角尖中解放出来，发展教育管理的人本性价值观念。赵汀阳认为："社会的各种制度最终是为了给幸福生活创造条件，而不是为了社会制度自身的效率，社会是个难养的怪物，它为生活提供服务，但很容易发展成为社会机制为自己服务。"② 法律、制度的形式正义和实质正义的冲突在学校教师管理制度中同样存在，理性的管理者必须警惕：不要让制度的形式目标遮蔽了人的幸福与发展的终极目的。

---

① 教育部外资贷款办公室：《澳大利亚的教师教育与管理》，《基础教育参考》2004 年第 Z1 期。

② 赵汀阳：《论可能生活》，中国人民大学出版社 2004 年版，第 163 页。

第六章
教师文化建设的主体性制约因素

机械规约的学校制度与教师的专业教育问题是制约教师文化发展的现实因素，也是教师文化建设可资利用而又亟待改进的外在环境条件。除此以外，教师文化建设还受主体自身因素的制约，教师在教学生活中需要应对冲突的价值世界，一些教师在主体价值观层面也存在一定的问题。教师文化建设除了制度的完善与专业教育的改进以外，还要着重强化对教师价值观与精神的引领。

古代教师通过政统、学统与道统、入世与出世、智性与德性、信仰与理性等不同的价值选择规划自己的教育理想，在现实的教学生活中，无论是在课堂教学的层面还是人际交往的角度，教师依然面临着价值两难处境，古代教师面临的价值冲突在现代教育世界依然或隐或显地存在，只是价值世界中的主流话语与古代教师有所不同。

第一节 教学生活中的价值冲突分析

现代教育在国计民生与人的发展中担负着越来越重要的作用，各个层面的价值都期望通过教师的教育活动得以传承和发展。现实的教育世界看起来是仅仅有教师、学生和教育管理者三方参与其中，实际上承载着各种主体的价值期望。教育不仅仅是学生为了发展的目标而争夺教育资源的过程，而且是一个文化冲突、价值斗争的场所。不同主体的价值期望必然会对教师的职业生活带来深刻的影响，教师的教育活动在传递知识的外在形式之下，承载着各方面的压力，感受着教育世界的价值冲突与妥协。教师在教育官员、学校管理者、家长、社会、学生等不同的价值期望中努力挣扎，却面临着进退维谷的境地，找不到自己的出路在何方。

　　"一个有着教育官员街头的人指着'教育政策'、'教育目标'的指路标，命令他说：'你必须朝这个方向走！'另一个目标是学校校长的人指着'升学率'的指路标，以一种老板对伙计惯常使用的口吻说：'除了这一条路，你别无选择！'又一个据说是衣食父母的学生家长指着'升学之上，成绩第一'的指路标，诚恳地告诉他说：'从这里走，可以到达一个叫作明星学校的理想地方，这才是人生的正途！'最后一个告诉他应走方向的是一个怯生生的小孩，他说他是学生，指着空白的指路标腼腆地说：'先生，我看不懂上面写些什么，不过，我很喜欢这条路，它看起来又平坦又好走，我陪着你走一段好吗？'""一时之间，这位号称'人类心灵工程师'的传道授业解惑者，自己先迷惑了。他一面挣扎在'走这一条路'、'走那一条路'的叫嚣声中，一面扪着自己的教育良心低声问：我怎么办？在无力与无助中，他被四种——不，五种不同的力量撕扯着，他只觉得他好像犯下滔天大罪的重刑犯，在百口莫辩之下被判了五马分尸的酷刑。""五匹马将他拉向不同的方向，他连喊叫都来不及喊叫，他……"①

　　现代社会多元价值的共存加剧了教师价值抉择的艰难，要真正改进教师的精神状态，首先需要澄清教师价值取向上面临的困扰。就现实的教育生活来看，教师需要应对的主要价值冲突有以下几方面。

一、高尚道德要求与功利追求的冲突

　　与外部社会结构在持续的社会生产过程中复制自身的过程相似，文化也具有特定的社会再生产功能，即在社会空间中不断地将外部社会影响内

① 李国霖：《社会蜕变中的台湾学校文化》，福建教育出版社 1995 年版，第 143—145 页。

化，铭刻在行动者的心智结构和性情系统中。这样，文化就承担了使社会角色期望在实践者身上具体化的职能。也就是说，通过文化的熏染使社会实践者表现出特定的性情和精神气质。文化能够以生活方式、思维习惯、价值取向等符号化的内容界定社会等级甚至社会角色，成为象征化的、隐性的社会区隔标志。

作为社会职业中的一类，教师无疑比其他社会群体更多地接受学校教育，学校的长期教化与知识的熏陶导致了教师对精致社会秩序和生活规则的信奉，教师作为优势文化的代言人和真理的守护者而获致一种道德优越感和与大众的区隔感。这可以由文化社会学中"文化资本"这一概念来加以解释和说明。文化社会学将"文化资本"看作如"经济资本"一样的用来划分和区别人在社会空间中所处的位置的标准，拥有文化资本的知识人如同拥有经济资本的资产阶级一样与普通大众相区隔，经济资本通常以经济实力和生活的优裕程度为指标将人们划分为资产阶级与劳动群众，文化资本则往往以文化趣味和学历水平为指标将社会人划分为知识人和普通民众。知识人所拥有的丰富的文化认知和高雅的文化趣味也在一定程度上发挥着社会区隔的功能。

作为占有知识的教师群体来说，充裕的教育机会和丰厚的文化积累也使他们在精神上把自己与普通民众区隔开来，他们过多地接受了由主流文化型塑起来的行动方式、语言系统和思维习惯，而这些又客观地加深了教师所代表的文化优势群体与普通民众之间的隔阂。教师也由于其代表性的行为方式与精神文化特征而获得一种群体的归属感，获得一种极高的社会地位和价值认同。大多数人都将教师看作与"中产阶级"社会地位相当的职业，而教师在精神上也以知识的占有者和良知的守护者自居。

从知识与道德相关的通俗认识出发，也出于对教师所承担的引人向善的教育职能的考虑，公众将各种各样与德行相关的称谓加之于教师身上，这一方面体现了社会对教师所具有的高尚道德的认可，即承认教师在品德上比一般的民众更加优秀，是人之操守、道德、品性的榜样与捍卫者。但另一方面也是对教师职业生活方式的规约，即认为教书育人就是一种精神性的活动，世俗与功利的追求不应该是教育与教师概念的题中应有之义。

所以，尽管人们普遍地认为教育也是一种"服务"，但却一再强调它与社会上一般的服务的本质区别，即教育应当是远离世俗生活的崇高的精神服务，知识与金钱的交易总是比一般的商品买卖更为人所不齿。人们将教师经商或从事家教等功利性行为看作教师的"行为出位"，将教师的道德失当看作人类灵魂工程师的"灵魂出位"。

曾经有一则因教师"行为出位"而引发的声讨教师灵魂出位的案例，在 2006 年 7 月 24 日中央电视台新闻频道"社会记录"栏目以"法庭上的掌声"为题播出，在各新闻媒体和网络上引起与教师德行有关的讨论，甚至出现了"灵魂肮脏了谁来洗涤"、"师德何在"、"以救救孩子的名义救救老师"、"集体冷漠"、"立人还是吃人"、"群体冷血比个体杀人还可怕"、"丧钟般的掌声为谁而鸣"等相关评论。

　　　　浙江温州市七中未满 16 岁的女生吴雯雯，因为欠班主任的补课费 200 元，被班主任多次催讨未果。在期末考试中，她因中午刚洗的头发未扎起来被班主任责令扎好头发再进考场。她赶忙跑出校外买了辫绳扎好头发，老师又以其超过了规定的时间为由拒绝其入场。吴雯雯选择了投水自尽。吴雯雯的父母因此以"非法剥夺考试权"、"学校管理不当"等为由将班主任和学校告上法庭。法庭上，当被告的代理律师做了学校和老师"不承担法律责任"的辩护发言后，被告方来参加旁听的五六十名老师代表竟然集体热烈击掌喝彩。据了解，当时庭审现场击掌喝彩的除了温州七中的数十名教师外，还包括该校部分领导，甚至温州市教育局有关领导也在庭审现场并参与了喝彩。死者之父吴立俊拍案而起："我的女儿含冤而死，你们还这么高兴！良知何在？师德何存？"……

我们姑且不论教师的掌声是因律师的精彩辩护而起，还是因听了律师的辩护后心里的释然而起，但就这样的行为本身来说，是与德艺双馨的教育者的形象不相符合的，无论悲剧的发生应更多地归因于教师的行为不当，还是更多地归因于学生的心理脆弱，在悲剧的阴影还笼罩着痛失亲人的家长的心里的情况下，教师的击掌喝彩行为引发了一些指责和愤恨。因为按照常规来说，人们认定教师应该比常人具有更高尚的道德，更加有悲天悯人的情怀。一旦教师做出了与其应有的道德品质严重相左的行为，便引发了各界强烈的谴责和质问。教师的良知比普通人的良知更加为社会所看重，教师的道德失范更加为世人所不能容忍，教师的"灵魂出位"更多地受到社会舆论的谴责。

社会对教师的高尚的道德要求是无可置疑的，因为教师理应在精神上具有更高的优越性，才能真正承担起传承文化，引人向善的教育职责。这样的社会道德要求通常内化为教师的自我道德约律，对教师的个体精神发生着实质性的影响，教师个人也凭借内在的良知和社会道德要求对一些行为进行着"当"与"不当"的价值评判。在精神的世界里，理想的教师一直凭借着崇高的道德而居于思想精神的引领地位。但是，精神生活并不等于人的现实生活的全部，任何人都要在物质与精神的二维世界中生存，除了精神上的道德追求以外，教师也有正常的生活欲求，与教师凭借理想道德享有的崇高的社会地位不相符合的是，教师常常为相对低下的物质待遇而不平和自卑。尽管国家为保障教师的物质生活而一再提高教师工资，但教师的经济收入与同等教育程度的其他职业相比仍然偏低。尤其是在贫困地区，教师的生活依然拮据。一方面，教师享受着"蜡烛"、"春蚕"和"太阳底下最光辉的事业"、"人类灵魂的工程师"等赞语带来的精神享受，另一方面，教师不能仅仅依靠这些精神资源而"画饼充饥"，教师在奉献自己的知识和精力的时候也要考虑自己的物质报酬和经济待遇。教师不仅承受着"春蚕"、"蜡烛"所体现的理想道德的影响，也承受着社会多元价值观的熏陶和冲击。尤其是改革开放的深入与市场经济的发展，给整个社会传统的道德价值观带来了巨大的冲击，教师职业精神上的丰富与物质上的清贫的强烈反差使一些教师理想的天平开始倾斜，无私奉献的信念有所动摇。在社会转型期功利性价值观的驱动下，教师开始"忧道也忧贫"，从而陷入世俗利益与道德认知的冲突之中。

二、规范文化与精神自由的矛盾

教育的理想是通过主流价值的传递实现人的社会化目标，而这样的任务主要是由教师来承担的，教师的主要任务就是以主流价值教化年轻一代，规范其行为，塑造其价值观，引导其把外在的社会要求内化为个体的素质，成为合格的社会成员。相对于学生文化的不成熟状态来说，教师是成人社会规范文化的代言人。

因此，在教学过程中，教师被要求站在主流价值的立场上解读文本，在教学上倾向于维护标准化知识和遵循课堂教学常规，这使得教师在一定程度上成为文化价值和教学规范的"代言人"。因为他们为社会的主导文化价值代言，占据社会支配地位的生活方式、知识体系、思想观念、判断标准，通过一定的教育体制和制度对教师发挥着强制性的力量，也将教师束缚在常规界定和科学规范的工作方式上，如同美国学者唐纳德·弗里曼（Donald Freeman）所言："教师并不是因为对教育和教学的思考而获得报酬，而仅仅是因为从事教育教学的活动而获得报酬。"① 也就是说，教师不被鼓励对客观化的知识进行创造性的阐释和个性化的解读，教师被雇用的目的是提供给学生"标准"的知识和价值，他们的任务就是高效地"教"。教师被要求遵守课堂教学常规，他们的视野限定于狭隘的科目内容及其传授方式上，人们既不鼓励教师去探究这些科目内容的本真价值所在，也不倡导他们在教育活动中对学生生活世界的本体性意义的追问。教学被简单地理解为一种"存储行为"，"学生是保管人，教师是储户。教师不是去交流，而是发表公报，让学生耐心地接受、记忆和重复存储资料。"② 这就是弗莱雷所说的"银行储蓄式"（banking concept of education）的教育概念。

规范文化假定存在着一套唯一正确的、不以人的意志为转移的真理与价值体系，教师的任务就是要让学生接受这样的主流价值规范，即便是在

---

① ［美］Donald Freeman：《教师研究：从探询到理解》，外语教学与研究出版社 2005 年版，第 14 页。

② ［巴西］保罗·弗莱雷：《被压迫者教育学》，顾建新等译，华东师范大学出版社 2001 年版，第 25 页。

主体性教育思想的影响下摒弃了机械灌输的教育方法，教师被要求采用更为"巧妙"的方式让学生潜移默化地接受，但却并没有改变对主流文化唯一正确性的坚持。这样，无论是传统的灌输式的教育方式，还是渗透与引导式的教育方式，都是教师在标准化评价体制的压力下的规范学生的行为的过程，教师以规范的认知作为个体认知发展水平的衡量指标，以公共道德代言人的身份引导学生社会伦理的发展与价值观的生成。

如果在社会发展过程中存在着永恒不变的主流价值，或者是即便社会价值多元共存或发生变迁的情况下，学校与外部社会完全绝缘，那么，在绝对封闭的校园围墙之内的教师固然可以较好地为规范文化代言，而绝少体验到社会的多元价值的冲击，而现实却并非如此。教育传递给年轻一代的文化价值都受社会历史的影响，不存在超历史的、普遍性的文化价值，人们的价值观必然要随着社会的变迁产生一定程度的变化，或者是多元价值的共存，或者是主流价值与非主流价值在对抗的环境中此消彼长。真实的教育也并不是在真空环境中进行的，现代教育与社会的关系越来越密切，不仅主流价值的变迁会在教育世界得以体现，而且多元共存的价值也都会在不同的主体身上以不同的方式体现出来，尤其在多种信息来源的今天，学生因为拥有的教育资源的不同而表现出个性化的发展态势，对于同样的事物具有不同的价值体认，追求着不同的人生目标。这就对教师规范文化代言人的身份形成了强烈的冲击。

现代教育要求教师尊重儿童的精神自由，尊重他们的多元理解，珍惜儿童的个性化的价值体验，唤醒学生的自主意识、自主精神，给儿童自由发展的空间。也就是说，教师除了关注知识的传承以外，要更加珍视儿童的思维发展和创造精神，智慧探求和人生情趣。而规范文化过分地关注标准化知识、教条式道德原则，强调通过奖惩的手段来达到行为控制的目的，实质上却造成了对儿童的自由精神的奴役。"当一种规范完全贬低人性的尊严，这种规范的限制就不是建立在共同生活的基础上的，也就不可能是为着人的自我精神的创造的，这样的规范的存在及其限制就是一种为了外在目的的规训。"① 规训的教育方式因为限制了个人的精神自由，剥夺

---

① 金生鈜：《规训与教化》，教育科学出版社2004年版，第28页。

了个人的价值体验，正在受到越来越多的批判。

一方面是规范文化借助现代考试制度大行其道，教师为了学校的发展和个人的生存，必须固守规范文化代言人的身份；另一方面是儿童的主体地位的提升和主体精神的彰显，为了使儿童能够自由地思考、能够个性化地发展，创造性地生活，要求教师必须尊重儿童的独特的价值体认和个性化表达。这就不可避免地导致教师的价值冲突。在价值多元的今天，教师如何在保障学生精神自由的前提下发展学校倡导的规范文化，如何应对学生个性的表现与评价的标准化取向之间的矛盾，在真实的教学生活中，这种矛盾的存在经常使教师陷入左右为难、进退维谷的境地。

三、自主意识与合作要求的对峙

分工的细化和学科的分化导致了一体化教育职能的分割，古代"长者"和"士"群体承担的教育教学职能由经过专业培训的学科教师集体承担，这导致教师在职能分化的基础上形成学科边界意识。"在一个像我们这样的冲突如此频繁，职能分割如此众多的社会里，向大众个人开放的那些劳务活动，只要职业工作依然占据着人们日常生活的主要部分，就会要求一种或多或少狭隘的专门化；相对于单个人的诸多专长和爱好，它们只不过提供了相当有限的和目的单一的施展空间。这个由职能互济加上相对开放的机遇组成的社会，正走回一种机遇相对封闭的团契状态，在这样一个过渡时期，个人想要随意更换或扩展自己的职能空间，其前景总归是越来越渺茫。"[1] 班级授课的现实环境，进一步强化了教师对特定班级的教育职责，使教师之间在学科和班级成绩基础上产生隔离以及竞争意识。

根据现实学校组织结构的安排，特定班级特定学科的教学工作由特定教师全权负责的，备课、上课、辅导学生、批改作业等都是教师的个体工作内容。教师是具有高度的自我价值体验的职业群体，他们的自我效能感往往来自任教学科的地位和班级成绩水平，任何教师都希望自己所任教的

---

[1] ［德］诺贝特·埃利亚斯：《个体的社会》，翟三江、陆兴华译，译林出版社 2003 年版，第 34 页。

学科能得到更多的重视，或者更狭隘地要求自己所任教的班级能有更好的成绩，而相对忽视本学科以外的方面和本班级以外的学生的发展。一方面，不同学科教师之间在教学资源和教学时间上互相竞争；另一方面，同学科教师也在班级成绩上互相攀比。因此，教师极少产生集体协作的动机和愿望，教师习惯于依靠个人的力量完成自己的教学任务，很少想到从其他教师那儿寻求必要的支持和帮助，也很少考虑其他教师教育教学任务的完成。这种个人主义的教师专业发展倾向有利于教师对课堂教学的自主探究和创造，为教师的专业发展提供了个性化成长的空间。但是，这种独立性也容易造成教师交往中的自我封闭，甚至恶性竞争，不利于学生的均衡发展。

　　学科、教室、课时将教学工作划分为不同的范围和时段，而真实的儿童成长却是综合、持续发展的过程。理想的教育是没有边界的，具有伦理责任感的教师必须超越自己的学科，为学生的全面发展负责。这就要求教师摈弃狭隘的个人主义教学观，从学生发展和教师专业发展的角度出发，建立真实的学习共同体和教学共同体，在学科范围内互相帮助和学习，在学科之间互相理解和扶持，在学生道德教育和问题行为的解决上协同合作。在长期的合作中，教师不仅会从合作所带来的专业上的进步中受益，也会在群体中产生真诚、友好的关系，形成学校教师群体的凝集力。"不论社会关系的主要考虑是如何冷静的可计算性或目的理性（如同商人对待顾客般），皆有可能摄入情绪性价值，并超越功利性的原始目的。每种超越立即性共同目的的追求的社会关系，若持续一段时间让同样一群人交往，而且不是一开始便限定只在技术的范围内结合，多少会出现共同体的连带关系。"①

　　现实的教学组织形式和教师的个人价值体验强化了教学工作的个体性，而教育的无边界性和儿童的综合发展要求又对教师的工作提出了合作的需求。主动地寻求合作和帮助，容易使自身的成功经验被他人采用，导

---

①　［德］韦伯：《社会学的基本概念》，顾忠华译，广西师范大学出版社 2005 年版，第 55 页。

致自己丧失教学中的优势地位，也容易导致他人对自己教学能力和教学风格的质疑，使自己的自尊和自信受到挑战。而竞争和孤立的探究又是一种低效的工作方式，容易导致教师之间的冷漠和敌意，引发教师的孤独心理和职业倦怠感，并导致个人专业发展的停滞并最终妨碍了学生的均衡、健康发展。是固守课堂教学的"私人空间"，还是敞开门窗，真诚地邀请他人参与到自己的课堂教学中来，这也是教师在职业生活中面临的两难抉择。

以下是一位教师以文学的手法对残酷的竞争与合作的现实描述：

如今，教师之间的恶性竞争，已经使教师的身心健康有了不能承受之痛。

一、月考：你死我活的敌人

同备课组的老师，既是合作者、朋友，又是竞争的对手、敌人。平时嘻嘻哈哈，天空海阔，一旦到了月考，立马就成了乌眼鸡，恨不得你吃了我，我吃了你。月考哪里是在考学生，分明是在考老师，考老师的水平、能力、承受力、脑神经。好容易结果出来了，要比高低、比大小、比长短、比能耐，比得人心惊肉跳，比得人午夜惊魂。

考得好，你就是英雄，就是能人；考得不好，你就是狗熊，就是蠢蛋。有分数，就有地位；没有分数，就没有尊严。分数就是硬道理，分数就是生产力！如此恶性竞争，试问哪个老师不红了眼，哪个老师还有平和的心态？

二、统考：同仇敌忾的战友

忽如一夜春风来，人人脸上笑容开。当"内战"的硝烟渐渐散去，当所有的月考都成了历史，老师们才恍然发现，统考就要来了。统考还是比大小，比高低，不过由"内战"转为"外战"，和兄弟学校比，和兄弟学校的同人斗。"度尽劫波兄弟在，相逢一笑泯恩仇"。突然之间，往日的对手成了仗义的朋友，成了闺中的密友，我们休戚相关、生死与共、肝胆相照，只因为我们是同一条绳上的蚂蚱！

生存还是毁灭，这是一个值得考虑的问题。然而我们却只能成功，不能失败，我们的头脑里永远不能接受失败这个字眼，因为我们没得选择。

我们精诚团结、互相帮助、互通消息。夯实基础啊，分析考点啊，揣摩考题啊，补缺补差啊，忙得脚不点地。你生怕我有了遗漏，我担心你的身体吃不消；我们常常商量到点灯，我们成了陀螺，高速旋转，能量的挥发，连自己也惊叹造化的伟大。只是我们没有注意到自己的一张老脸，连赵家的狗看见了，都要夹起尾巴，落荒而逃。我们全力以赴，就为了能够比"友邦人士"多收三五斗。

三、高考：相依为命的病人

三年怀胎，一朝分娩。我们把考生送进了考场，互相鼓励着，近乎是相互搀扶，三年来铭心刻骨的斗争和三年来刻骨铭心的支持，早已经化成了热热的眼泪。我们病入膏肓，我们相依为命，我们眼睛花了，耳朵坏了，腿脚也开始蹒跚；但只要是高考的任何风吹草动，我们就会突然惊醒，两眼放光——像葛朗台听见狗在院子里打哈欠一样的警觉。我们中了毒，中得很深。对于高考，我们就像对初恋的情人，一样的痴情，一样的执着。

终于考完了，可怜的学生们开始焚书，当然不会坑儒——学生解放了；我们也在突然之间清闲下来。可我们一天也冷静不下来，天天奔走着互相安慰，互相宽慰，互相打气。然后分工打听，刺探到学生一星半点的消息，就跑得屁滚尿流，相互转告：或捶胸顿足，或摇头叹息，或手舞足蹈，或啧啧赞叹。短短20天的时间，做了好多大红灯笼的好梦，也做了好多全军覆没的噩梦……

对于高考成绩的期盼，我们就像祥林嫂对待魂灵的有无。既渴盼有魂灵，死了之后可以见到日思夜想的阿毛；又害怕有魂灵，死了之后被锯分给祥林和贺老六……然而高考成绩还是如期揭晓了，我们要不成了"范进"，高兴得发了疯，逢人就说，"好

了，好了，这下子好了……"要不潦倒得像"孔乙己"，脸上笼
上一层灰色，逮住几个学生，说："茴字有几种写法，不是早就
告诉你们了吗？你们，你们……"

这就是我们当前教师的竞争现状。很多老师面对残酷的应试
竞争，无奈、痛苦，甚至有一种绝望感，"然而，我们还在这样
的世上活着……"

教师被外部种种价值期望和自身的价值体验所困扰，既然无法从困惑
中解放出来，教师便在教学生活中放弃了理想价值的思索。"无法逃避放
弃又不得不逃避的对教学价值的思考就如同感觉被剥夺一样深深的折磨着
教师，'只有自己最清楚鞋子在哪里夹脚'。跛脚前行，不要问为什么，也
不管路在何方，尽量避免价值取向上的恼人的缠绕，全力转向课堂教学，
这似乎就是教师的唯一选择。"[1] 很多教师过的是一种无意义体验的职业生
活，在价值观念上表现出一些问题特征。

第二节 教师文化的主体特征

对教师的个人教学生活来说，价值冲突很多情况下是两难的选择，加
之教学中不确定因素的存在，我们很难用一种外在的价值判断去规范教师
所有的行为。而且，现实中也不是所有的教师都表现出齐一化的价值观特
征。比如说，有的教师在教学中具有独立探究的文化特质，而有的教师，
尤其是新手型教师的发展可能比其他教师更多地表现出与他人合作的倾向
性。我们从理想价值的角度透视教师日常的教学行为和观念系统，可以发
现在一些教师身上普遍存在的文化特征。学校教师文化建设要取得实质性
的进展，必须注重对教师价值观的引导与重建，以克服教师文化中存在
的，与理想的教育价值观不符的问题特征。

为了对教师文化特征进行"深描"，真实地展示教师价值观方面存在

---

[1] 徐继存：《思想不是现实的力量》，《当代教育科学》2006 年第 16 期。

的问题，我们选择办学条件和教师素质比较好的 B 学校为研究对象，通过访谈、调查的方法感受 B 学校的教师群体的文化氛围，并以此为标准推测一般学校的教师文化的特征。因为，师资和办学条件较好的学校中的教师文化问题必然在其他学校中也不同程度的存在着。

B 学校是济南市教育局唯一一所直属小学，学校始建于 1904 年 8 月，是第一批省级规范化学校。百年的文化积淀孕生了一批国际国内知名人士。近年来，在市教育局的大力扶持下，学校的发展更是日新月异，拥有雄厚的教育教学资源，教学设备先进，办学水平较高。

优良的传统与先进的设备必须与积极进取的人才资源相配合，才能最大限度地促进学校发展。然而，近年来，由市教育局唯一一所直属小学的特殊位置所决定，学校与市内其他小学缺乏必要的人员交流与学术沟通，学校氛围相对封闭，信息闭塞，学校凭借着惯性在缓慢运行。没有有效的机制来引导教师发展，年复一年，世俗世界的教学生活使得教师的精神追求受到现实环境的严重冲击。

当老师不容易①

自古以来，我国对教师的师德要求就是极高的。不仅把师德作为教师这个职业的职业道德，而且把它上升到中华民族传统美德的高度，因为教师担负着传承文明这个特定的历史使命。但是在我们国家，教师又没有能够成为最受人尊敬和羡慕的行业，很多家长嘴里喊着尊师重教，但并不愿意自己的孩子将来去做教师。所以，社会期望和教师职业真正的社会地位是不符的。

教师每天得面对那么多学生，下课又得面对领导和家长。每年有数不完的作业、试卷要批，要查，数不完的教案、论文要写，评教师资格、继续教育、新课程培训、教师专业技术职称、教师专业素养提升等。忙了一个又一个，考完一波又一波。教师队伍一有不良事故发生，就殃及全体教师受骂！哎，当教师容

① http：//blog.jsfx.net/blog/user1/165/archives/2007/1844.html.

易吗?

因此在开家长会时,面对那些望子成龙的家长,我也不是一味地强调他们的孩子是多么的聪明,多么的勤奋。我说作为教师没功劳也有苦劳。为了这个班我是多么的不容易,虽谈不上"呕心沥血",也快"筋疲力尽"了。又苦口婆心地告知家长,配合学校和教师的教育给学生营造一个良好的学习氛围,是家长的责任和义务。毕竟教育是一项"学生、家长、学校、社会"四位一体的活动。

分,分,分,学生的命根,又何尝不是家长和老师的心头痛,可是综观中国教育,中考要分,高考要分,越来越多的小学毕业生也因为要择校,被分数压得失去了很多童年的乐趣,并非是家长不心疼,更不是教师的心太狠,实则都是"分数"惹的祸。从某些方面来说,教师的不容易也因为学生的考试分数的压力导致的。分数不是现代学校教育所能左右的,考试成绩只是学校教育的一方面,许多老师都深有感触:现在的学生一茬不如一茬,越来越难教,越来越难管。为何呢?下面的一些说法或许能给我们些许的说明。

1. 以前,学生获取知识的渠道主要是老师。而现在,除了老师的传授以外,社会、家庭、网络、学生团体等,从各方面为学生提供了各种各样丰富的信息。老师不仅要向学生传授知识,还得不断学习学生可能从各种渠道得到的知识,这样才能帮助学生去其糟粕,取其精华,避免他们受到不良信息的侵害。操心呀!

2. 过去,学生犯了错误,老师一批评,学生立刻就不说话了。现在你要是讲不出让他心服口服的道理,学生会拿出一千条理由反驳你。而且你前面说了,他后面就忘记了,说是"个性"。这就要求我们与学生有更多的沟通,学会用学生的心态、现代的心态来看待问题。苦口婆心呀!

3. 老师工作的对象是人,而且不是使用、利用人,是为社会塑造明天的人,塑造优秀的人。我们总不能对明天人的质量好坏无所谓，这就难免对老师的要求太高了。老师，是普通人中的一分子，七情六欲、智长才短，都是很自然的。除了学校本身从一定的角度对老师有一定的评价观点，社会和家长对老师也从一定的角度有评价观点，何况现在的学生对教师的评价也不断地提升，不但看老师课教得好不好，还会看老师是否尊重他们的思想和观点，学生的独立认知意识越来越强。而学生没有标准模具，又是在接受了家长的第一时间教育之后才到老师这里来，老师要同家长协调、有时甚至是教育家长（往往比学生还难），还要再同社会的大课堂协调……教师本身也会成为家长，就大多数老师不是圣人这一点来说，太难了！累心呀！

有人说教师应该具有律师的口才，画家的妙手，歌星的金嗓，诗人的热情，骑士的风度……他应该是一个完美的结合体。可是别忘了，追求完美事物的人是愚蠢的人。（忘记是那位高人的话）

我们当教师都知道站好老师这班岗，真的不容易！此语一出，您能听到一片如涛之声四起。下岗工人高呼：知足吧，你，再不容易也比我们下岗工人好呀！推销员高呼：省省吧！再不容易也不用像我们风里来雨里去的。公务员大呼：有两个假期，多舒服呀，可以自由休闲。……教师的难只有自己知道。

但是，话又说回来，除了老师，做别的就不难了吗？做什么都难，都有一些老师没有的难处，但都一样，难，也有乐趣。难是哪里来的？不管你找不找它，都客观存在；乐需要自己找，慢慢感受。干好自己该干的，让乐的多了，难的也就淡了。

2003 年是 F 校长调入这所学校的第一个年头，很多教师对这样一位从一所小学校来的，30 来岁的名不见经传的女校长充满了猜忌和不信任，甚至出现了这样带有调侃性质的戏言："女人当家，房倒屋塌。"教师对外来的领导者充满了怀疑，对学校的管理普遍不热心，即便有意见也停留在私下发牢骚的层面，对校长和学校领导者更是敬而远之，不想使自己的意见通达于管理层面。在教师群体与管理群体之间似乎有一层天然的屏障，使教师难以逾越。

送花事件

2003 年的教师节，F 校长原来工作学校的一位老师给她送来一束百合花，托 B 学校的一名老师转交，这名教师非常紧张，早早地来到学校，等到没人看见的时候偷偷地把花塞给校长。据 F 校长说，那时在教师中存在这样一种意识，与管理者的接近被认为是一种讨好和奉承的行为，给校长送花也会招致"巴结校长"的"罪名"。

在平日的学校生活中，教师很少主动地向学校领导提出建设性的意见。并不是因为教师完全认同管理者的管理方式，也不是惧怕提意见得不到采纳反而招致领导反感和打击，而是教师的人际交往"潜规则"在作祟。教师群体将知识的传承作为自己的天职和唯一的价值体现，认定学校的发展与规划是领导的责任，教师倾向于主动地远离权力中心。

在那段时间里，F 学校的很多老师不仅对学校管理不热心，甚至对班级管理也没有积极性，很多老师不愿意干班主任，理由是班主任工作太累了，为了那么点儿班主任费，不值得付出那么多。很多教师只是满足于做好自己的本职工作，谁都不愿意承担额外的责任。教师凭借一种惯性应付着教学职业，职业倦怠感呈蔓延趋势，职业尊严感与责任感在某些教师身上严重缺失。

心肌炎事件

学校组织教师体检，老师们高高兴兴地走了，回来时却有十五六个老师闷闷不乐地找校长请假，原因是体检查出了病症，十多个老师都是得了同样的病：心肌炎，而且全是教语文、数学、英语等学科的骨干教师。那段时间，整个学校都被心肌炎的阴影笼罩着，似乎楼道里都弥漫着心肌炎的味道，老师们一有胸闷的迹象就怀疑自己是得了心肌炎。校长感觉很纳闷：难道心肌炎也传染吗？还是学校有什么能导致心肌炎的环境因素？这么多骨干教师请假，学校的正常教学还能进行吗？无奈之下，校长跟老师们协商，由学校派车送老师们到济南的大医院再次检查，如果确诊为心肌炎，不能让老师们带病参加工作，校长就允许他们请假回家休息，学校通过向社会聘老师的途径解决师资问题，老师们同意了。再次检查的结果证明，只有一个老师是真正得了心肌炎。后来学校与老师原来体检的医院取得联系，医院给出的解释是检查仪器出了问题。

经调查得知，这所医院是学校体检的定点医院，与学校存在着千丝万缕的联系，很多教师的家属就在医院工作。因此，心肌炎事件的出现到底是医院仪器的问题还是人为的问题很难考证。只是教师们的职业倦怠感却是真实存在的。美国学者帕尔默（Max J. Palmer）将教师职业倦怠感的产生归结为教师失去了心灵的力量："我们中的很多人，是出于心灵的原因，再加上热衷于某些学科、乐于帮助人们学习等愿望的激励而成为教师的。但年复一年，随着教学生涯的延续，我们中的很多人失去了这种心灵的力量。"[①] 教师的雇用意识使教师失去了对学校发展的主体责任感，对规则和标准的信奉使教师失去了创新的精神，人际关系的疏远、竞争和冷漠更导致了教师的教学生活与真实自我的分裂，市场经济的价值导向与教师的经济困顿使教师的内心世界经受着强烈的价值冲突。教师在教育中体验不到职业的幸福感和生命的意义，普遍处于一种"失意"的精神状态。

从老师给我们提供的在社会上广泛流传的两条手机短信中我们也感受到了教师教学热情的丧失乃至精神上的懈怠。（两条手机短信内容如下：1. 上告教委整死你，不服校长治死你，以人为本哄死你，竞争上岗玩死你，混蛋学生害死你，家长护短告死你，教学课改骗死你，绩效考评气死

———————
① ［美］帕克·帕尔默：《教学勇气：漫步教师心灵》，吴国珍等译，华东师范大学出版社2005年版，第17页。

你, 加班加点累死你, 落聘下岗吓死你。2. 校长贵族化, 教师奴隶化, 学生祖宗化, 人际复杂化, 加班日夜化, 上班无偿化, 检查严厉化, 待遇民工化。想翻身, 简直就是"神话"!)

面对学校教育中存在的问题, 教师表现出外部归因的倾向性。

曾经听过一节教学秩序相当混乱的课, 班额大, 女老师讲话声音小, 几个后排的学生可能因为听不清楚的原因, 课堂表现不佳, 不认真听讲, 或者切切私语, 或者搞小动作。可能是由于笔者的在场, 老师也没有对捣乱的学生大声斥责或严厉惩罚, 只是向捣乱的学生投去不满的眼光, 可是对于学生问题行为的制止只具有短时间的效果。整个课堂教学过程很不顺利。课后, 我与这位老师进行了短时间的交流。

> 笔者: 这节课的内容很有意思, "山沟里的孩子"(课文标题)的生活引起学生很大的兴趣, 他们感觉很新鲜, 表现得很活跃。
>
> G 老师: 这个班的学生就是这样, 有的太活跃了, 最主要就是东南角的那个学生, 自己听不懂还总是捣乱。
>
> 笔者: 那平时你遇到这种情况怎么处理?
>
> G 老师: 平时就直接点名批评他, 或者课后找他谈话, 可是没什么用, 他每次都是这样, 我都怀疑他是不是有多动症似的。

F 校长将教师的思想状况归结为一种"偏执、失落、无奈、愤懑甚至是绝望的情绪", 她说"虽然我们的教育并非十全十美, 但真的就丑恶到了这样一种无以复加的地步了吗? 答案当然是否定的。但是为什么我们的老师却热衷于此, 沉浸在对他人的调侃甚至是谩骂中去寻找心理的平衡呢"? 在她的博客中, 对"抱怨"形成的"灰色文化"进行了深刻的分析①:

---

① 张萍:《小议抱怨》, 2006 年 9 月 29 日, http://www.jsfx.net/zblog/u/2/default.html。

抱怨对自己来说是一种行为，在他人眼中，是一种现象，而对抱怨已经形成一定气候的团体中来说，就是一种文化了——一种灰色的文化。它对人的工作热情，特别是对年轻人的工作热情将会产生极大的极富杀伤力的影响。许多年轻人初到新的岗位，就是在这种抱怨的文化影响下无所适从，最后失去了前进的动力的……

对自己来说，抱怨是最简单也是最无效的办法，久而久之，这种心理暗示就会演变为一种心理定式，使自己带上有色眼镜去看待周围的事情，最终直接影响的是自己的身心健康，因为一切都不会因为你的牢骚满腹发生变化——教育现状不会改变，学校风气不会改变，而同事的性格、习惯等改变起来更是难上加难。有喋喋不休进行抱怨的时间不如换一种心态，积极投入地去做点儿事情，也许成功就在脚下呢！"牢骚太盛防肠断，风物长宜放眼量。"说的也许就是这个道理。

……

人们常说的，换一种态度，就会换一种人生，其意也就在此吧！

总之，在 B 学校表面平静、有序的教学生活下，教师群体中却潜滋暗长着不平静、不平衡的情绪和职业态度。从上面的事例中，我们可以看出在教师行为方式和价值观念中存在以下特征。

一、受现实冲击的职业理想

我国以礼教宗法为主导价值的传统社会将教师的地位与"天、地、君、亲"并列，古代教师的代表孔子被冠以"圣人"的称号，作为"尊师"传统代言人的孟子认为："天地者，生之本也；先祖者，类之本也；君师者，治之本也。无天地恶出？无先祖恶出？无君师恶治？"表现了对教师的完美道德与专业价值的尊崇。教师的地位在我国历史上虽然几经沉浮，但对于教师地位的尊重和对于教师知识与能力的重视占据着主导地位。"尊师重教"的社会文化以制度和普遍的社会心理导向机制奠定了教师神圣的角色地位，但过于理想化的职业定位受到世俗环境的冲击时容易导致心理的失衡。

F 校长对教师的这样一种心理状态进行了深刻分析：

> 我们的教师是怀着一种"普罗米修斯"似的悲壮的心态走上教育岗位，因为他们是"人类灵魂的工程师"，他们是"蜡烛"，他们是"春蚕"，"春蚕到死丝方尽，蜡炬成灰泪始干"。教育一旦成为了一种"事业"，"无私奉献"就会同它很自然地联系在一起，"奉献"追求的自然是精神层面的满足。然而教师非圣人，他们大多都是有七情六欲的普通人，当这种"精神层面"的崇高在现实生活中得不到有效补偿的时候，当他们看到有些"有私"而"不奉献"的人，不管在社会地位还是物质待遇方面比他们都强得多的时候，自视"清高"的教师就会感受到极大的心理落差，而这种反差如果得不到调节，就会变为失落、愤懑与悲愤，而这种悲愤的灰色情绪极易在群体中产生共鸣，一旦教师的个人心态转变成教师群体心态再反过来作用于个体时，心理失衡自然会成为一个社会化的问题。①

面对教师过于理想化的职业定位与现实环境的落差，我们的教师教育工作者和学校管理人员必须对教师进行适当的价值引导，使其合理地定位。应该明确，社会的不公正现象的确客观存在，而教师作为培养人才的职业，我们理当坚持崇高的精神追求，然而当这样的追求受到世俗社会尤其是不公正的社会现象的冲击时，我们不能仅仅在社会问题面前扼腕叹息或悲天悯人，而应该发挥自己的知识特长对社会问题的存在原因与解决途径进行理性分析，以期对不健康的价值观念进行改造，对社会的发展进行

---

① 张萍：《两条手机短信带来的思考》，2006 年 12 月 6 日，参见 http://www.jsfx.net/zblog/u/2/default.html。

价值引导。

二、外部归因的思想倾向

帕尔默通过教师养成计划的实施和教师工作坊的长期教学实践总结出这样的经验："当我让老师们说出优秀教学的最大障碍是什么时，我经常听到的答案是'我的学生'。当我问为什么会是这样的时候，我听到的是一连串的抱怨：'我的学生沉默寡言、郁闷孤僻；他们没有社交会话能力；他们注意力持续的时间太短；他们不能很好地理解、交流观点；他们死抱着狭义的'重要'和'有用'的观念不放，而无视思想领域。"① "当追问所谓这些过错的理由时，我听见了又一连串的常规抱怨——抱怨社会弊病。双亲缺失，家庭破碎，公共教育不到位，电视和大众文化平庸之极，毒品和酒精造成的危害，所有这些都是使得我们学生的精神和生活处于低迷状态的罪因。"②

现实教学中总有很多教师倾向于从自身以外寻找教育失败的原因，或者抱怨社会风气每况愈下，家庭教育不到位，电视、网络等媒体的负面影响，或者抱怨学生的质量太差等，似乎现实的学校教育问题都是外部原因造成的，而唯独没有教师自身的原因一样，似乎教师的教育教学方法已经达到了无可挑剔的地步。

社会中的一些不良因素的确影响着教育的成效，我们不能否认，也无可避免，但是一味地抱怨却于事无补。环境和条件的恶劣并不能成为教师"不作为"的借口，虽然我们无法回避事物的存在，但是我们可以通过改变自己的存在方式来影响事物的发展。具有责任感的教师应该考虑采取怎样的措施才能把学校教育从低迷的状态中拯救出来。举个不甚恰当的例子，同样在身陷牢狱之灾的情况下，有的人绝望而愁苦，而有的人却悠然地写着"狱中札记"。有的人在面对阻力时怨天尤人，完全放弃了自身的努力，而有的人面对阻力却踌躇满志，将阻力的存在转变为挑战自我的契

---

① ［美］帕克·帕尔默：《教学勇气：漫步教师心灵》，吴国珍等译，华东师范大学出版社2005年版，第42页。

② 同上。

机。关键就在于精神状态的不同而导致了不同的应对方式。作为承担着人才培养大业的教书育人者，教师是不是应该比常人拥有更积极的人生态度呢？

三、保守的价值取向

深夜里的"搬运工"①

备课只能在晚上，最好是深夜。一个人坐在桔色的台灯下，经常是很长时间都无法从白日里的鸡毛蒜皮中缓过神来。

在大学，我保持着写诗、写散文的爱好，现在，我必须把诸如《一件珍贵的衬衫》之类的文章一读再读，然后对着教学参考书，看看究竟讲些什么。每篇教案都是要检查的，从教学目的、课时安排到教学环节，从提问设计、作业设计到板书设计，我一笔一画地写着。这样的文字里没有任何灵性，引发不了任何灵感，更谈不上有什么创造。每次备课，绞尽脑汁的就是如何按照每课课前规定的"训练重点"和"课后练习"设计一个个所谓的启发式问题，如何把问题串成一个整体，如何阐述得深入浅出、明白晓畅，如何做到环节与环节的起承转合。整个过程就像构思一种规范的公文。最后思考的是，如何把一些四六句子用线条串起来，凝练地板书到黑板上。现在回想起来，这样的语文备课，其实是将教材与教参改造成教案。我的全部价值，说到底只是深夜里不辞劳累的一个可怜的"搬运工"，不能说完全没有自己的话语，但自己的话语还是在解说教材和教参。

……

什么问题都设计好了，言语和思维都跟着写好的教案亦步亦趋，我的目标就是以循循善诱的口吻与深深浅浅的问题，把学生

---

① 刘铁芳主编：《追寻有意义的教育——教师职业人生叙事》，湖南师范大学出版社 2006 年版，第33—34 页。

的思维统一到写好的教案上来。倘若学生对一个个提问有着正中下怀的精彩回答，讲课便激情四射，眉飞色舞；倘若学生启而不发，或对课堂提问一片木然，讲课便如老牛拉车，汗流浃背。一般来说，初一的孩子还有举手发言的积极性，到了初二、初三，他们大都对语文课里的问题失去兴趣。也难怪，每次启发来启发去，最终还是几句老生常谈的结论，现在回头看我当年的语文课，在本质上就是大小相连的"问题套子"。自己先变成套中人，然后以一种请君入瓮的姿态把生动的孩子们纳入相同的思维轨道……

……

失去了深刻的理性思维的支撑，失去了多方信息的交会，我的内心有了一种沉重的自卑感。我感觉自己离一个有思想、有见识的知识分子越来越远，在相对封闭的空间里，在一成不变的生活节奏中，我开始意识到自己的单调、肤浅、狭隘，意识到日子的刻板程式与时间的飞逝无痕。

就教师的日常行为而言，受社会文化精致化发展趋向的规约，教师往往将自己看作成人世界和优势文化的代言人，而将学生看作未成熟者和待塑造的文化群体。这样，在面对学生群体的日常教育生活中，教师文化作为规范文化的代码限制着教师的言行与处事。在学生面前，教师要为人师表，他们的言行举止、着装方式、面容仪表、知识装备等都要符合精致文化的主流价值取向。在教师心里存在着规范的行为方式的警戒和不可逾越的道德底线，教师文化的导向作用就是规约教师行为的看不见的"游丝软线"。

就教师的教学行为而言，受考试等评价制度的规约，教师也循规蹈矩地把课本知识当成真理向学生传授。唐朝大文学家韩愈对教师"传道授业解惑"职能的界定时至今日依然具有适用性，古代教师所传之道是居于主流意识形态的儒家道统，所授之业以"学而优则仕"为终极价值取向，所解之惑以儒家经史子集所设定的内容范围为基准，现代教师也被通俗地比喻为"教书匠",其职业的运作也无法脱离文本所设定的"法定知识"的范围。人们将教师对法定知识的传递形象地比喻为"阶层社会战车上的动力传输系统和导向系统"①,以此来表明教育的社会成层功能主要依赖于儿童对于法定知识和主流意识形态内化的程度。受到外在的知识与体制的双重规约,教师也将自己的身份定位于"被雇佣的职业技术劳动者",对于外在的价值规范采取"优雅的服从"(grace submissiveness)态度。教师在情感上满足于对课堂教学的表面上的绝对控制权,拒绝考虑被要求传授的知识与价值从何而来、所为何来、引领学生向何方去等具有终极意义的问题,"法定知识"在课堂的霸权被有意无意地忽略了。这样,在教师的眼中,整个教育系统中只存在毋庸置疑的一元的主体价值,即社会和国家的主导价值理念,教师借助于"教学"这一知识的传输系统将社会的主导价值内化于学生的理念中,从而实现学生的社会化过程。

教师的保守的价值取向一方面来自教师主流价值观念的代言人的身分,另一方面来自现代学校管理制度对教师和教学过程的全方位监控。这种保守的价值取向一旦内化为教师主体的人格建构,便进一步促进教师心里对非主流文化和多元价值的排斥,在教育中表现出一种维护主流价值地位的姿态。从而表现出埃里希·弗罗姆(Erich Fromm)所说的"非创发性"的性格特征,进一步说更多的是一种"接受心向"②。"在思维领域内,这种人的心向也完全一样:即使他们绝顶聪明,也只不过是最佳听众,因为其心向决定了只想从别人那里接受意见,而不去创造性地发表意见,离开了他人,会感到眼前一片漆黑。"③ 他们也学习甚至认同先进的观念和理论,但倾向于在无价值体认的情况下机械地拿来,同时又受到"技术至上"理念的制约,致力于理论的技能性转化。他们习惯于被直接告知"应该怎么做",于是便把所接触的知识、观念、思想、理论都以僵化的形态存储下来,甚至直接转化为技术性的操作规范,使得先进的理论往往落

---

① 周润智:《被规约的教师职业——知识制度的社会基础及其表现》,博士学位论文,南京师范大学,2002年,第4页。

② [美]埃里希·弗罗姆:《寻找自我》,陈学明译,工人出版社1988年版,第143页。

③ 同上书,第80页。

得被机械"操持"的命运。正如英国教育标准局的主任督学伍德黑德（Woodhead）所说，教师文化不具有冒险的特征，不热衷于观念、价值、假设与现行措施的批判反思，使得教学工作流于信奉不曾验证的规范，教师服膺于不加质疑的、不理性的职责①。对于教师这样一个收入比较稳定、各种职业因素都比较稳定的工作来说，只要教师凭借惯常的工作方式能够有效地维持教学生活，教师就很少产生主动地寻求革新的愿望。

四、知识派生的权威地位

教师对于法定知识的传承体现了一种相对保守、反对多元和革新的价值取向，主流价值代言人的身份也使其获得一种知识和伦理派生的权威地位。

我国以礼教宗法为主导价值的传统社会将教师的地位与"天、地、君、亲"并列，古代教师代表的孔丘被冠以"圣人"的称号，表现了对教师完美的道德与职业价值的尊崇。教师的地位在我国的历史上虽然几经沉浮，但对于教师地位的尊重和对于教师知识与能力的重视占据着主导地位。"尊师重教"的社会心理导向奠定了教师的传统权威地位，而教师的权威文化一方面来自教师群体对于教师传统权威地位的体认，另一方面来自自身知识的积淀和文化传承的专业使命的觉醒。这种权威文化一旦内化为教师主体的人格建构，便进一步促进教师心里的权威认同。

在教师日常的教育教学生活中经常表现为两种不同的权威形式：一种是理性的权威，其基本出发点是为了改善学生的生存状态，这种权威认同并赋予教师一种"牧人式的权利"（米歇尔·福柯），"这种权利的统治是'为了'被统治者的'福利'，关注被统治者的利益，目的在于对被统治者的日常生活进行适当的、全面的指导。"② 另一种是非理性的或者说是压制的权威，以他人的屈从或自身地位的彰显为主要目的。这种权威的诉求使

---

① 任红娟、赵正新：《从"单位"主义走向合作——新课程对教师文化的诉求》，《当代教育科学》2004 年第 16 期。

② ［英］齐格蒙·鲍曼：《立法者与阐释者：论现代性、后现代性与知识分子》，洪涛译，上海人民出版社 2000 年版，第 24 页。

教师在心理层面把对学生的主体性的压制视为理所应当，把对学生行为的控制视为教育性的体现，教师将自身作为普适的教育性规律的践行者，对学生进行机械地知识灌输与行为操练。当然，这样的控制也是从善良的原始动机出发的，只不过在具体的实践中更多地表现出非理性的压制而不是理性的引导。"文化精英分子对于改造他人思想的这种传教士般的狂热，与其说是来源于他们未加批判的对人的无限的完满性的信仰，不如说是从自己在对其他群体（不是对他们自己）的训诫、操练、教育、治疗、惩罚和感化作用的体验中，塑造了人类本性的可塑性观念，塑造了人类本性可以接受社会的铸造和改造的思想。在面对所有其他社会群体时，文化精英群体承担了'园丁'的功能，他们的这种集体性的经历被重建为历史理论。"①

教学中教师的权威建立在课程知识的绝对化理念之上。课程决策者将知识冠以真理的桂冠，教材、教学参考书中的知识在人们的眼中如同基督徒眼中的"圣经"，而教师的权威就依赖于对精致的、无可置疑的课程知识的把握，教师由于"知识传承"的职业角色而获得了一种"在其位"的权威，只要他承担着这种角色，那人们就想当然地赋予与其职业地位相应的权威。这或许是齐格蒙·鲍曼所谓的"权力/知识的共生现象"在教育领域的集中体现。

对于教师的专业权威的强调具有合理性，作为"闻道在先"者，教师理应对学生发挥引导作用，但是如果依赖知识的权威压制学生的主体性和个性，教师权威就会成为学生发展的对立因素。苏霍姆林斯基告诉我们："在教师所拥有的教育手段中，对孩子的权威是最要紧、最普通、包罗一切、同时又锐利的和不安全的手段。这是一把手术刀，使用它可以进行最细致的、难以觉察的手术，但也可能把伤口刺痛。这是一把不安全的，但同时又不可缺少的刀子。"② 教师的权威地位不能仰仗于那种无条件、无反

① ［英］齐格蒙·鲍曼：《立法者与阐释者：论现代性、后现代性与知识分子》，洪涛译，上海人民出版社 2000 年版，第 149 页。

② ［苏］B. A. 苏霍姆林斯基：《给教师的一百条建议》，周蕖等译，天津人民出版社 1981 年版，第 249—250 页。

思、无主体的"知识传承"角色，而是依赖于自身的思想水平、教育智慧及主体人格的提升。"外部强制力量的工具偶尔可以在教学中发挥作用，但是并不能取代威信。权威、威信是来自教师的内在生命。从威信这个词本身的词义来看，原创是其核心内涵。权威、威信赋予给那些被认为是原创自己的语言、自己的行动和自己的生活的原创者，而不是照本宣科地扮演远远疏离于他们自己心灵的角色。"① 权威不应该仅仅是知识积累的结果，在更大的程度上是一种"学"与"思"相结合的文化素养的建构，是一种对人生价值的把握与体验。教育者不能仅仅在知识传承的意义上作为一种"工具性"的存在，而应该以深刻的生命关怀及丰富的人生体验为基础，以学生的认识发展与人格建构为主旨，在"教书"的过程中真正完成"育人"的目标，这样的教师将更加赢得学生和社会的尊重，此时的权威更多地体现为一种精神的感召。马克思认为："能给人以尊严的只有这样的职业——在从事这种职业时，我们不是作为奴隶般的工具，而是在自己的领域内独立地进行创造。"② 一个墨守成规、毫无创造性的教师对于学生的发展无疑是一种近乎灾难的障碍。享受学术尊严、具有专业精神的教师必须超脱对于知识的权威地位的依赖，通过主体价值的反思重建自己的职业意识和职业行为，从而在创造性的职业生命过程中实现内在的职业尊严，凭借精神感召的力量获得一种自然的威信，而不是仅仅的停留在工具意义、外在价值的水平上去从事这种工作。

教师不应该把知识的传递，而是把人的全面成长尤其是精神的提升作为教育的终极目标，这样，面对正在成长中的，身心具有无限可塑性的青少年一代，育人的使命将不断地向教师的智慧、人格和能力发出挑战，成为推动教师学识、人格及教育观念发展的不竭动力，真正地促进教师的专业使命及职业尊严的不断提升。

---

① ［美］帕尔默：《教学勇气：漫步教师心灵》，吴国珍等译，华东师范大学出版社 2005 年版，第 34 页。

② 《马克思恩格斯全集》（第 40 卷），人民出版社 1982 年版，第 6 页。

五、个人主义的教学方式

加拿大学者哈格里夫斯（A. Hargreaves）将教师文化划分为四种主要类型：个人主义文化（individualistic culture）、派别主义文化（balkanized culture）、合作的文化（collaborative culture）和硬造的合作文化（contrived collegiality）①。认为在这四种教师文化中，"个人主义文化"和"派别主义文化"是一般学校中最为常见的教师文化类型，教师职业的很大一个特点就是奉行教学的"专业个人主义（professional individualism）"原则。现实生活中，教师总是倾向于独立自主地完成本学科的教学工作，这种个人主义工作方式的形成主要有受以下几方面因素的影响。

第一，源于学校班级教学组织的结构。美国社会学家洛蒂（Lortie）将学校的布局描绘成一种"蛋篓结构"（egg - crate - structure），孤立的教室将教师彼此隔离开来，使他们几乎没有机会观察和理解他的同事的课堂教学活动。每个教师都在相对封闭的、自给自足的课堂里完成自己的教学任务，就教师的课堂教学过程来说，是一种个人性行为，教学的各个环节都可以自主完成，不需要同事之间的协同合作，也不需要同事的评价。孤立的课堂教学方式受到教师的普遍欢迎，因为它给教师提供了一种保护自己的隐私和自主权的有效方式。但是，封闭的教学环境在屏蔽了他人对教师个人教学的批评和责备的同时，也阻隔了对教师教学的支持和鼓励。孤立的教师几乎得不到他人对自己教学的价值、重要性、优势与缺陷的反馈。

第二，由于教学工作的复杂性和不确定性所致。教师的个人主义态度和教师的缺乏自信、工作焦虑并由此产生的自我保护意识相关。由于教学环境的不确定性，教师的教学没有放之四海皆准的模式，导致教师对自己的课堂表现缺乏自信，这被美国学者帕尔默（Max J. Palmer）描述为一种"恐惧文化"，这种恐惧阻碍教师与外界事物建立联系。洛蒂也认为，教学工作本身的复杂性和不确定性导致教师坚持正统的原理和自己以往的教育

---

① A. Hargreaves（1992），Culture of Teaching: A Focus for Change，New York: Teachers College Press，pp. 234 - 235.

经验，由此形成了自己的教学风格和教学策略①。根据他的判断，很多教师是主动地选择孤立和竞争的工作方式，即便给他们更多的时间，他们也倾向于与班级内的学生交流，而不是与同事之间合作。

教师是具有高成就需要，主动地追求自我价值的实现的职业群体。独立明智的决断与革新，给教师一种成就感，将自己教学中的实质性的问题主动地暴露出来以寻求他人的帮助是个人能力不足的说明，按照他人的意见改造自己的课堂教学更是对自我的否定和对个人自信心的打击。在日常的教学活动中，为了维护自己建立在专业能力之上的自尊心，教师把自己的课堂看作一个相对封闭且自足的领域，习惯于靠一个人的力量解决课堂教学中的种种问题，帕尔默（Max J. Palmer）将教学看作个人生活与公众生活危险的会合，容易招致公众的漠视、评判、嘲讽的伤害，为了减少这种伤害，教师与学科分离，与学生分离，甚至与自己分离，教师在内部真实与外部表现之间建立了一堵墙，他们的话语陈述脱离了他们的心灵，变成了"漫画书中气泡框中的话"，教师自己也成了漫画书中的人物，远离学生和学科，将暴露自己的危险降到最低②。

孤立的、技术化的教学实践是大多数教师日常工作中的状态。也许，行政人员基于教学任务的复杂性会对教师之间的合作进行制度性规约，但这也仅仅导致如上文所述的教师表面的合作。而真正的合作文化是以教师之间开放、信任且相互支持的心态为基础建立起来的，是对于教师的专业发展最为理想的一种文化。自然的合作氛围难以在孤立的教学中自发地形成。教师固守着自己的学术王国和心理空间，对于他人的课堂和教学奉行基本的不干涉主义，即使在制度性的听课与评课活动中，也是习惯于做表面文章，一来可以为同事留足面子，二来可以避免他人的进步给自己的职业生活带来的威胁。

教育世界本来就是一个价值冲突的世界，帕尔默将教学表达为六对悖论：学习空间应该既是有界限的又是开放的；既有紧张的氛围又令人愉

---

① Ibid. , p. 167.
② ［美］帕尔默：《教学勇气：漫步教师心灵》，吴国珍等译，华东师范大学出版社 2005 年版，第 18 页。

快；既鼓励个人表达意见，也欢迎团体的意见；既尊重学生们琐碎的"小故事"，也重视关乎传统与原则的"大故事"；支持独处并用集体的智慧做支撑；沉默和争论并存①。要在这样的悖论中保持平衡，不仅仅是教学技术和技能的提高，而必须从教师的心灵中引发超越的力量。而这就要求教师自知、自省，并努力提高修养、完善自我。也就是说，悖论问题的解决不能仅依靠技术层面的改革，更应该引导教师努力提高修养层次，因为只有更高层次的力量才能操控对峙中的张力，并引导教师在对峙的两极中恰当定位。

---

① ［美］帕尔默：《教学勇气：漫步教师心灵》，吴国珍等译，华东师范大学出版社 2005 年版，第 76 页。

第七章
教师文化建设的方向与路径

新课程环境对教师的综合素养提出了挑战，同时也带来了教师精神文化发展的契机。在教师教育目标、办学模式、课程设置与教学内容的改革的基础上，教师的专业知能取得了持续、稳定的发展，却无法保障新课程道德教育与人文教育目标的全面实现。即便通过系统、科学的专业教育使教师掌握了精深的专业理论与知能，则至多强化了教师的职业化色彩，意味着教师所从事的知识传输工作的"提速"。

从教师职业本身的独特性来说，专业的知识和技能仅仅是教师职业存在的必要而不充分条件，除了人的知识与技能的发展目标以外，教师还是一种以人的心灵的成长为目标的职业，这是教师的专业性与医生、律师等职业的专业性的根本区别，这就要求教师在知识与技能的发展以外，还要具有崇高的德行，具有其他行业的从业者所不具有的专业精神与人文关怀。

教师文化的建设是一个系统工程，不是通过单方面因素的改革可以实现的，也不是依靠一时的努力就可以完成的。除了教师培养体制改革、教师继续教育和教师管理制度的完善等教师文化建设的基础性工作以外，还需要应对教师面对的价值冲突和价值取向上表现出来的问题特征，而解决这些问题最主要依靠教师理想人格的提升和各方面条件的支持。

第一节　教师文化建设的方向与原则

在知识社会信息来源多元化的条件下，人们对教师角色的看重越来越从知识的独裁者向精神的引领者的方向转移。教育要促进人性的完满，要有助于实现理想的人生和理想的社会。真正具有专业精神的教育工作者，一方面要具备教育良心，教育良心是教师从教书育人的职责出发形成的对教师职业道德的理性认识和道德意识，表现为教师对学生发展的关爱和强烈的主体责任感；另一方面要秉持社会关怀乃至全球伦理。也就是说，教育者除了具备教育良心以外，也是社会良心的代表，他不仅承担着儿童发展和教育进步的责任，而且肩负着人类未来的使命。

一、教师文化建设的方向

科技的进步以及由此带来的职能分工是社会发展的重要动力，我们需要研究经济现象的经济学家，需要以政治为业的行政人员，需要保家卫国的军人，也需要繁荣文化生活的艺术家。"骑士可使人流血，庶民可求利"（马克斯·韦伯语），而教师却两者皆不可为。教师虽然也如专家一样生产和传播天文、物理、化学、工程、文学、艺术等方面的知识，但是，当专家以严格的学科边界为限，把自己封闭在特定学科的研究范围和问题意识之中的时候，当普世的价值系统被专业化的原则切割成文明的碎片的时候，恰恰是最需要发挥教师学科和专业的超越精神的时候。如若教育在促进人类物质丰富与技术进步的同时却牺牲了人类的精神价值，如若教师在发展学生的计算能力和读写能力的同时忘却了人类高尚的情操和精神的追求，如若儿童知识的增长伴随着情感的冷漠，伴随着心灵的贫困和心胸的狭窄，那么，教育的世界对于儿童的精神将不再具有感召力，环境安逸而精神空虚的社会也将不再是人类合适的居所。因此，在这个知识、技术不断进步，而人类的整体发展却被专业分割得七零八落的时代，尤其需要发展教师在专业以外的德性伦理，发展教育对"人类的精神家园"的守护与建设力量。

社会的变革无时无刻不在冲击着教师的职能。尽管"传道授业解惑"一直是教师职能的经典界定，知识传递是教师的最主要职能，但是，在当前社会条件下，以"知识占有者"为教师身份的象征是否合适，还有待进一步确证。我们知道，早期的教师职业是应知识保存与传递的需要而生，尤其在知识有限而获得知识的途径稀缺的情况下，教师的身份表明他拥有别人所不具有的知识资源，从整个社会的情况看，古代的教师身份就是知识库存的表征，他的职能就是将知识不间断地传递给他人。而今的时代是一个知识激增、多元价值共存的时代，也是教师在知识的传输以外还要承担越来越多的社会责任的时代。随着社会与学校之间联系的加强，教师不仅要成功地组织教学，而且必须为了学生道德的发展对社会的价值体系进行阐释和批判。

教师已经不仅仅是教学的专家，"因为学校的作用不再局限于教学，教师除了他的教学职责以外，现在还必须与社区的其他教育力量合作，在为年轻人做好进入社区生活，家庭生活、生产活动等的准备方面，承担更多的责任。"[①] 在与社会的联系过程中，教师在任何情况下都要秉持教育者的良知、承担起教育者的责任，持续不断地促进学生和社会的健康价值观念和道德判断力的形成。

尤其在知识社会来临和高等教育大众化条件下，教师作为知识供应者和垄断者的社会形象甚至失去了代表性，高等教育的普及化发展态势倾向于把人们对教师的关注从其拥有的客观知识上转移开来，知识的多寡已经不能将教师与受过高等教育的普通民众区别开来，"知识的独裁者"已经不能作为教师身份的象征，伴随着对人的精神世界的关注，人们更加注重教师"人类灵魂工程师"的职能的发挥。在知识更新速度加快的情况下，教师尤其要在传递知识的经典职能与日益广泛的社会职能之间保持平衡，教师的精神对学生的感召力以及在社会中的象征意义正凸显出来。现代社会虽不要求教师像古代那样在知识人的身份以外兼做圣贤文化的代表，但是真诚、正直、敬业、博爱的道德人的社会要求却是永恒的。在各种职业人群中，教师群体将更加依赖精神性的存在而获得一种集体身份和社会价值的认同。

二、教师文化建设的原则

教师文化的建设目的是提升教师的精神力量，以教师高尚的人格和思

---

① ［加］N. 戈培尔、［英］J. 波特：《教师的角色转换》，万喜生译，湖南教育出版社 1991 年版，第 156 页。

想境界发挥其教育学生、服务社会的职能。为了促进教师文化的发展，在教师文化建设过程中需要坚持以下基本原则。

1. 教师为本

教师文化既然是教师基于其特定的职业生活方式而形成了独特的价值观念、思维方式和态度，是教师主观思想层面的内容，那么，在教师文化的建设过程中，教师就是第一责任主体。也就是说，任何层面的教师文化建设，都必须依赖教师的自识与反思。一方面，教师必须不断检视自身具有的文化生命力。也就是说，要具备能够引导整个人类文化发展的主体人格力量；另一方面，学校管理者也应该尽可能地促进教师专业能力的发展，在教师发展的基础上赋予教师更多的专业权利。

随着新时代主体文化意识的勃兴和文化研究潮流的兴起，很多学校开始在不同层面上认识到文化建设的重要性，置身于一些学校的教学环境和文化氛围之中时，我们也能在明显的标示处感受到学校文化的"告白"。然而，那些在标语和口号中宣泄的文化观念往往是领导者管理理念的表征，对于很多学校的教师和学生来说，教风和学风等口号与其说是学校文化的表现，不如说是管理者的管理理念对教师和学生的内在信念的渗透，既然是渗透，自然是随着宣传力度和主体认识的不同，在不同的学校、不同的主体身上体现着不同的内化程度。有一些教师即便是凭借自身的道德价值体认也能够在教学生活的琐碎之中拥有超然的心境，而对于一些仅仅把教学当作一种世俗的生活方式和谋生手段的教师来说，我们即使把教风与学风的标语弄得满眼，也很难触动他们的内心。因为，教师文化的建设必须立足于教师自身的道德价值体认，使他们在教学过程中把工作价值与人生价值真正地融通，从而达到一种"从心所欲不逾矩"的境界，外在的规范如果不能得到主体的价值认同，便不能产生使人"心向往之"的精神感召力量。

2. 观念创新

教育实践不应是单一活动的量的无限重复。作为教师文化的承载者和建设主体，教师在教学乃至社会生活中必须以自主和批判意识为根基，主动、负责地检视并改善自身的教育教学实践，而不是如同受过专业训练的高级技师般沿着程序设定的轨道运动，因为，沿着特定的轨道觅食和局限于特定的活动方式是动物的特性。

上帝在创造了亚当后曾经对他说："我们没有给你任何特定的形式，没有任何特定的遗产，以便你可能得到和拥有你希望作为装备的东西。我们已使一切别的造物服从于一定的规律，只有你完全不受约束，你能按你自己的意志挑选你所决定的无论什么。为了你自己的名誉，你自己要成为自己的主人和建造者。你可能蜕化成动物，或者把你自己提升到像神一样的最高地位。"① 作为人类高级认识活动的促进者，教师更不应该束缚于某种固定反应模式中，年复一年地例行公事的教书匠如同终生摆弄同一个螺丝钉的工人一样，在机械化的漫长人生中，只能体会到一种无聊、无趣的轮换。

"人类是有限的存在，但人类在有限的历史中不断地突破单一的量的循环而生成新质，同时在这种不断进入新质的进程中肯定自己，从而指向着一种真正的无限。"② 正是教师作为主体性所具有的观念创新能力，使得教育世界变成不拘一格的人才的生长和发展的土壤。教师要使自己的教育生活拥有"整体的文化"的力量，就必须将教育者所拥有的人文理解和观念创新能力发挥到极致。

3. 凸显个性

学校教师文化的建设也不能强求一律，而要在客观地衡量自身的人文与物质资源的前提下，确定适切化、层次化的发展方向和目标。在学校的教育教学实践中，不同教学个性与性格特征的教师融入不同的教学情境（物质情境与人文情境），在与自然和人文环境交互作用的过程中必然生成不同的主体文化状态。同理，教师文化的建设也必须重视教师的个性特征和学校人文资源的建设，为不同主体特征的教师提供适切的文化发展空间。

然而，由于客观化与量化的教学评价机制的引导，在当前的学校文化建设过程中，呈现出一种符号化、客体化的景象，人生意义与个体价值这

---

① M. 兰德曼：《哲学人类学》，阎嘉译，贵州人民出版社 2006 年版，第 195 页。
② 尤西林：《人文学科及其现代意义》，陕西人民教育出版社 1996 年版，第 39 页。

类教育的本体问题被智力开发、知识识记、考试排名等问题排挤出来，所谓的人才结构，正以千人一面的"标准件"的方式验证教育的"成效"，在其中，我们很少看到教师人文情怀的印记。被知识客体取代的主体，被理性思维扬弃和边缘化的感性生命，只能在日常的经验世界通过一种与教学无关的活动验证着生命的存在。教师主体的人文情怀与社会意识如果不能在教育活动中得以彰显，则学校只能作为一个知识生产和加工的作坊而存在。教师文化的建设必须是教师个性资源与学校人文资源有机融合、相辅而生的过程。

第二节　教师文化建设的主体性诉求

教师文化建设渠道在于教师主体地位和自主意识的提升，通过自主意识的提升，一方面摆脱外来的机械控制，另一方面能动地反思自身过去与当下行为，并合理地规划未来的发展方向。只有在这样的思想状态下，教师文化建设的工作才能有立足之处和发展的动力。如果教师自身机械守旧、固步自封且抵制革新，则所有的教师文化建设工作都将流于低效，学生也最终被塑造成无思想活力的人。

按照人的意识水平的不同，巴西教育学家保罗·弗莱雷（Paulo Freire，又译保罗·弗赖尔）把教师的人格划分为热爱生命型和恋尸癖型两个极端，热爱生命型人格注重人的自由发展，渴望与他人共同努力来改善社会状况；恋尸癖型人格则喜欢控制他人，希望所有的人都为他们工作。弗莱雷认为教育的主要目标是"使所有人的意识皆得自由并把恋尸癖型人格转变成热爱生命型人格"[1]，而这一工作最终依赖教师自主、自由意识的提升并努力提高他人意识水平。

一、价值关怀的彰显

随着现代社会世俗化趋势的加强，人类的精神生活空间也从天国移向

---

[1]　［美］乔尔·斯普林格：《脑中之论：教育哲学导论》，贾晨阳译，北京大学出版社2005年版，第254页。

世间，人们对抽象的精神价值的关注逐渐被世俗的功利主义动机所取代，当前社会对知识与教育功能的认识总是难以超越庸俗的功利主义框架，整个社会对知识和教育资源的追逐都受功利化原则的驱动，知识的生产和传播也在一定程度上受实用价值的影响，这样的情况导致了现代社会科学话语、道德话语与审美话语三者的疏离，专家和技术员在特定领域取代了那些自认为"士不可不弘毅，任重而道远"的古代读书人。费希特在《论学者的使命》中将学者誉为世界上道德最好的人，他说："基督教创始人对他的门徒的嘱咐实际上也完全适用于学者：你们都是最优秀的分子；如果最优秀的分子丧失了自己的力量，那又用什么去感召呢？如果出类拔萃的人都腐化了，那还到哪里去寻找道德善良呢？"① 这无非是要唤起学者所应担当的道德使命。

教师要担当起"人类灵魂的工程师"的职责，就必须超越各种狭隘的功利关系，依照整个人类的福祉设计社会的蓝图。教师不仅要做一个有知识人，还要做一个具有知识分子品性的人，一个有社会责任感的人，就是说，不仅要致力于知识的生产和传播，更要承担以知识改造社会和发展思想的使命。唯有如此，教师才是真正的教育者，而不是教书匠。"君子谋道不谋食，忧道而不忧贫。"教师在其教学技能专业化的路途上，还需要保有萨义德所说的精神上的"业余性"，即"不为利益或奖赏所动，只是为了喜爱和不可抹杀的兴趣，而这些喜爱和兴趣在于更远大的景象，越过界限和障碍达成联系，拒绝被某个专长所束缚，不顾一个行业的限制而喜好众多的观念和价值"②。要坚守人类精神文化的引导者的身份，就不可迷失在世俗化物欲的横流之中，教育者尤其要对教育的知识目标以外的价值维度保持自主地反思与澄明，并发挥学术研究所应该具有的为社会服务的力量和对社会的批判职能。

学术体制的完善仅仅为理性的学术研究提供了制度化平台，而要使学术的发展走上科学化、启蒙化的轨道，还需要发展学者和教师的学术伦

---

① ［德］费希特：《论学者的使命·人的使命》，梁志学等译，商务印书馆1984年版，第45页。

② ［美］爱德华·W. 萨义德：《知识分子论》，单德兴译，三联书店2002年版，第67页。

理。面对社会存在的种种腐败现象，教师和教育管理者要时常追问：我们进行学术研究的目的到底是什么？难道仅仅是为了获奖和晋升，还是为了获得界内外人士的首肯和特殊的荣耀？就理想的状态来说，"学者的任务，是在大众化的过程中，判断其中的文化'品相'，提升文化格调，使大众摆脱纯原始形态的接受，而进入一个精神层次的攀缘"①。知识从根本上说是一种受社会制约的现象而不仅仅是特定人群智力活动的结果，除了帮助儿童应对社会生活的要求以外，知识的产生也应该有助于社会精神文化的提升。教师的学术研究应该从根本上体现教师作为"人类价值守护者"的职能，是真正追求真、善、美相统一的行为。

虽然作为从庙堂、广场移居到学院内部的职业人，教师虽然无法摆脱体制和政治意识形态的制约，但学术和思想作为一种知性的存在，总是会对现实具有一定的超越性，从而使研究者具有一种道德激情，使他自觉地追求一种更为完满的社会理想，这种理想在现实生活中也许并不能实现，但他总是以这种他所认定的理想境界为尺度，来衡量自己所处的社会现实，从而体现了一种"终极关怀"，一种基于所理解的美好目标的追求。"我们所以把一个人看作知识分子，就因为他有这一点理智的信仰，靠着头脑中那尊思维之神的鼓励，他能够在世俗潮流的冲击中站稳双脚，不为所动，但在那班识时务的聪明人看来，他正是一个不合时宜的迂夫子。"②我想，时下的学术研究缺乏的也许正是这种既"迂"且"直"的精神。

教师专业精神的立足点固然离不开学术和知识，但除此之外理应还有一个更基本的立足点，这就是人格担当。发展教师的终极价值关怀和人格力量，理应是教师教育、教师管理乃至教师自身的共同责任。

二、主体意识的提升

作为人类精神文化的引导者，教师的专业发展不能是外在于自我的工具性发展和受他人规约的被动式发展，而是要坚守精神引导者所应该具有

---

① 刘琼、杨雪梅：《三问余秋雨：学者怎样成为文化桥梁》，《人民日报》2006 年 8 月 28 日。
② 王晓明：《追问录》，三联书店 1991 年版，第 44 页。

的"责任伦理"（ethic of responsibility），具有坚定的自我发展的意识，具有规划自我发展的能力和敢于为自己的发展承担责任的勇气。而当前，随着主体性教育思潮的勃兴，在学生主体地位荣升的同时却导致教师主体地位的边缘化，这并不是说教师主体与学生主体之间存在不可调和的矛盾，而只是从比较的意义上来说，教师的主体地位没有相应地提升，甚至在学生主体性高涨的同时出现了教师被工具化的倾向。

很多学校把自己定位于学生发展的平台，依靠学生的成绩和升学率在社会上树立品牌效应，而很少将注意力放在教师身上，教师似乎仅仅是教学资源、教学手段，甚或是教学工具。殊不知，学校中的主体不仅仅只有学生，学校的长远发展更多的不是依赖学生。"铁打的营盘流水的兵"，学生总要一届一届地轮换，而教师一如既往地坚守在自己的岗位上迎来送往。因此，只有真正地重视教师的发展，立足于教师的专业发展的学校发展才是可持续性的，只有当教师本身处于不断发展的状态，他才能促使学生持续不断地进步。如果没有教师的主体性发展，学校的发展最终将流于空泛和低效。

教师和教育管理者都应该认识到，教师的职能不仅仅具有"教"的工具性，也有"学"的主体性。尤其是在现代社会知识更新速度加快和信息来源多元化的情况下，导致在越来越多的方面"弟子未必不如师，师未必贤于弟子"，教师的知识权威地位受到了挑战和冲击。因此，教师本身需要不断地回归受教育的过程，才能保证专业素质的持续发展。随着新课程改革对教师要求的提升，教师的责任已经远远溢出了课堂教学的范围，扩展到教学反思与研究、课程开发、社会教育等方面。如果不立足于教师的主体性发展，不站在教师主体发展的角度上考虑问题，则教师职能的扩展只能意味着教师成为承载着越来越多责任的教学机器。

教师在现实学校生活中确实处于一种"高压"状态，现在的教育体制几乎不能为教师完成正常的教学任务提供充裕的时间，更遑论为教师的新职能的发展提供条件了。这样一种矛盾状态的解决只能依靠教师的主体发展，因为教师的主体发展意味着教师有足够的能力和权力对自己的目标做出决定，这不仅是传统的教学职能的提升，还意味着对新职能的统筹把握。只有实现了主体发展的教师，才能在新课程的讲台上游刃有余。教育行政部门和学校领导要将教师看作自我发展的主体，激发教师专业发展的内在动机，促进教师自我发展的主动性，并通过各种手段尽可能地为教师创造专业发展的机会。

三、自我修养的辅证

文艺复兴时期意大利诗人但丁有句名言："道德常常能填补智慧的缺陷，而智慧却永远填补不了道德的缺陷。"强调了人的心性修养相对于知性智慧的重要性。虽说"学高为师，身正为范"，但现代社会对教师的德行要求似乎更加突出。教师的心性修养主要与教师的教育良心和内化的道德责任感相关。社会要求教师具有崇高的精神追求，发掘公正、负责、爱生的教育良心，达到以人格和情感的教育力量引人向善的教育目标。教师的仁爱之心和人格力量本身就是促使学生发展的最好教育资源。教师的心性修养关系着学生的性格和精神的健康发展，并最终关系着社会伦理的发展水平。因此，教育者首要的责任就是照顾自己的灵魂，使自己的灵魂向善运动变化，使它尽可能地善。在这样的基础上，教育者才能真正承担起既教书又育人的职能。

康德认为，自然的最高目的和终极目的就是人类理性的至善，"头顶灿烂星空，道德律令在我心中"，如果说科学知识是用人类的理性之光为自然立法的话，那么伦理道德则是人类的实践理性的自我立法。教师和普通社会公众一样，也会受到世俗社会物质和功利关系的诱惑，但是，作为"人类灵魂的工程师"和"社会良心的代表"，他们应该比普通大众具有更强的抵制能力，能更好地以"知性"与"德性"的力量对抗虚假和不正义的行为。具有知识分子品性的教师除了为一己的私利考虑之外，还要秉持良知及道德勇气，即使面对名利和权势，也要坚守原则，本着自己的良知，服务于道德和人格的力量。

马克斯·韦伯在《以学术为业》的演讲中说："一个人如果是一位发挥了作用的教师，他首要的职责，是去教他的学生承认尴尬的事实，我是指那些相对个人党派意见而言，令人不快的事实……我相信，如果一位教师迫使学生习惯这类事情，他达成的，不只是属于知性方面的贡献。我会不虞夸张之讥，用'道德成就'来形容它。"① 尤其是在现当代社会知识更新速度加快的情况下，教师所给予青少年的"知识成就"也许会使其受用一时，而所达成的"道德成就"却会使其享用终生，而影响学生道德成长的关键因素之一就是教师自身的道德水平。

传统的观点将教师职业道德的发展分为三个阶段：自发阶段、自觉阶段和自由阶段。这是任何一个社会行业职业道德发展的基本路径。但由于教师职业角色及其职业责任的特殊性，教师职业道德的发展又具有其本身特定的发展规律和阶段。

第一，任务定向阶段。入职初期的教师一般较多地关注班级经营、教学内容和教学技能等问题，他们倾向于在"教书"的基本任务范围内拓展自己的生存空间，由于陌生的环境和紧张的教学任务的压力，很少新手型教师能把注意力分配到培养学生良好品德，塑造学生健全人格等方面来，"育人"的观念在此时很难占据教师注意力的中心。当然，随着教师入职时间的增长和职业适应能力的提升，大部分教师在工作一年至三年以后都能顺利地超越对教学任务的单一关注，然而，也有少部分教师对本职工作不思进取，在职业道德的发展上具有得过且过的心理，徘徊于最低水准。

第二，义务定向阶段。这一阶段的教师已经超越了入职初期对教学任务的单方面关注，开始了解学生发展的复杂性并尝试解决学生发展中的各种问题，但是，由于本身经验的缺乏和学生问题的复杂性，教师很难找到特殊有效的手段和方式来深入学生的内心世界，解决学生复杂多变的人生问题。因此，对他们来说，最便捷有效的手段莫过于在制度和规则的范围内保守地解决问题，他们以遵章守制和维护相对稳定的教育秩序为基本义务，而不去追问制度和规则背后潜隐的深层价值观念，对各种问题的处理具有简单化倾向。

第三，责任定向阶段。此时的教师已经从职业道德的他律阶段走向自

---

① ［德］马克斯·韦伯：《学术与政治》，钱永祥等译，广西师范大学出版社2004年版，第178页。

律阶段。这一阶段的教师摆脱了法定义务的羁绊，开始依据一定的道德认识，在内心信念和道德责任感的驱使下，自觉地履行对学生和社会发展应尽的职责。此时的职业行为对他们来说并不仅仅表现为外在的"道德指令"，而是他们在深刻认识了社会道德关系的基础上形成一定的道德信念和道德责任感，从而自觉承担的使命、职责和任务。

第四，良心定向阶段。把教书育人工作当作自己的职责所在是教师专业化的具体体现，但并不意味着教师职业道德和人格修养的最高阶段。在社会道德观念和自我道德认识的基础上做出的"合规则"行为还是受外力规约的，教师职业道德的发展最终要超越外在的规约，以崇高的人格修养来引领自我达到"从心所欲"的阶段。此时，教师职业道德超越了一般的职业义务和责任，开始以普遍的伦理原则为定向，根据良心的指引作出一般决策。这种职业良心从行为本身的终极意义上对教师的行为进行检验、筛选和评判。柯尔伯格认为："根据良心作出的决定就是正确的，而所谓根绝良心作出的决定就是指根据自己选择的具有逻辑全面性、普遍性和融贯性的伦理原则作出的道德决定。这些原则是抽象的和伦理的（像'中庸之道'、绝对命令等）而不是一些具体的道德原则，如'摩西十诫'等。实质上，这些原则就是普遍的公正原则、互惠原则、人权平等原则和尊重个人的人类尊严的原则。"① 职业良心是教师根据具有终极价值的伦理原则而生发的道德信念和使命感，无论外在的监督存在与否，教师都会一以贯之地在终极价值的指引下自觉地承担起对社会、对他人尤其是对学生应尽的责任和义务，甚至于处于这一阶段的教师行为常常超越本职工作，在强烈的道德信念和道德意志的驱使下而无限制地扩展着自己的职能范围，对学生、对他人、对社会表现出更多的关爱和责任意识。

教师职业道德的发展在总体趋势上表现出这样的由低到高的阶段性，但是，在教师个体身上，各阶段之间并没有截然的分界，也不一定严格地遵从既定的秩序。在特定的主客观条件的刺激下，某些教师可能超越特定

———————————

① ［美］柯尔伯格：《道德教育的哲学》，魏贤超、柯森等译，浙江教育出版社 2000 年版，第 22 页。

的职业道德发展阶段而直接进入下一阶段，但是，一般而言，随着教师教育经验的成熟和对教师职业的性质、任务的明晰，其职业道德的发展都遵循着由低到高的发展路径，并且，在教师职业道德的培养与建设过程中，各级教育行政部门和学校管理者也无不以教师职业良心的养成为最终目标。

自古至今，人的道德修养都不外乎两条路线：外铄或内养。当前各级教育行政部门都相对注重对教师职业责任的法律规约，重视教师职业道德规范的建立，各学校也有详细的关于教师职业道德方面的制度与规定。然而，由于教育情景的复杂性以及人的精神世界的微妙性，无论多么详尽的道德要求都不能覆盖教育生活的方方面面，更无法引发理想化和个性化的精神追求，从某种意义上来讲，个体可以在遵守道德规范的外在形式下进行违背道德精神的活动。外在的道德规约很难转化为教师的责任伦理和专业自律精神。因此，除了以制度的形式加强对教师德行的监督以外，重要的是要加强教师自我道德修养的功夫。

我国古代的圣贤之师为现代教师提供了道德榜样，儒家的身心修养的方法也为我们提供了道德修养的典范。自孔孟至宋明时期的古代教育者，都重视内省与慎独的道德修养方法的阐释，并亲身践履，以涵养自身的"善端"。孔子讲："克己复礼"、"吾日三省吾身"、"见贤思齐，见不贤而自省"，孟子曰："反求诸己"、"养心莫善于寡欲"。宋明理学的道德修养论也是从人的先验的道德本心（天理、天命、良知）出发，去除物欲、私欲的蒙蔽，恢复人心的本善。儒学的"内圣"以及宋明理学"存天理，灭人欲"的道德修养的途径主要体现为向内用功，自存本心，也就是培养主体至善的道德理念，追求自觉的道德约束，最终成就一种高度的道德自律状态，也就是所谓的"慎独"。《中庸》有言："道也者，不可须臾离也，可离非道也。是故君子戒慎乎其所不赌，恐惧乎其所不闻。莫见乎隐，莫显乎微。故君子慎其独也。"

在现代社会多元价值共存，人们的道德行为主要依靠制度规范和舆论监督，而与自我的良善之心无关的状况下，内省与慎独至多成为一种理想主义的道德期盼，而很少有人能在熙熙攘攘、物欲横流的世俗社会中坚守本心。现实生活中，规范道德下的常人的生活状态往往出现这种情况：与人共处时讲究卫生，而单独行动时就随地吐痰，乱扔杂物；有交通监管的情况下遵守交通规则，而没有监管的情况下就乱闯红灯。也就是说，大部分人都是基于规则的存在和舆论的监督，才规范自己的德行。而一旦独处时，便失去了道德规范的约束力量。由于教师从事的是一种精神性的活动，教师的人格修养关系到民族国家的道德发展水平，因此，教师更应该成为人类良知的守望者和代言人。教师的行为甚至不应该是一种外部规约下的遵规行为，而是一种教育良心下的自我规约，即便在规则的漏洞乃至真空地带，也能达到"梨虽无主，我心有主"的道德自觉状态。也就是说，教师应该秉持一种更高程度的道德自觉和自律，即便外界无人监管，无规则存在的情况下，也能坚守内在的道德律令，使自己的身心活动时时符合君子之道，不仅以合乎道德的方式引导学生的知识建构，而且以人格的力量对学生进行精神的陶冶。

第三节　教师文化建设的支持性条件

人总是在一定的环境中生存，主体精神境界的提升必须有良好的道德环境的扶持，才能具有发展的持续性，理想的社会氛围和教育环境可以解放禁锢的人心，使思想自由，也可以激发自我实现的动力，引领人的精神境界向自我超越的方向发展。

在教师文化的发展与建设过程中，一方面需要教师在主观上付出努力，彰显自身的价值关怀、主体意识，提升自身的人格修养和人生境界；另一方面也需要在社会和教育环境上提供客观的支持条件。

一、社会价值观的重塑

社会价值观念是在社会主流价值认识的基础上积淀成的集体意识和信念，是人们进行价值判断和选择，确立价值取向的基本依据，是理想人生规划和社会发展方向的潜在决定力量。不同的时代有不同的主导价值观念，即便在同一时代的不同社会情境中，价值观的表现也迥异。

在两千多年的封建社会，儒家文化在古代当权者和民众之中确立了道德人格和伦理宗法价值的绝对统治地位。在以伦理道德为主流价值的文化视野中，人们更看重人的精神的存在，对道德人格的追求确立了整个社会的文化背景。在这样一种浓厚的道德文化氛围中，思想承担者很少关注民生问题和功利价值，社会精英吁求理想的人格境界。儒学思想家认为，人之为人的根本在伦理道德及其人格，"自天子以至于庶人，壹是皆以修身为本"①，伦理道德成为人的价值评判的唯一标准。除伦理道德以及与之相关的宗法价值的维护以外，现实生活中其他层面的价值被放逐。改革开放以来，我国主流社会价值观发生了转型，人的主体存在的价值逐渐受到关注。随着社会主义市场经济体制的建立，与封建伦理社会和计划经济体制相适应的伦理道德型价值观和群体主义价值观失去了相应社会环境的支撑，开始从主流价值退居边缘，以人的发展和人生幸福为中心的人本价值观逐渐孕育生成。

在社会主义市场经济条件下，随着人的主体意识，平等观念、效率观念、竞争意识的觉醒，个人主义和极端的功利主义价值观也逐渐彰显，并在一定的层面上消解了对传统道德人格的诉求。现代社会价值观呈现一种多元共存的发展态势，传统社会的人文精神、与计划经济体制相适应的集体意识以及市场导向的个体权责观念既有共生的一面，又在一定的层面上发生冲突，在这样的情况下，如果把社会价值观统一到物欲和技术主宰的工具理性之上，则导致社会道德水准的持续下滑，如果统摄于超社会的道德乌托邦情结之上，则会因为脱离人的社会存在而走向偏执和虚妄。

现代社会价值观重构的关键是在主体人格发展的同时加强对道德情感的培养，使人的感性社会生活与理性道德关怀有机结合，从而在社会价值观的层面上弥补世俗价值和精神价值之间的裂隙。同时，在人的自主地位确立的同时也要加强对人的社会责任感的培养，通过人的反思和批判意识的确立，通过主体的自觉行动积极地型塑理想社会。主体责任感和道德人格有机结合的价值导向对社会主义市场经济的健康发展有巨大的推动作用，有利于解决人们社会生活中价值选择的迷失和困惑，促进良好社会道

---

① 《大学》。

德环境的形成和主体道德人格的提升，从而对教师和学生精神世界的发展起到环境的引领和支持作用。

二、教育评价观的转变

考试是现代社会教育评价的主导手段，以考试为主的教育评价体制为教育主管部门评价学校教学质量和教师教学水平提供了便捷的手段，而且，教育主管部门大多以考试成绩的高低来衡量学校的教学水平，并以之作为评价学校领导和教师素质的法宝。

一年一度的"高考大战"为教育系统内部的"优胜劣汰"原则提供了最好的诠释，不仅千万学子将跃过"龙门"视为人生的最佳出路，社会和各级教育行政部门更是把各校的高考升学率当作评价学校教学水平的最重要指标。在这场全国高中学校的大比拼中，不仅胜出的学校能得到更多的荣誉和更多的政府投入，甚至当地考生考入北大、清华等名校的人数、省市县高考"状元"和本科达线人数也成为评价各级政府官员的国民教育政绩的重要指标。这样，在高考成绩政绩化的背景下，学校和教育主管者们，作为教育政绩的直接或间接受益者，必然会不惜代价提高升学率，打造高考政绩，催逼教师进行"应试教育"，演绎出令人炫目的"题海"大战和"素质教育"名义下的"应试"高潮。

在教育行政部门这样的教育政绩观的支配下，逐渐形成了以高度集中和行政命令为特征的教师思想文化操控体制，教师自然只能成为兢兢业业的教书先生，其所谓的教育科研也在这个过程中被体制化。受"行政意识"和"长官意志"的引导，他们被鼓励思考如何有效地传授知识，快速高效地提高学生成绩等问题，而学术研究本质上应有的独立思考意识却不得不在政治立场或利益抉择的过程中被牺牲掉。学术研究的使命本来是解决人们对理想、对真理、对是非的追问，需要通过不断地质疑与证伪来开拓新的领域和提出新的问题，但作为官方意识形态下的活动，它必须服从整个体制的制约，这就与学术的求真属性构成一对矛盾，政治思想对教师思想的操控在很大程度上限制了学人的独立思考和言语表达。可以说，教育评价理念不改，把学校的升学率当成主管领导的"政绩"的落后观念不改，教师的自由探索与创造精神就永远如水面下的冰山一样处于潜隐的层面。为了真正地发挥教育研究的价值引领作用，教育行政部门必须改变对学校、教师和学生的传统的评价机制，尤其要对教师适当赋权，使教师在教育教学和学术研究方面的专业自主权能真正地超越科层体制的规约，实现自主、自为的学术追求和价值探索。

三、教师管理观的改革

教师的教学工作是学校教育活动的主体组成部分。为保障学校正常的教学秩序和理想的发展目标，对教师的行政规约是必要的。但是，当行政权力膨胀到事无巨细地限制教师一切行为的时候，就使得教师向着机械的"程序执行者"的方向发展。教师的精神文化引导者角色和主体发展目标的实现，最终要以教师专业自主权的存在为前提。因此，必须以行政权力向专业权力的让渡为教师的自主精神提供制度保障。

我国的教育法规虽然对教师应该享有的基本权利如教育教学权、科学研究权、管理学生权、获取报酬待遇权、民主管理权、进修培训权作了基本的规定，但在当前的学校生活中，教师的主要职责依然是按部就班地教，按照规定的进度向学生传授指定的教学内容，并随时接受各级教育行政部门的检查和评定。至于是为谁的课程，谁规定的课程，为什么这些知识被指定为教学内容，更合理的教学进程是怎样的，教师无权质疑。新课程改革虽然要求尊重教师在课程开发中的主体地位，给予教师对多版本的教材的选用权利，但事实上，课程是早已确定的，教材是地方教育部门指定的，即便是学校层面也没有课程设计与教材选择的自主权，教师更是已经定型了的知识的传声筒，照章办事而无所创造的盲从者，他们"对课程编制无参与权，对教学安排无选择权、对教学决策无知情权、对学生学业成绩的评价无决定权"[①]。在各级管理者的强权挤压下，教师甚至连工作日以外的业余时间都不能自主，教学主体意识丧失殆尽。

教师是具有自由意识与创造精神的职业群体，而等级森严的教育行政

① 姚静：《论教师专业自主权的缺失与回归》，《课程·教材·教法》2006 年第 5 期。

体制把教师作为科层制下的一分子进行规范化管理，而且现实的境况往往是行政权威对专业权力的压制与消解，造成了教师的专业自主权与制度管理之间的不可调和的矛盾。近年来，教育中实行的末位淘汰制、下岗制、教师聘任与落聘制、工资级别制，以及按绩取酬等竞争性的评价制度给教师带来了持续不断的紧张感与压力感。"迈克尔·阿普尔（Michael Apple）的'劳动的堕落'（degradation of labor）这一概念表明：外在的力量已经控制了对教室里将要发生的情况的设计和评价。作为教师的我们正趋于慢慢地失去我们对工作拥有的本就微不足道的控制。"① 各种各样的制度使教师如上了套的牛马般疲于奔命，任职初期原本具有的饱满的工作热情也在应付各种制度的过程中消磨殆尽。

只有当一种职业的从业者是自我管理的，并拥有对自己职责的最终控制权的时候，这种职业在总体上才是自主发展的，从业者才是具有主体精神的。而外行的过度控制限制了专业人员的工作权限并导致了系统的非理性化发展，成为专业发展的障碍。

从教育活动本身来说，尤其要避免科层体制对专业权力的压制，应该给教师专业发展留出相应的制度空间。各级各类的教育教学管理人员，应该明确在教育的现实和未来发展中他们所扮演的角色，他们应该懂得，他们的作用和职能不是使教师和教学机械化和凝固化，而是要以服务性和保障性的策略促进教师的发展。行政权力与专业权力具有不同的运作机制，教师虽然在科层体制中处于底层，但在教育教学上却拥有不可让渡的专业权利，教师的专业决策权和专业发展权都是教育管理者应该予以尊重的。因为教育是促进人性与精神发展的事业，教师和学生都不是机器，对教育教学的管理不能按照科学管理的原则进行机械的规约和效率的核算。而且，管理者应该明确，对教师的赋权并不会带来管理的混乱，由于教师所拥有的专业知能与专业精神，他们倾向于把拥有的权力转化为责任，既有对专业发展的责任，也有对学生、学校乃至社会的责任。

---

① C. Boomer, N. Lester, C. Onore, J. Cook (1992), Negotiating the Curriculum: Educating for the 21st Century, The Falmer Press Publishing, p. 125.

美国已经明确了"强调教师赠权（empowerment of teachers）"的教育改革方向，努力使教师减少来自科层制的压力，而使之更多地为满足他们的委托人的需求负责。在我国教育改革中，教师专业自主权的建设也已经引起了理论研究者的高度重视，但专业自主权的落实却任重而道远，需要各级教育管理者思想的转变与行动上的一致努力。

四、教育改革观的完善

教育改革目标的实现需要决策者、执行者和实践者相互支持、相互促进的文化氛围作保障。由于教育改革的综合性和问题的不可预知性，改革的规划必须在完全限制与放任无序之间取得动态的平衡。自上而下的线性的教育改革观念存在着弊端，"就像许多有改革头脑的领导人已经发现的那样，从上面进行控制是一种错觉，没有人能够从上面控制复杂的机构"[①]。由专家发动、由行政人员推广的教育改革往往与真实的教育环境和教育问题存在隔阂，对于教师每天在教室中面临的困难缺少针对性。按照美国学者古德莱德（J. I. Goodlad）对于五种课程类型的划分，自上而下的控制性改革关注的是专家心目中的"理想的课程"（ideological curriculum）和行政部门规定的"正式的课程"（formal curriculum），而对于教师心目中所"领悟的课程"（perceived curriculum）和实践中"运作的课程"（operational curriculum）以及学生所体验的"经验的课程"（experiential curriculum）缺乏切实的关照。这样的教育改革将教师当作改革的对象而非参与改革的人。这样一种不顾教师的接受能力和现实教育状况，通过制度的手段强行扭转教育实践方式的改革理念势必无法得到教师群体的支持和认同，教师的习惯性行为方式甚至对改革具有潜在的，但却是根本性的阻抗作用。

1995 年，美国教育部长理查德·瑞利（Richard Riley）在致全国教师的一封信上说："如果我们要在二十一世纪成功地建立高成就的教育体系，

[①] ［加拿大］迈克·富兰：《变革的力量——透视教育改革》，教育科学出版社 2000 年版，第 50 页。

我们必须汲取学校老师的智慧、经验与远见，没有聆听老师的意见，我们不能大言不惭地说教与学是此次教育改革的重点。"由专家、顾问和由上而下的领导方式带动的改革方式使教师成了改革的对象而非参与改革的人，无法激发教师的改革意识和动力。整个社会的教育组织系统固然是按照外在需求和行政规划的方式建立起来的，但是，这样一个系统的运行如果将其成员的精神世界的建构弃如敝屣，便无法保证其成员的教育活动严格地遵从"官方的蓝图"（the official blueprint）。

按照解释学的原理，人们对于既定的理论与文本的感受受其个性化需要、信念及独特的认知方式的支配，他们均以自身的需要、个人的信念、目标及先前的经验为基础对于面临的情景进行主观性的阐释。教师在教育改革的实行过程中承担着将改革的理念转化为实践的关键性的工作，他们基于自身的经验与知识解释并改造着官方发动的原始的教育改革方针。教师是教育改革过程中潜在的主体，只是他们的主体地位没有得到教育行政系统的认同，但他们所发挥的主体作用远远超越了教育改革规划者的视域范围。

传统的教育改革对于教师精神存在缺乏切实的关照，忽略了教师主体实践对教育改革规划的转换和再加工作用。教育改革的决策层推行一种指令——责任型的改革运作方式，希望教师作为教育改革的对象和执行者，在行政部门的指引下亦步亦趋地执行官方的教育规划，他们的任务就是按照行政的指令将专家设计的知识系统传递给受教育者。教育改革的观念最终要落实到教师的教育教学行为中才能真正生效，而教师必须从思想上和行为上与当前教育改革的先进理念"趋同"，才能有效地将教育改革的理念落实到实践的层面。也就是说，教育改革的观念必须得到教师的认同，才能对教师的教育教学行为发生积极的影响，才能使整个教育系统的运作方式发生彻底地改变。如果教育改革的理念与当前的教师文化状态存在矛盾，教师群体往往会执着于旧有的价值观与教育行为方式而拒绝改革。即使受到行政与制度的规约而被迫采取新的教育理念和行为方式，也只是"新瓶装旧酒"的表面的行为方式的转变，其精神层面依然坚守着旧有的文化传统。

为了使先进的改革理念在基础教育领域得到真正落实，必须发动教师的教育改革的积极性，培养教师的创造意识与革新能力。赋权—参与型的教育改革观已经在我国教育实践中初步确立，但教育管理者的民主意识和教育实践者应对复杂问题的能力还有待于加强。随着教师自主实践意识以及创造性的问题解决能力增强，教育行政部门应该建立对教师的教学效能与教育规划能力的信任，确立教师的改革主体地位，最好的改革方案是"不用控制而达到控制的目的"，通过对教师的赋权和精神引领使教师主动地参与改革过程。这样，在整个教育改革的运行系统中，没有人感受到与旧的观念和行为方式诀别的切肤之痛，而始终洋溢着一种积极参与的热情和主体责任感。

第八章
教师文化建设的实践观照

优良的教师文化的创建，很大程度上依赖于领导者的统筹规划与组织领导能力，学校管理者需要对本学校范围内的教师文化问题具有清醒的认识，并开发和培养教师所应该具有的应对压力和自我超越的人生态度。

与企业和工厂管理最大的不同就是学校的管理更加需要文化的引领，需要制度规约和精神引领的双管齐下。要以管理引导教师文化的发展，关键要使各种措施主旨统一，即便是最简单的管理措施也应该具有一种内在的文化精神。在管理理念得到教师认同的前提下，管理者应该以各种方式促进教师价值观的转变，引导教师精神世界的发展。

第一节　教师文化建设的整体进展

英国学者罗伯·高菲和盖瑞士·琼斯将文化比喻为隐形的，但却对学校质量起着决定性的支撑作用的东西，"建筑物建立起来以后，你看不到它的柱子、横梁与钢筋，但是少了它们，建筑物将会倒塌。文化对于学校质量来说就是这样"①。但是，由于文化的隐蔽性特征，文化的建设总是不如环境和制度的建设那样现实和具有可操作性，它是一种潜移默化的过程，往往不能取得立竿见影的效果。而且，如果没有切实的有效性措施，即便做了大量工作，也往往收效甚微，或者只能具有表面的、即时性的效

① ［英］罗伯·高菲、盖瑞士·琼斯：《公司精神——决定成败的四种企业文化》，林洙如译，哈尔滨出版社2003年版，第244页。

果。随着时间的推移和环境的改变，人们固有的价值观和思维方式最终使文化建设的成果消失于无形。也就是说，朝令夕改、缺乏统一规划的教师管理方式也许能在教师行为层面发生一定的影响，但却不能触动深层的精神机制。因此，教师文化的建设需要有整体性、可持续性的发展思路。

针对前文所述的教师习惯性行为方式和价值观念中表现出来的问题特征，为了打造满意且具有成就感和事业心的教师群体，B 学校决定通过学校文化的建设影响教师的行为，并采取了明确理念、组织结构改革、制度更新等一系列措施来影响教师的精神世界，打造主动进取与创新的教师文化。

一、办学理念的澄明

一个学校要快速发展，首先要确立群体共享的价值观念。办学理念是对学校整体发展的理性认识和价值追求，是对学校未来发展方向的理想定位，它通过创建一种理想的文化氛围陶冶人们的精神，使人心凝聚、思想统一，最终形成文化的巨大的作用力，推动教育改革与师生思维方式的更新。

针对学校教师中存在的懈怠的精神特征和惯性的工作方式，结合学校的历史文化传统并顺应时代精神，B 学校确立了"尊重为本、享受教育"的教育理念，并加大对办学理念的主旨与内涵的宣传，让办学理念成为师生发展的共同愿景。

> 尊重是发自内心的敬重与珍视，但绝不是无原则的放任与纵容。我们将真诚地尊重善良、诚信、敬业、合作等美好的品质，努力地摒弃懒惰、虚伪、自私、狭隘等不良的品行。
>
> 享受教育是对教育幸福的向往与追求：在尽责中享受生命的神圣感与尊严感；在沟通中分享彼此促进、共同成长的快乐；在学习中享受精神进步与专业发展的幸福；在享受学校生活的丰富与多彩中，使我们的生命质量、人生品质得到完美提升。①

---

① 张萍：《办学理念阐释》，2006 年 9 月 30 日，http：//www.jsfx.net/zblog/u/2/default.html，2007 年 1 月 10 日。

办学理念的提出至多是一种理想的表达，表明了学校发展所追求的核心价值。作为一种思想观念形态的事物，要得到师生的价值认同，切实地转化为师生员工的教育实践和为人处事方式，还需要贯彻落实在学校工作的各个方面，用理念来规范办学中的一切行为。B学校对教师精神文化的改造是一个全方位考虑、系统规划的过程。2004年上半年，B学校申报了山东省十五规划课题《经营享受教育，构建校本管理新模式的研究与探索》，使理念的探究与实践同步进行，使各个层面的改革立足于理性支撑。在实际的践行过程中，办学理念所体现的价值定位无论在学校物质文化的建设还是制度的变革中都得到了有效体现。

二、学校文化的建设

学校文化的建设能够陶冶师生的身心，能够激发他们不断进取，奋发向上的热情，也能通过无声的语言将学校的核心价值理念传递给教师和学生。

由于建校时间比较久远，B学校的校舍一度非常陈旧。2004年，趁着百年校庆的大好时机，他们对学校校园环境进行了全面改造。在最初设计时，领导者就将学校的办学理念渗透其中，将学校的主色调定位为：黄色、蓝色。黄色代表阳光般的心态，蓝色代表大海一样的胸怀。凝聚着理解、支持、包容与鼓励的蓝色，与洋溢着活力、进取、向上的黄色，就这样走进了B学校的校园，走进了师生的生活，时时在提醒着教师们改变心态，开放胸怀，以积极向上的姿态来面对事业与人生。后来，学校又借济南市教育局校园文化建设活动的时机，积极创建既能体现办学理念，又具时代精神的校园文化、楼层文化、教室文化、办公室文化都全面整改。教师阅览室改造成咖啡厅的样式，使教师在舒适的环境中享受阅读带来的精神愉悦。学校的物质设备也大面积更新，建设了省内第一家400平方米的科技馆，科学规划校园网，教师人手一台高配置微机，实现了网上办公，优美的校园环境与高科技的技术手段成为教师心态转变与教学革新的影响因素。

每一所学校都有自己特定的历史传统和文化背景，对学校的文化传统进行全面地梳理、概括和提升，是学校文化建设的重要途径。尤其对于像 B 学校这样的百年老校来说，更是极富岁月遮掩不住的荣光，对传统文化的挖掘理应成为教师文化建设的宝贵资源。

在 2004 年百年校庆的盛大庆典中，学校的管理者与广大师生共同经历了一场思想的洗礼。他们通过别具特色的校庆活动，回顾、展示学校百年的光荣历史，挖掘丰厚的校园文化积淀，弘扬百年名校的优良传统，凝聚人心，形成合力，促进学校整体跨越式发展。特别是对学校历史以及名士的专访（2004 年 9 月 6 日，距离 B 学校百年校庆还有 1 个多月的时间，校长、副校长以及优秀教师、优秀学生代表同济南日报社副总编一行 10 人，奔赴北京，专程拜访了他们的老校友——国学大师季羡林先生，带回了季老对全校师生的亲切问候与殷切期望），使全校师生在感受百年文化底蕴的同时，对自己工作、学习和生活的地方产生了浓厚的感情，激发了主体责任感。

校长在访谈中指出：

> 百年校庆使每一个 B 学校的人拥有了自豪感。
> 百年校庆使每一个 B 学校的人拥有了皈依感。
> 百年校庆使每一个 B 学校的人拥有了使命感。

三、先锋思想的引领

学校文化的建设不能仅仅依靠把办学理念写在墙上、印在文件中，更重要的是要改变教师惯性的工作方式和思维方式。教师在自身经历和周围环境影响下形成的个人价值观和信念具有稳定性和封闭性，如果不受外来价值的撞击和渗透，很难主动地发生改变，这就是法国社会学家布尔迪厄（Pierre Bourdieu）所说的"对应于社会结构中特定位置的性情倾向系统"，也称"习性"或"惯习"（habitus）。"习性是历史的产物，按照历史产生的图式，产生个人的和集体的、因而是历史的实践活动；它确保既往经验的有效存在，这些既往经验以感知、思维和行为图式的形式储存于每个人身上。"① 熟悉的情景和行为方式作为"习性"生成的"场",只能进一步强化教师旧有的价值观和性情倾向系统,如若周围的人都是一心只为稻粱谋,那么处于这种人际氛围中的人也倾向于过一种两眼盯着时钟,朝九晚五的惯性生活。要改变教师的心态和熟悉的行为方式,使其主动摆脱狭隘的眼界和封闭的思想,主动地寻求发展的方向和契机,最有效的途径莫过于引入外部优秀的发展资源,在不同文化意识、价值观的冲撞和渗透中,建构符合时代精神、具有发展潜力的教师文化。

2003 年 9 月 21 日,B 学校成立了"教师发展学校","先锋论坛"也同时开讲。论坛以"接触最有思想的人士,聆听最有见地的话语,实施最有创意的教育"为宗旨,聘请全国知名教育专家,全国各地优秀校长及优秀教师,社会各界知名人士与教师交流、讨论。在与"名士"和"大家"面对面的接触过程中,B 学校的老师逐渐远离了闭关自守的"小国寡民"的心态,生成了大眼光、大胸襟、大气魄。

"先锋论坛"第一期,老师提出的问题依然是一连串的常规抱怨:大班化怎么办,我们老师很累怎么办? 社会上不正之风的影响怎么处理? 而唯独不见对教学有价值的经验交流和问题反思,教师们借助外在于课堂教学的干扰因素推卸自身对教学问题的责任,仿佛所有的教学问题都来自外在环境的影响,而这样的影响如此巨大以至于教师在这样的情景下只能"无所作为"。第二期聘请外地一个校长讲他们学校的管理经验与发展优势,那位知名的校长讲完后,一位老师说:"我们学校也很好,我给你讲讲我们学校好在哪些地方吧……"F 校长说:"这就是老师当时的精神状态,一方面感觉自己了不起,另一方面还不愿意上进,他们与外界交流机会少,根本不知道外界发展到什么程度,似乎也不愿意知道。"

后来,随着与优秀人物、优秀思想的接触越来越多,老师们的思想也受到熏陶,实现了观念的更新,认识到自己与他人的差距,开始学习他人的优秀经验,也主动地探究自身的发展方向。

一位老师在反思日记中写道:

---

① 〔法〕皮埃尔·布迪厄:《实践感》,蒋梓骅译,译林出版社 2003 年版,第 82—83 页。

"先锋论坛"拉开了我读书的序幕。以前的我，白天忙于上课、批改作业、给差生补课。晚上又忙于家务、忙于孩子，终日像一头拉磨的驴子，只知埋头苦干，不知所为何来。名士的渊博知识和博采众长让我望尘莫及，我深深地记得窦老师（窦桂梅）的那句话："读书不是为别人，而是为自己，把它当作自己的一种内在需要。"时间对于每一个人都是公平的，不要抱怨时间，而是主动地挤时间。于是，我读了《爱的教育》、《没有不对的孩子，只有不对的家长》、《斯宾塞快乐教育法》，一本本论著在给我慢慢洗脑，让我重新审视自己的教育教学，重新审视和我朝夕相处的孩子们。真的，观念变了，思想就活了；思考的角度变了，心情就快乐了；一切外在的因素均不曾改变，唯一改变的是自己的心态。而这种健康的心态，来自先锋论坛。

四、民主管理的探求

优良的文化氛围的形成为教师的专业发展和自我实现构建了精神空间。教师有了发展的意识，实现了精神的转变和能力的提升以后，还要给教师创设能力发挥的形式空间，这就需要通过组织结构的改革实现人员的流动与更新

百年的文化积淀与优秀的管理理念薪火相传。新一代 B 学校的管理者深受民国时期的著名教育家王祝晨（20 世纪 30 年代任 B 学校校长）的革新精神的影响，在传承 B 学校文化传统的同时，积极地进行教育改革和创新，其中，影响最大的莫过于人事制度改革。按照分层设岗（将学校岗位分为管理、教学、教辅、工勤四层）、按岗竞争（按照管理、教学、教辅、工勤的顺序分四轮竞争，教师自我申报，竞聘上岗）、岗聘统一（在高级教师的聘任过程中，管理岗、教学岗位优先聘任，教辅岗择优聘任，工勤岗不再聘任）的原则，以制度架构的形成规范每一个教育者的教育行为，同时为每个人的发展提供了超越自我的机遇与空间。

我们学校每年都要面对"高职低聘"这个棘手的问题，每次竞聘的场面都是惊心动魄，搞得所有参与之人都浑身发抖，手心冰凉。其实作为学校领导，我们何尝不知道最简单的办法就是维持现状，即现有高职稳坐高台，未聘教师持证观望。可是让我们设想一下，那样做的结果是什么？现有高职高枕无忧，摆出一幅潇洒模样，不思进取，甚至工作敷衍，不知珍惜；而年轻的优秀者们望洋兴叹，牢骚满腹，积极性受挫，学校的利益受损，学生的利益受损，进取者、贡献者利益受损，学校就会如一潭死水，怎能谈得上发展与进步？[1]

出于对教师独立人格的尊重，学校成立了教师代表大会，实行民主化管理。当然，民主不等于放任，而是正确引导下的民主。学校领导通过与代表的思想交流以及教代会诚信宣言等手段培养代表的责任感，弘扬正义与正气精神，使教代会真正地成为教职工的合法权益的保障，提升了教师的民主意识。

另外，为进一步激发学校管理者和教师的工作积极性，提高管理效能和教师发展水平，学校还进行年级主任负责制、学术专业委员会制、校内人才交流小市场（年级主任与教职工进行双向选择，对于剩余教师学校重新安排或参加学习培训）等方面的改革，改变了教师凭惯性应对一切的局面，激发了发展的活力。

五、人文制度的建构

任何组织的管理都要通过制度的建设来实现管理目标。但是，制度的精益求精、广罗密布并不一定能产生预期的效果。"制度的奥秘就在于：制度的精神重于形式。通过制度创新来促进学校发展的关键不是求取制度

---

① 张萍：《谈学校民主化管理》，2006年9月30日，http://www.jsfx.net/zblog/u/2/default.html，2007年1月10日。

的形式，而是催生内在制度精神。"① 一味地规约并不能带来思想的转变，学校的办学理念要由理想变为现实，需要的是"刚柔相济"的管理制度。

为了真正地激发教师的教学热情和主体责任感，B 学校出台了以下三种类型的制度：一是体现管理意志的"冷"制度（惩罚制度）。这是针对学校部分教师身上的突出问题，及时出台的《戒酒令》、《教学事故认定及处理决定》等明确、严厉的处理政策，这样的制度有力地遏制了学校中的问题与不良现象的蔓延。二是发挥引领作用的"热"制度（物质与精神层面的奖励制度）。《阳光、星光、荧光教师评选及奖励制度》、"金点子奖"等制度的出台，激发了教师的上进心。三是包含人文关怀的"暖"制度（针对教师的生活诸方面提供的各种福利）。《教师福利发放的有关规定》、《教师贤内助评选的有关规定》、《准妈妈谈话制度》等体现人文关怀的制度的出台不仅使学校教师能从中体验到幸福，而且使教师家属也生发一种与学校心心相连、休戚相关的精神。这样一些多角度、多层次、多内涵的制度相互支持，形成了理性规约与人文关怀相得益彰的科学的制度体系，消除了教师对制度的本能的抵触情绪，教师开始以积极健康的心态投入工作中。

理念、校园文化、制度、组织结构等对于学校发展的重要性是任何学校领导都能认识到的，很多学校领导在以上各个方面，尤其是在体制建设方面进行了不懈努力（因为体制建设比理念和校园文化的建设更加现实和具有可操作性）。有的学校在制度上精益求精，有的学校在组织结构建设上殚精竭虑。体制和组织结构的完善是保证学校教学任务有效完成的基本条件，但仅仅停留在这个层面上还不足以保证学校教学目标的实现，关键还要看有没有促进人的价值观的革新，这是学校教育变革的核心要素。而对于改变人的习惯性思维方式和价值观念层面的问题，没有单方面的解决办法，必须要使理念、制度、组织结构的变革同步进行，以促进人的精神的变革为核心，统筹各种变革的力量，使之方向一致，相辅相成。

---

① 杨全印、孙稼麟：《学校文化研究——对一所中学的学校文化透视》，教育科学出版社 2005 年版，第 72 页。

第二节　教师文化建设的实践成效

心灵是一个依附于物质和制度但却高明于物质和制度的东西，它通过对人的具体行为的支配而验证精神的能量。教师文化的建设能有效地激发教师的心灵力量，使教师在具有情感满足和共同体归属的前提下，建立起为学生和社会发展而努力的精神动力。

一、教师精神状态和思维方式的转变

通过上述一系列的管理措施，B学校教师的精神状态与思维方式发生了很大转变。F校长说，很明显地感觉现在B学校的老师成熟了，在竞岗中落聘也能坦然接受，正常工作。并欣喜地向我们讲述竞聘过程前后发生的老师互帮互助，以及一些老师落聘后更加认真地工作的感人故事。这样的转变主要来自"变革运动的精神力量"，"这种精神力量把阻力视为任何事物的始点而非终点。在这种精神力量中，尽管存在制度的阻力，变更不仅仍然会发生，而且阻力有助于变革发生。阻力本身就显示对某种新事物的需要。它鼓励人们去憧憬其他的可能性，并激励那些为之奋斗的人们的斗志。"①

理念的引领与制度建设改变了教师的抱怨行为，舆论的疏导工作加强了教师和管理者之间的沟通，发展了教师建设性的思维方式。教师不再感觉到受一种循规蹈矩的生活方式的束缚，对于学校发展中的问题不再是一味抱怨，甚至不仅仅停留于发现问题，而且主动地寻找根由，探究问题解决的办法，向管理者献计献策。在专业发展上，正常的竞争依然存在，但教师之间不是互相排挤、敌视与防备，而是开始在互相鼓励与共同发展的愿景下共同学习，互相交流。很多教师将自己辛苦整理的教学材料发布在校园网上，与同事分享，将自己的教学方法和课堂教学反思提炼出来，与

---

① ［美］帕尔默：《教学勇气：漫步教师心灵》，吴国珍等译，华东师范大学出版社2005年版，第164页。

同事商榷。除此之外，教师对于教育事业的热情大大提升，对于学生的成长表现出更多的关爱，这样的热情和关爱在 B 学校的校园以及博客上处处涌动。

有的老师对教学材料《指定古诗》与《补充古诗》进行了分类整理：

补充古诗分类①

尊敬的老师们：我花费了几天的时间，把《指定古诗》和《补充古诗》粗浅地作了分类整理，可能对你的教学会有帮助，特发在网上，不是因为时间有限，确确实实是由于我自己的水平有限，在分类过程中，肯定会有许多不当之处，还恳请您的不吝指教。

特别说明：（1）因有的字输入法的程序中没有，故选用了同音字代替，例：《山雨》的作者楔逊，《寒食》的作者韩宏。（2）《指定古诗》和《补充古诗》有 18 首是重复编入，所以我只在《指定古诗》中进行了分类。以下是《补充古诗》与《指定古诗》重复的篇目………

有的老师对教师的职责进行了全新解读，撰写了《师者》、《另类老师》等一系列文章：

师者②

为人师者，无非传道授业解惑也。所传之道决定所授之业，也关系着能否真正为人解惑。严格说起来，很多的理所当然，未必不是误人子弟。或说开卷有益，只要学生喜欢，读什么都行，总有帮助，果真如此吗？真正有益的书现在是越来越少了，有些

---

① 兰草：《补充古诗分类》，2006 年 12 月 20 日，http：//blog. jsfx. net/blog/user1/199/ar-chives/2006/1672. html#1142，2007 年 1 月 10 日。

② 真意忘言：《师者》，2007 年 1 月 9 日，http：//blog. jsfx. net/blog/user1/1/archives/2007/1778. html，2007 年 3 月 20 日。

书简直是垃圾、毒品，能放心地让学生去看吗？就是有益的书，穷其一生也读不完，以有涯之生阅无涯之书，取法乎上是必需的，然而又谈何容易。师者之道是关键。

或说创新最重要，试问，无有根本，创新何用。一个社会又真的需要多少创新人才呢，大多数的人还是要先扎扎实实地做好本职工作的。再说真正的成功的创新，哪个又不是脚踏实地的继承与发展呢？新的不一定都是好的，旧的也不一定都不好。其中分别，不需要师者之道的把握吗？

或说艺不压身，多多益善。但只顾了艺，只求其多，是否会舍本求末，忘记了做人的根本呢？记得中学时一位化学老师很有特点，他教给我的知识十有八九都忘了，却记住了他的一句话："认认真真做事，老老实实做人"，至今受用。

或说只要勤奋努力就能获得成功，好好学习文化知识就能把握自己的未来人生。直到三十岁才明白，努力并不代表成功，读书也不能真正把握人生。一位师者曾经说过，多数人一生下来能到什么程度，其范围就大体确定了，横竖折腾也超不过去。虽说有点儿绝对，仔细想想，也不能不说有一定的道理。立志要高远，走起来还要脚踏实地。其为师者，不可以不明。

或说要积极发言，只要能说，似乎说什么就显得不是那么重要了，反正说了自己的真实想法了，或求快不求质，或求多不求实。且不说是否真的言多必失，言多必躁，言多必自伤，但博观而约取，厚积而薄发，深思精言，用自己的行为去拓展人生，不能不说是真正的成长之道，学习之道。为师者是否当思之呢？

像一个四处飘荡的游子，总能找到自己的故乡。教育的外衣不管怎样变，终归还需要一些根本。"上所施下所效谓之教。""教者，长善而救失也。""育，养子使作善也。"这些穿越千年的话语，在大浪中淘了万遍，听在耳中仍然极有温度。在这个纷繁变幻的时代，那些曾经的简单，是否可以帮助我们找到教育的根本呢？

师者，其负也重，其思也远，其性也定，其行也简。如是乎?

F 校长给我们讲述的校园故事:

时间：冬日，雪后的某一天

地点：校园操场

人物：F 校长、H 老师、学生

在前一天的雨雪交加的天气以后，第二天的清冷的天气让雨雪都化成了寒冰。开车前往学校的路上我就暗自着急，这样的天气缓慢行走在路上的行人都有滑倒的危险，何况走路乱蹦乱跳的小学生，我心里暗自着急，可湿滑的路面加重了路上堵车的频率，干着急也没有用。

好不容易到了学校，一进门就看到几个早来的老师正在学校大门口迎接学生，提醒学生小心，牵引学生走过危险之处……

学生都安全地进入教室后，我赶紧找几个领导商议对策，出台紧急应对方案。

课间的时候，我到校园巡视，看看还有没有别的安全隐患。在学校操场上，老远地看到 H 老师抱着个孩子过来了，印象中 H 老师的孩子好像是这么大，应该是她的孩子吧。走近以后，我与她交谈起来。

"这是你的孩子啊?"

"不是，是个学生。"

"那这是怎么了?"

"哦，没什么，这不路上滑嘛，这个胆小的孩子吓得怎么也不敢走，我就把他抱了过来。"

H 老师抱着孩子的身影越走越远，我当时有一种很震动又很感动的感觉，这就是我们学校最美的风景，这就是我们最可敬的老师，我真懊悔身边没有带照相机，要是能把这样感人的一幕幕拍下来多好。

二、教师文化的动态发展

如前文所述，教师个体之间由于思想观念与性格特征不同，加之所处的人文环境的差异，导致教师文化状态具有个体差异性，在不同的教师身上具有不同的文化表现。

F校长认为，如果用"你为什么要当教师？"这个问题来考察他们，教师给出的答案不外乎三类：谋生手段、自我实现、热爱，她根据这种不同的动机水平把教师划分为三种不同的工作境界："小"教师、"能"教师和"好"教师，分析了不同类型教师的发展趋势和社会需求值，并根据不同教师的特点提出了不同的管理策略：

教师工作的三种境界与学校管理策略（节选）①

"小"教师并非个头小，而是"境界低"、"眼界小"。这类教师比较多的关注比如房子、工资、福利等物质层面的收益，工作的最终目标就是完成工作任务，"不求有功，但求无过"，本本分分、按部就班、尽职尽责即是他们工作的最佳状态。他们厌烦改革，惧怕创新，渴望相对安定的工作环境和波澜不惊的生活氛围，"不断改善工作生活条件，提高福利待遇"即是他们的最高追求。

"能"教师不仅仅满足于解决自身的生活需要，得到合理的劳动报酬，更渴望机遇的垂青，能得到充分展示自己才华与能力的舞台，希望得到认可与鼓励。他们在工作中注重挖掘自身潜力，追求自身价值实现，积极进取。在他们身上有着一般教师所不具备的"绝活"或"秘籍"，或是在课堂上挥洒自如，或是在学术上著书立说，或是在某个领域独树一帜，"专业化"是他们

---

① 张萍：《教师工作的三种境界与学校管理策略》，2006年9月29日，http：//www.jsfx.net/zblog/u/2/default.html，2007年1月10日。

的突出特征。

"好"教师是真正具有"博爱"情怀的教师。他们发自内心地爱教育，爱学生。能当一名"教师"，同学生在一起，对他们来说，是莫大的享受。他们不受虚名所累，不被俗利吸引，也不会因暂时的困难或挫折而消沉，他们致力于自己的发展，但更关注学生的成长，他们不仅努力改善学生当前的学习状况、素质提升，更着眼于学生未来的发展走向。正因为如此，他们得到学生发自内心的热爱和尊重。他们的需求是希望有宽松自主地发挥空间和社会、学校真诚的理解和有力的支持。

对"打工仔"式的"小"教师要重在管理，通过制定制度规定底限，必须完成工作任务，不提"奉献"，强调"敬业"；对"教书匠"式的"能"老师则要引导其正确地追求"名利"，所谓"君子爱财，取之有道"即在于此；"教育家"有极高的自律性、自为性。在一定程度上的确不取决于学校的造就，但却亟待学校管理者的扶植和呵护。"好老师"需要管理者发自内心的敬重、无条件的支持，即使他们一时不被大家所接受，也要努力去创设帮助其实现教育理想的优良环境。有时作为学校管理者，还应不计一时一校的得失，打开门户任雄鹰展翅翱翔，因为一个优秀的"教育家"不仅可以造福一班学生、一校学生，还可以教育和唤醒更多有良知的中国教师。

教育的真谛不仅仅在于知识的传输，更多地在于心灵的滋养，而心灵滋养最有效的途径莫过于以心感动心。关注、滋养学生心灵的前提，是对教师心灵的发掘、拓展、守护、滋养，也就是如帕尔默所说的开发"优秀教学之源泉的教师心灵"，这样的心灵是智能、情感和精神的有机结合，"凭智能，是指我们思考教与学的方法——人们如何获知和学习的概念、有关学生和学科本质的概念，以及这些概念的形式和内容。凭情感，是指在教与学时我们和学生感觉的方式，——它既可以增多也可以减少我们之间的交流。凭精神，是指我们对于心灵和芸芸生灵密切联系之渴求的多种响应——一种对生命的爱与对工作的渴望，尤其是对教学工作的渴望"①。迈克·富兰将"智力、政治和精神力量的融合"看作能产生巨大动力的机制，他说："当这种融合真正产生的时候，它就会产生 5 倍于前者的能量——这种能量对于在一个复杂的系统中取得自我组合方面的突破性进步是十分必要的，而这种能量仅仅通过运用规划和制度管理的办法是永远不可能得到充分发掘的。"②

在教师文化的建设中，无论是制度的建设还是精神的引领，关键是看能否触动教师的心灵，只有教师的心灵世界不再苍白，学校的发展才是灵动而充满诗意的，学生的成长才是健康而富有生机的。

具有丰富的心灵资源的好教师甚至不仅仅具有改造教育、引导教师群体的精神力量，而且应该具有社会责任意识与道德责任感，如同萨义德所说，知识分子应该为民喉舌，对学生、社会乃至全人类展示伦理关怀。这样的高度的确不是人人都可以达到的，却是所有教师都应该努力追求的方向。育人者必先自育，如果所有的教师都在谋生的层面上工作着，教学对他们来说和经商、从政、务农、做工一样，只是一种生存的方式，那么，学生的心理危机会日益严重，社会的道德水准会日益下降，最终人类的生存也将受到威胁。

正因为教师承担着引领人类未来与希望的崇高职责，因此，教师不仅应该为教育与社会的发展提供智力支持，而且要为人类社会的发展提供道德引领。面对社会生活中的道德失范与价值混乱现象，教师必须以中流砥柱的姿态抵制道德的偏差，为人类社会的和谐、健康发展而思考、工作、研究。

对崇高的教师文化精神的向往和追求使得教师文化的建设成为一个动态的、持续发展的过程，要求学校管理者将教师发展的目标不仅定位于学校发展和教学成绩的提高，而更多地在于教师精神世界的健康成长。

---

① ［美］帕尔默：《教学勇气：漫步教师心灵》，吴国珍等译，华东师范大学出版社 2005 年版，第 5 页。

② ［加］迈克·富兰：《变革的力量——透视教育改革》，教育科学出版社 2000 年版，第 289—291 页。

结束语
追寻失落的知识分子精神

　　《现代汉语词典》对"知识分子"的解释是"具有较高文化水平、从事脑力劳动的人"。似乎知识分子只是那些占有知识并以知识为业的人。然而，一旦我们将思维的逻辑生发点凝聚在知识分子的雏形或者说最早的知识分子群体身上，我们不难发现，无论是中国历史上"不可不弘毅"的"士"阶层，还是意欲改变社会文化落后状况的别林斯基、车尔尼雪夫斯基等沙俄青年贵族，以及对抗不正义行为的左拉、雨果等法国文人，使他们得以成为历史上知识分子精神的象征的，并不仅仅是他们所占有的知识量的多少以及具体的职业生存方式，而是他们对理想价值的坚持和对社会问题的关注。

　　有关知识分子的最经典的比喻就是将知识分子喻为"社会的良心"，可见，并不是有知识就能称为知识分子，有知识只是成为知识分子的条件之一，是必要但不充分条件。除了知识的占有之外，判断一个人是否知识分子的更重要的条件是他是否具有知识分子的精神气质和社会责任感。

　　知识分子身份的认定与其从事的职业性质并无多大关系，而与对正义的坚持和对真理的追求有关。虽然社会思想家对知识分子的各种各样的界定都过于笼统和宽泛，但都趋向于把知识分子想象为在社会中扮演领导者角色、起着社会中坚作用的人，如列宁认为："知识分子之所以叫作知识分子，就是因为他们最自觉地、最彻底地、最准确地反映和表现了整个社会的阶级利益的发展和政治派别划分的发展。"① 卡尔·曼海姆（Karl

---

① 《列宁全集》（第 7 卷），人民出版社 1986 年版，第 324 页。

Mannheim）说他们是"拥有最大的机会，能够检验和利用社会中可以得到的视角，并经验其中的不一致"① 的人；萨依德认为知识分子最重要的本质是"对权势说真话"，知识分子"必须意识到其处境就是公开提出令人尴尬的问题，对抗（而非产生）正统与教条，不能轻易被政府或集团收编，其存在的理由就是代表所有那些惯常被遗忘或被弃置不顾的人们和议题"②；刘易斯·科塞（Levis Coser）认为他们是"为了思想而不是靠思想而生活的人"③ 的人；皮埃尔·布尔迪厄（Pierre Bourdieu）的评论更是一针见血，他认为，要想"拥有知识分子这一头衔"，文化生产者"必须把他们在特定的文化领域里的特殊专长和权威用于这一领域之外的政治活动"④。

可见，知识分子身份的认定与他们对理想价值的坚持和社会参与程度相关。他们既是思想和知识的创造者，又试图通过思想和知识的力量影响整个社会，而且，知识分子精神的关键恰恰在后者。比如在法国德雷福斯事件中，具有正义思想的人士勇敢地站出来挑战国家权力，不惜以自己的生命和安宁作代价，为素昧平生的他人伸张正义，彰显了知识分子无与伦比的道德勇气与社会关爱。民国时期，社会转型导致各种问题频生，不同主张、不同派别的知识分子围绕着社会问题的解决进行思想斗争的同时，也通过社会实践推进和验证着自己的思想主张。他们针对乡村破败的现实状况进行的以复兴乡村文化、进行民族自救为目的的乡村教育运动盛极一时。他们或著书立说，研讨乡村问题和乡村发展方向；或组建团队和研究机构，培养乡村建设人才，扩大乡村教育思想的社会影响；或躬身乡间并建设实验区，塑造着理论与实践完美结合的教育典范。他们从知识分子的为学之道出发，在危机四伏的时代里勇敢地担当起匡时济世的匹夫之责，通过教育实践去挽救民族的命运和国家的前途。比起书斋中的"两耳不闻

---

① ［德］卡尔·曼海姆：《卡尔·曼海姆精粹》，徐斌译，南开大学出版社 2002 年版，第 132 页。

② ［美］爱德华·W. 萨义德：《知识分子论》，单德兴译，三联书店 2002 年版，第 17 页。

③ 许纪霖：《中国知识分子十论》，复旦大学出版社 2003 年版，第 10 页。

④ Bourdieu P.（1989），The Corporation of the Unicersial：The Role of Intellectual in the Modern World，Telos 81（Fall），p. 99.

窗外事"的学究，他们以民为本、勇于担当、笃于实践的入世精神更值得尊崇。

随着现代社会学科建制和专业化分工的发展，知识分子行使自由意志的公共空间逐步缩小，专家与专业人士的兴起与知识分子精神的退隐相伴而生，狭隘的专业意识构成对知识分子精神的巨大威胁，学者和专家不再被鼓励在公共生活中勾画生命的蓝图，而是退缩到专业中去寻找自身存在的价值和意义的证明，似乎专业知识本身不需要生活的验证而具有自足的目的一样。知识分子群体逐渐由波斯纳所说的公共知识分子——以公众为对象、就政治和意识形态性质的公共问题发表意见的知识分子——蜕变为体制内知识分子，他们的学术研究和自由言论也受到了非学术力量的影响和支配。在随着社会政局的发展而几度浮沉以后，很多人形成了明哲保身的学术性格，成为体制内的"意识形态阐释者"或"沉默羔羊"，成为被体制规约的"装在套子里的人"。

现今，各国社会都普遍承受着价值混乱与道德滑坡的诘难，不能说与知识分子"专业化"以后的精神状态无关。"知识分子的专业化，使得他们丧失了对社会公共问题的深刻关怀，而知识分子的有机化，又使得他们丧失了超越性的公共良知。"① 当前，面对社会环境的和谐和社会管理体制的完善，知识分子理应在社会发展过程中承担社会良心的职能，用适当的方式表达自己的社会问题的适当见解，表达人们应该追求的理想价值。这尤其需要唤醒知识分子专业体制外的"社会人"意识，使其从文化与精神协同发展的立场出发，通过对社会问题的理性分析与判断，在学术的阐发过程中真正实现人文关怀。

在一般民众的理解中，教师可谓是社会知识分子的典型代表，并在知识分子群体中占据着主体地位，以至于在某些场合下有把两个概念等同的嫌疑，因为一提到知识分子，人们往往首先联想到的就是教师这一受过高等教育，掌握知识并以知识传播为己任的群体。但是理性地透视教师群体，我们只能说教师天然地具有知识分子的外在形态，但却不一定具有知

---

① 许纪霖：《中国知识分子十论》，复旦大学出版社 2003 年版，第 9 页。

识分子的内在精神。按照知识的掌握情况以及与知识的密切程度来说，教师是知识的传播者甚至是创造者，他们的职业也是因知识创生与传播的需要而产生并存在。但仅仅掌握知识并不构成完整意义上的知识分子，除了知识的占有之外，他们还应该是真理与正义的化身，他们对社会的发展具有义不容辞的责任。这种完整的知识分子精神在教师发展的历史上的确有所体现。

尤其是古代历史上的教师，由于游离于体制之外，他们有着更多的发挥自由意志的空间，他们崇尚"美德"、"真理"与"道统"更甚于崇尚世俗权威。无论是中国的孔孟先师，还是被誉为"西方孔子"的苏格拉底，他们之所以被奉为教师的楷模，并被赋予崇高的社会地位，与其说是因为他们掌握的知识，不如说是因为他们具有高尚的品德，以及积极参与社会生活和人文关怀的精神。孔孟以高超的智慧和高尚的品德教育弟子并影响社会，他们在古代社会发挥的精神导师的职能远远大于其所承担的知识传授的职能。他们希望能以自身高尚的人格和优秀的伦理思想达到"化民成俗"的教化目的，并积极地以"道"干预统治者的治国方略，以达到"修身齐家治国平天下"的理想目标。苏格拉底是第一个作为公众教师的雅典人，虽然从事的是教育事业，但却把主要精力放在考虑国家利益和公众利益上，他从热爱雅典、忠于城邦的立场出发，对雅典民主政治的缺点进行抨击，并为了当时雅典文明中潜存或正在滋长的危机，如法制观念淡化、金钱权利的诱惑、道德的日益滑坡等，而甚感忧虑，他认为危机解决的唯一途径就是教育青年成为好的公众，并毕生致力于此。

古代的教师之所以具有心系天下的宏大视野，一方面固然与当时的社会政治环境有关，但更重要的是由于他们认识到了教师和教育天然地承担着的社会道德使命。在中国教育史上，这样本着自己的良知，服务于道德的力量，身居象牙塔内，心系黎民苍生的知识分子精神火花还时有迸发。尤其是在时局混乱、动荡不安的年代里，教师能更多地作为真正的"思想者"站出来，积极探索社会发展的方向，甚至成为社会思想与实践领域变革的中坚力量。典型的如春秋时期"讲学兼议政"的稷下先生，明清时期"为天地立心，为生民立命，为往圣继绝学，为万世开太平"的东林学者，还有五四时期高举"民主与科学"旗帜的青年学者，他们都具有大社会的眼光和气魄，在乱世中积极追求终极的理想价值和生命意义。

教师群体发挥知识分子精神的有利条件具体表现在以下三个层面：第一，他们受过高等教育，拥有更多的知识和智性，能够运用知识和智慧进行思考和判断，能对发生的社会和文化问题进行更深的学理层面的解释，有能力向世人提出更加合理的问题解决之道。第二，教育者具有更多的道德关怀，他们本身承担着教人求知、教人向善的职责，他们理应追求并实践真、善、美的统一，并可以以此为价值尺度判断一切社会事物。第三，教育是为未来社会培养人才的事业，教育者需要具有更多的社会责任感和使命感，他们对社会问题的解决和社会的发展负有一定的责任，他们理应超越自己的职业角色与地位，运用自己的知识与思想，去为社会的问题与困境谋求解决之道。

而现今的教育环境可谓是一个自我封闭的、自我中心的、脱离社会生活主题的环境，校园如"围城"般区隔了教育的世界和现实的生活，很多教师对现实的社会生活产生很深的疏离感，教师更多地成为一种职业类型或特定的经济利益阶层，他们以"知识的占有者"的角色出现，不再属于"思想观念性的精神群体"，在知识的工具化发展态势下日益失去"人类价值的守护者"的精神担当，这使得教育工作者徒具知识分子外壳而失去了知识分子的精神内涵。伴随着教育世界与现实生活的远离，教师与学者大幅度地从广场向学院退缩，并且随着"专业化"思潮的兴起和意识形态的强化而越来越成为技术专家或意识形态的阐释者，这一形象原有的精神导向功能萎缩了；相反，它的专业性和技术性却得到了空前彰显。

诚然，对于教师的业务熟练程度和学术工作的发展来说，"专业化"的要求的确可以使教师们受益良多，可是，教育者在传授知识的职责之外，毕竟还担负着"人类灵魂的工程师"的角色，"专业化"在促进教师的教学技能的熟练化之外，似乎把更本质、更重要的精神性发展的维度遗忘了。正如英国社会学教授弗兰克·富里迪（Frank Furedi）所言："专业人士的脑力劳动关注的是提供服务，而不是推进思想。只要思想包含在专业任务的完成中，思想就不是因自身而有价值，而是作为实现他们的手段而被重视。"①

　　由于"专业化"发展对技术熟练程度的过分关注和对精神发展的漠视，广大的教师在很大程度上失去了"公众教师"和"社会思想者"的精神气质，成为典型的"学科专家"，他们作为社会良知的代言人的功能正在悄然消退，社会责任在他们的意识中已经不再占据主流地位，他们已经过多地失去了难能可贵的社会关怀的意识和勇气，他们的学术也失去了引领社会精神文化发展的价值。

　　古代教师作为体制外的漂流者，还保有"士"阶层的政治热情和社会忧思，只是由于后来体制的变革引发了思想层面的革命，教师带上了制度的枷锁，顺便也脱下了知识分子的圣衣，有了体制上的归属，却失落了精神上的家园。现代教师已经很少发挥社会良知的代言人的职能，越来越多的教师在专业化技能提升的过程中遁入了思想的空门。就是在这样"思想淡出，学问凸显"的时代，在"人类灵魂的工程师"可能"臣服"于体制与权势的阴影之下时，对教师知识分子精神的呼吁就更加紧迫。因为越是在艰难与稀缺的环境下，我们越是要对崇高的精神更加珍爱并努力保有。爱德华·萨义德（Edward Said）说："知识分子是有能力向（to）公众以及为公众（for）来代表、具现、表明讯息、观点、态度、哲学或意见的个人。"② 并坚决反对知识分子退缩进狭窄的专业领域，成为冷漠、狭隘、唯专业建制是从的套中人。"科层制机器能够创造出它所需要的整齐划一的思想和遵从，但如要长期生存，就要利用批判性的判断，而这是被管制的头脑所无法产生的。"③ 教师也只有摆脱"唯专业主义"和知识生产的"工具主义"的羁绊，坚持教育者的专家伦理和对普遍道德法则的信守，同时进一步弥合教育世界和社会生活的疏离，发展公众教师般的对社会"布道"的勇气，才能脱掉穿在教育者身上的"知识分子"的"皇帝的新

---

　　① ［英］弗兰克·富里迪：《知识分子都到哪里去了》，戴从容译，江苏人民出版社 2005 年版，第 36 页。
　　② ［美］爱德华·W. 萨义德：《知识分子论》，单德兴译，三联书店 2002 年版，第 16 页。
　　③ ［德］卡尔·曼海姆：《卡尔·曼海姆精粹》，徐斌译，南开大学出版社 2002 年版，第 173 页。

衣"，而真正地以知识分子的身份登场。

在当今中国的知识界，已经绝少听到如五四青年、东林学者等发出的启蒙与批判的声音，知识界普遍的精神平庸让我们感到沮丧。然而，我们不能因为普遍就默认它的正当性，沉默不应该是知识分子应有的性格和生活态度。即便是从庙堂和广场退居学院的"象牙塔人"，也要防止被职业化和技术化的浪潮冲刷了思想的灵性。作为一个有良知的中国人，作为一个准备以传播真理为业的知识人，我们无法忘记自己肩负的社会责任。诗人雪莱曾把自己比作宇宙的竖琴，要为宇宙奏出痛苦和忧伤。在承担着人才培养与民族复兴大任的意义上说，具有知识分子品性的教师不正应该是国家和民族的竖琴吗？

参考文献

一、专著

1. ［波兰］弗·兹纳涅茨基：《知识人的社会角色》，郏斌祥译，译林出版社 2000 年版。

2. ［德］M. 兰德曼：《哲学人类学》，阎嘉译，贵州人民出版社 2006 年版。

3. ［德］费希特：《论学者的使命·人的使命》，梁志学译，商务印书馆 1997 年版。

4. ［德］卡尔·曼海姆：《卡尔·曼海姆精粹》，徐斌译，南开大学出版社 2002 年版。

5. ［德］卡尔·曼海姆：《文化社会学论要》，刘继同等译，中国城市出版社 2002 年版。

6. ［德］卡尔·曼海姆：《重建时代的人与社会：现代社会结构的研究》，张旅平译，三联书店 2002 年版。

7. ［德］彼得·科斯洛夫斯基：《后现代文化》，毛怡红译，中央编译出版社 1999 年版。

8. ［德］卡尔·雅斯贝斯：《时代的精神状况》，王德峰译，上海译文出版社 2003 年版。

9. ［德］马克斯·韦伯：《学术与政治》，冯克利译，三联书店 1998 年版。

10. ［德］马克斯·韦伯：《社会学的基本概念》，顾忠华译，广西师范大学出版社 2005 年版。

11. ［德］诺贝特·埃利亚斯：《个体的社会》，翟三江等译，译林出版社 2003 年版。

12. ［德］尤尔根·哈贝马斯：《交往行为理论：行为合理性与社会合理化》，曹卫东译，上海人民出版社 2004 年版。

13. ［法］埃德加·莫兰：《迷失的范式：人性研究》，陈一壮译，北京大学出版社 2004 年版。

14. ［法］埃米尔·涂尔干：《社会分工论》，渠东译，三联书店 2000 年版。

15. ［法］路易·迪蒙：《论个体主义：对现代意识形态的人类学观点》，谷方译，上海人民出版社 2003 年版。

16. ［法］皮埃尔·布迪厄、［美］华康德：《实践与反思——反思社会学导论》，李猛、李康译，中央编译出版社 1998 年版。

17. ［法］皮埃尔·布迪厄：《实践感》，蒋梓骅译，南京译林出版社 2003 年版。

18. ［法］齐格蒙·鲍曼：《立法者与阐释者——论现代性、后现代性与知识分子》，洪涛译，上海人民出版社 2000 年版。

19. ［加］迈克·富兰：《变革的力量——深度变革》，教育科学出版社 2004 年版。

20. ［美］R. M. 基辛：《文化·社会·个人》，甘华鸣等译，辽宁人民出版社 1988 年版。

21. ［美］T. 帕森斯：《社会行动的结构》，张明德等译，译林出版社 2003 年版。

22. ［美］戴安娜·克兰主编：《文化社会学——浮现中的理论视野》，王小章等译，南京大学出版社 2006 年版。

23. ［美］戴维·斯沃茨：《文化与权力：布尔迪厄的社会学》，陶东风译，上海译文出版社 2006 年版。

24. ［美］杰弗里·C. 戈德法布：《"民主"社会中的知识分子》，杨信彰、周恒译，辽宁教育出版社 2002 年版。

25. ［美］柯尔伯格：《道德教育的哲学》，魏贤超等译，浙江教育出版社 2000 年版。

26. ［美］克莱德·克拉克洪：《文化与个人》，高佳译，浙江人民出版社 1986 年版。

27. ［美］克利福德·格尔兹：《文化的解释》，韩莉译，译林出版社 1999 年版。

28. ［美］拉尔夫·林顿：《人格的文化背景：文化、社会与个体关系之研究》，于闽梅等译，广西师范大学出版社 2006 年版。

29. ［美］露丝·本尼迪克：《文化模式》，何锡章等译，华夏出版社 1987 年版。

30. ［美］马歇尔·萨林斯：《文化与实践理性》，赵丙祥译，上海人民出版社 2002 年版。

31. ［美］乔尔·斯普林格：《脑中之论：教育哲学导论》，贾晨阳译，北京大学出版社 2005 年版。

32. ［美］乔纳森·H. 特纳：《社会学理论的结构》北京大学出版社 2004 年版。

33. ［美］乔治·H. 米德：《心灵、自我与社会》，赵月瑟译，上海译文出版社 2005 年版。

34. ［美］塞谬尔·亨廷顿、劳伦斯·哈里森主编：《文化的重要作用——价值观如何影响人类进步》，新华出版社 2002 年版。

35. ［美］约翰·杜威：《学校与社会·明日之学校》，赵祥麟等译，人民教育出版社 2004 年版。

36. ［美］约翰·R. 霍尔、玛丽·乔·尼兹：《文化：社会学的视野》，周宪、许均译，商务印书馆 2002 年版。

37. ［美］约瑟夫·劳斯：《知识与权力——走向科学的政治哲学》，盛晓明等译，北京大学出版社 2004 年版。

38. ［以色列］S. N. 艾森斯塔特：《反思现代性》，旷新年等译，三联书店 2006 年版。

39. ［英］弗兰克·富里迪：《知识分子都到哪里去了》，戴从容译，江苏人民出版社 2005 年版。

40. ［英］麦克·F. D. 扬主编：《知识与控制——教育社会学新探》，谢维和、朱旭东译，华东师范大学出版社 2002 年版。

41. ［英］帕特里克·贝尔特著：《二十世纪的社会理论》，瞿铁鹏译，上海译文出版社 2002 年版。

42. 曹世潮：《文化战略》，上海文化出版社 2001 年版。

43. 陈嘉明：《现代性与后现代性十五讲》，北京大学出版社 2006 年版。

44. 陈弱水：《公共意识与中国文化》，新星出版社 2006 年版。

45. 戴茂堂、江畅：《传统价值观念与当代中国》，湖北人民出版社 2001 年版。

46. 冯俊主编：《哲学家·2006》，人民出版社 2006 年版。

47. 葛荃：《立命与忠诚——士人政治精神的典型分析》，浙江人民出版社 2000 年版。

48. 葛荃：《权力宰制理性：士人、传统政治文化与中国社会》，南开大学出版社 2003 年版。

49. 胡潇：《文化的形上之思》，湖南美术出版社 2002 年版。

50. 荆学民：《社会转型与信仰重建》，山西教育出版社 1999 年版。

51. 李蜀人：《道德王国的重建》，中国社会科学出版社 2005 年版。

52. 李泽厚：《中国古代思想史论》，天津社会科学院出版社 2003 年版。

53. 李泽厚：《中国近代思想史论》，天津社会科学院出版社 2003 年版。

54. 刘进田：《文化哲学导论》，法律出版社 1999 年版。

55. 欧阳康：《社会认识论》，云南人民出版社 2001 年版。

56. 秦光涛：《意义世界》，吉林教育出版社 1998 年版。

57. 司马云杰：《价值实现论——关于人的文化主体性及其价值实现的研究》，陕西人民出版社 2003 年版。

58. 司马云杰：《文化悖论——关于文化价值悖谬及其超越的研究》，陕西人民出版社 2003 年版。

59. 苏国勋、张旅平、夏光：《全球化：文化冲突与共生》，社会科学文献出版社 2006 年版。

60. 孙美堂：《文化价值论》，云南人民出版社 2005 年版。

61. 陶东风：《社会转型与当代知识分子》，上海三联书店 1999 年版。

62. 王宏维：《社会价值：统摄与驱动》，人民出版社 1995 年版。

63. 王南湜：《社会哲学》，云南人民出版社 2001 年版。

64. 韦森：《文化与秩序》，上海人民出版社 2003 年版。

65. 许纪霖：《20 世纪中国知识分子史论》，新星出版社 2005 年版。

66. 许纪霖：《中国知识分子十论》，复旦大学出版社 2003 年版。

67. 杨善民、韩锋：《文化哲学》，山东大学出版社 2002 年版。

68. 衣俊卿：《文化哲学》，云南人民出版社 2001 年版。

69. 衣俊卿：《文化哲学十五讲》，北京大学出版社 2004 年版。

70. 衣俊卿：《现代化与日常生活批判》，人民出版社 2005 年版。

71. 余英时：《中国知识人之史的考察》，广西师范大学出版社 2004 年版。

72. 张意：《文化与符号权利——布尔迪厄的文化社会学导论》，中国社会科学出版社 2005 年版。

73. 张曙光：《生存哲学》，云南人民出版社 2001 年版。

74. 张志伟：《西方哲学十五讲》，北京大学出版社 2004 年版。

75. 赵宝煦：《知识分子与社会发展》，华夏出版社 2003 年版。

76. 周文彰：《狡黠的心灵——主体认识图式概论》，中国人民大学出版社 1991 年版。

77. ［德］第斯多惠：《德国教师培养指南》，袁一安译，人民教育出版社 2001 年版。

78. ［法］埃德加·莫兰：《复杂性理论与教育问题》，陈一壮译，北京大学出版社 2004 年版。

79. ［法］埃米尔·涂尔干：《道德教育》，陈光金等译，上海人民出版社 2006 年版。

80. ［法］埃米尔·涂尔干：《教育思想的演进》，李康译，上海人民出版社 2003 年版。

81. ［加］N. 戈培尔、［英］J·波特：《教师的角色转换》，万喜生译，湖南教育出版社 1991 年版。

82. ［加］迈克·富兰：《变革的力量——透视教育改革》，教育科学出版社 2000 年版。

83. ［捷］夸美纽斯：《大教学论》，傅任敢译，教育科学出版社 1999 年版。

84. ［美］D. John McIntyre、Mary John O'Hair：《教师角色》，丁怡、马玲译，中国轻工业出版社 2002 年版。

85. ［美］Donald Freeman：《教师研究：从探寻到理解》，外语教学与研究出版社 2005 年版。

86. ［美］Lynda Fielstein、Patricia Phelps：《教师新概念——教师教育理论与实践》，王建平等译，中国轻工业出版社 2002 年版。

87. ［美］Richard D. Parsons、Kimberlee S. Brown：《反思型教师与行动研究》，郑丹丹译，中国轻工业出版社 2005 年版。

88. ［美］帕尔默：《教学勇气——漫步教师心灵》，吴国珍等译，华东师大出版社 2005 年版。

89. ［美］约翰·杜威：《我们怎样思维·经验与教育》，姜文闵译，人民教育出版社 2005 年版。

90. ［日］佐藤学：《课程与教师》，钟启泉译，教育科学出版社 2003 年版。

91. ［英］博伊德、金：《西方教育史》，任宝祥、吴元训译，人民教育出版社 1985 年版。

92. ［英］斯蒂芬·J. 鲍尔：《教育改革——批判和后结构主义的视角》，侯定凯译，华东师范大学出版社 2002 年版。

93. 陈桂生：《师道实话》，华东师范大学出版社 2004 年版。

94. 陈永明：《现代教师论》，上海教育出版社 1999 年版。

95. 刁培萼：《教育文化学》，江苏教育出版社 1992 年版。

96. 杜以德、杨玉强：《教师职业道德》，天津社会科学院出版社 1997 年版。

97. 顾明远：《中国教育的文化基础》，山西教育出版社 2004 年版。

98. 顾明远、檀传宝：《2004：中国教育发展报告——变革的教师与教师教育》，北京师范大学出版社 2004 年版。

99. 郭晓明：《课程知识与个体精神自由》，教育科学出版社 2005 年版。

100. 胡东芳、陈炯编：《谁来塑造人类灵魂的工程师——中国教师的透视与反思》，福建教育出版社 2000 年版。

101. 教育部师范教育司组织编写：《教师专业化的理论与实践》，人民教育出版社 2003 年版。

102. 金生鈜：《规训与教化》，教育科学出版社 2004 年版。

103. 李镇西：《教有所思》，华东师范大学出版社 2004 年版。

104. 刘捷：《专业化：挑战21世纪的教师》，教育科学出版社2002年版。

105. 刘堂江主编：《零距离贴近教师——〈中国教师报〉精品选集》，中央编译出版社2004年版。

106. 刘铁芳主编：《追寻有意义的教育——教师职业人生叙事》，湖南师范大学出版社2006年版。

107. 刘云杉：《从启蒙者到专业人：中国现代化历程中的教师角色演变》，北京师范大学出版社2006年版。

108. 刘云杉：《学校生活社会学》，南京师范大学出版社2000年版。

109. 毛礼锐、沈冠群：《中国教育通史》（第1—6卷），山东教育出版社2005年版。

110. 滕大春主编：《外国教育通史》（第1—6卷），山东教育出版社1989—1994年版。

111. 王天一等编著：《外国教育史》（上、下册），北京师范大学出版社1993年版。

112. 商友敬：《教育古文选》，上海社会科学院出版社1995年版。

113. 石中英：《知识转型与教育改革》，教育科学出版社2001年版。

114. 孙鹤娟：《学校文化管理》，教育科学出版社2004年版。

115. 吴非：《不跪着教书》，华东师范大学出版社2004年版。

116. 吴安春：《回归道德智慧——转型期的道德教育与教师》，教育科学出版社2004年版。

117. 吴康宁等：《课堂教学社会学》，南京师范大学出版社1999年版。

118. 肖川：《教育的理想与信念》，岳麓书社2002年版。

119. 徐继存：《教学论导论》，甘肃教育出版社2001年版。

120. 阎光才：《识读大学：组织文化的视角》，教育科学出版社2002年版。

121. 杨明全：《革新的课程实践者——教师参与课程变革研究》，上海科技教育出版社2003年版。

122. 杨全印、孙稼麟：《学校文化研究：对一所中学的学校文化透视》，教育科学出版社2005年版。

123. 叶澜等：《教师角色与教师发展新探》，教育科学出版社2001年版。

124. 俞国良等：《学校文化新论》，湖南教育科学出版社 1999 年版。

125. 袁小平：《从对峙到融通——教师管理范式的现代转向》，湖南师范大学出版社 2004 年版。

126. 赵中建主编：《学校文化》，华东师范大学出版社 2004 年版。

127. 郑金洲：《教育文化学》，人民教育出版社 2000 年版。

128. 朱永新：《沟通与融合——中国近代教育思想史》，人民教育出版社 2004 年版。

129. 朱永新：《滥觞与辉煌——中国古代教育思想史》，人民教育出版社 2004 年版。

130. 朱永新：《嬗变与建构——中国现代教育思想史》，人民教育出版社 2004 年版。

二、论文

131. ［加］莫罕默德·梅卢奇、克莱蒙·戈蒂埃：《教师是知识分子：文化的传承者、阐释者和批评者》，宋莹译，《清华大学教育研究》2006 年第 4 期。

132. 蔡霞：《学校管理的现代转型：推行现代学校制度的若干思考》，《思想·理论·教育》2004 年第 11 期。

133. 蔡辰梅：《论教师的知识分子属性》，《教育发展研究》2006 年第 22 期。

134. 程刚：《现代学校制度的整体构建》，《人民教育》2006 年第 19 期。

135. 程红艳：《教师的道德冲突》，《教育研究与实验》2006 年第 3 期。

136. 褚宏启：《我们需要什么样的现代学校制度》，《教育研究》2004 年第 12 期。

137. 邓涛：《教师文化的重新理解与建构——哈格里夫斯的教师文化观述评》，《外国教育研究》2005 年第 8 期。

138. 范洁梅：《关于建立现代学校制度的思考》，《教学与管理》2000 年第 4 期。

139. 冯生尧、李子建：《教师文化的表现、成因与意义》，《教育导刊》2002 年第 7 期。

140. 符太胜、王培芳：《论多元价值观背景下的课堂价值观冲突》，《思想·理论·教育》2005 年第 12 期。

141. 郝明君：《教师文化的变革》，《中国教育学刊》2006 年第 3 期。

142. 蒋惠琴：《教师文化：从沉积到创建》，《江苏教育》2005 年第 6 期。

143. 李春萍：《学者·知识分子·知识工作者》，《学术研究》2006 年第 10 期。

144. 李广平：《教师间的合作专业发展》，《外国教育研究》2005 年第 3 期。

145. 凌小云：《加强师德建设，重塑教师文化》，《上海教育科研》1998 年第 6 期。

146. 刘万海：《从"课程"到"教师"——课程研究领域的转向与教师文化重建》，《现代中小学教育》2004 年第 8 期。

147. 刘旭东：《论教师职业的"去理论化"现象》，《教师教育研究》2006 年第 3 期。

148. 刘耀明：《课堂文化的诠释与重塑》，《教育理论与实践》2003 年第 12 期。

149. 罗红艳：《教师文化塑造：意义、困境与路径》，《教学与管理》2005 年第 2 期。

150. 毛齐明：《试论教师文化与教师发展》，《当代教育论坛》2006 年第 3 期。

151. 孟宪乐：《教师文化：教师专业发展的生态环境》，《现代教育论丛》2004 年第 1 期。

152. 孟宪乐：《教师文化与教师专业化发展》，《教学与管理》2005 年第 10 期。

153. 牟映雪：《论课堂文化视野下的教师言语失范》，《中国教育学刊》2006 年第 7 期。

154. 牛冬梅：《校长文化与学校文化的相生互动》，《教育理论与实践》2004 年第 1 期。

155. 潘吉仁、周 萍：《论管理文化、学术文化和教学文化在大学改革和发展中的功能》，《黑龙江高教研究》2003 年第 6 期。

156. 曲正伟：《论现代学校制度宽容功能的凸显——我国学校制度功能性

缺失的反思》，《教育理论与实践》2001 年第 8 期。

157. 任红娟：《从个人主义走向合作——新课程对教师文化的诉求》，《当代教育科学》2004 年第 16 期。

158. 申建华：《构建现代学校制度的思考与探索》，《人民教育》2004 年第 23 期。

159. 盛冰：《社会资本与文化资本视野下的现代学校制度变革》，《教育研究》2006 年第 1 期。

160. 石生莉：《教师文化研究新取向：教师新专业文化的确立》，《教育理论与实践》2006 年第 10 期。

161. 舒志定：《社会可持续发展与教师文化职能》，《高等师范教育研究》1999 年第 2 期。

162. 宋宏福：《教师文化及其对教师成长的意义》，《教育与职业》2004 年第 15 期。

163. 檀传宝：《论教师"职业道德"向"专业道德"的观念转移》，《教育研究》2005 年第 1 期。

164. 唐芬芬：《试论几种社会因素对教师文化的影响》，《教育科学研究》2001 年第 11 期。

165. 万明钢、王平：《教学改革中的文化冲击与文化适应问题》，《教育研究》2005 年第 10 期。

166. 王本陆：《学校制度建设的伦理基础与基础教育课程改革》，《教育研究》2004 年第 7 期。

167. 王家军：《规约与关怀：当代师德建设的伦理冲突及价值选择》，《江苏高教》2006 年第 2 期。

168. 韦敏：《教师马赛克文化：概念、原因及其超越》，《教育理论与实践》2004 年第 5 期。

169. 吴浩明：《香港与大陆教师文化差异研究》，《华东师范大学学报》（教育科学版）2002 年第 1 期。

170. 熊梅、马玉宾：《校本课程整合与合作的教师文化的生成》，《教育研究》2005 年第 10 期。

171. 徐继存：《教师生活重塑与基础教育课程改革》，《教育研究》2002 年第 9 期。

172. 徐继存：《教学制度建设的理性与伦理规约》，《西北师大学报》2006 年第 2 期。

173. 徐继存：《教学制度建设与基础教育课程改革》，《教育研究》2004 年第 7 期。

174. 阳泽：《论新课程引发的教学控制问题》，《教育研究》2003 年第 2 期。

175. 杨宏丽：《课堂文化冲突的多视角审视》，《东北师大学报》（哲学社会科学版）2006 年第 5 期。

176. 杨颖东：《提倡批判性思维，建设新型教学文化》，《高等师范教育研究》2003 年第 2 期。

177. 翟艳：《论教师文化对课程实施的影响》，《现代中小学教育》2004 年第 6 期。

178. 张斌贤：《教师培养模式改革若干问题的思考》，《教育研究》2005 年第 12 期。

179. 张凤琴：《教师文化及其对教师专业发展的影响》，《内蒙古师范大学学报》（教育科学版）2004 年第 11 期。

180. 张九洲：《论新课程改革所需要的教师文化》，《教育导刊》2005 年第 11 期。

181. 张俊华：《教师发展学校制度建设的初步经验》，《中国教育学刊》2006 年第 10 期。

182. 张宁娟：《中西教师文化的历史演变》，《教师教育研究》2006 年第 2 期。

183. 张世善：《培植现代学校文化的探索》，《课程·教材·教法》2005 年第 3 期。

184. 张晓红：《教师文化的转型研究》，《现代教育科学》2005 年第 12 期。

185. 张晓瑜：《课程改革与教师文化重建》，《教育理论与实践》2005 年第 1 期。

186. 张新平：《现代学校制度的认识偏差与重新定位》，《教育研究与实验》2006 年第 2 期。

187. 赵炳辉：《教师文化与教师专业成长》，《教师教育研究》2006 年第 4 期。

188. 赵复查：《现代教师文化：理念、特征与建构》，《武汉大学学报》（哲学社会科学版）2005 年第 4 期。

189. 赵复查：《现代教师文化的校本建构》，《教育评论》2005 年第 2 期。

190. 赵复查：《主体间性哲学视野中的教师文化》，《教育评论》2005 年第 6 期。

191. 赵书山：《教师发展：从"交易型"管理走向"转化型"管理》，《高等教育研究》2003 年第 5 期。

192. 钟启泉：《"教师专业化"的误区及其批判》，《教育发展研究》2003 年第 Z1 期。

193. 朱小蔓：《功能·环境·制度——基于生态理念的现代学校制度建设》，《华东师范大学学报》（教育科学版）2006 年第 2 期。

三、外文

194. Andy Hargreaves, *Changing Teachers, Changing Times: Teachers' Work and Culture in the Postmodern Age.* London: Cassel Educational Limited, 1994.

195. Hargreaves A. & M. Fullan, *Understanding Teacher Development*, Cassel Educational Limited, 1992.

196. Eric Hoyle (1969). The Role of the Teacher. Routledge & Kegan Paul Ltd.

197. Lortie D. C. (1975). Schoolteacher: A Sociological Study, The University of Chocago Press.

198. Sikes P. (1986). The Life Cycle of the Teacher, in S. Ball & I. Goodson (eds.), Teachers' Lives and Careers. London: The Falmer Press.

199. Grundy S. (1987). Curriculum: Product or Praxis. London: The Falmer Press.

200. Slattery Patrick (1995). Curriculum Development in the Postmodern Era. London: Garland Publishing.

201. Gudmundsdottir S. (1991). Story – maker, Story – teller: Narrative Structure in Curriculum. Journal of Curriculum Studies, 23 (4) .

202. Breen M. P. & A. Littlejohn (2000). Classroom Decision – making. Cambridge: CPU.

203. Villegas – Reimers E. (2003). Teacher Professional Development: an International Review of the Literature. UNESCO.

204. Hargreaves, Andy & M. G. Fullan (1992). Understanding teacher development. London: Teachers College Press.

205. Boomer G. , N. Lester & C. Onore et al. (eds.) (1992). Negotiating the Curriculum. London: Falmer Press.

206. Carlgren I. , G. Handal & S. Vaage (eds.) (1994). Teachers' Mind and Actions: Research on Teachers' Thinking and Practice. London: Falmer Press.

207. Connelly F. M. & D. J. Clandinin (1988). Teachers as Curriculum Planners: Narrative of Experience. New York: Teachers College Press.

208. Skilbeck M. (1998). School – based Curriculum Development. In A. Hargreaves A. Lieberman et al. (eds.) International Handbook of Educational Change. London: Kluwer Academic Publishers.

209. Widdeen M. F. (1992). School – based Teacher Development. In M. Fullan & A. Hargreaves (eds.) Teacher Development and Education change. London: The Falmer Press.

210. Clandinin D. J. & F. M. Connelly (1995). Teachers' Professional Knowledge Landscapes. New York: Teachers College Press.

211. Schön D. A. (1982). The Reflective Practitioner: How Professionals Think in Action. New York: Basic Books.

212. Shulman L. S. (1987). Knowledge and Teaching: Foundations of the New reform. Harvard Educational Review, 57 (1) .

213. Franke M. L. (1998). Understanding Teacher's self – sustaining, Generative Change in the Context of Professional Development, in Teaching and

Teacher Education. Vol. 14, No. 1.

214. Giroux H. A. (1988). Teachers as Intellectuals: toward a Critical Pedagogy of Learning. Massachusetts: Bergin & Garvey Publishers.

215. Schon D. (1983). The Reflective Practitioners. London: Temple Smith.

216. James P. (1999). Rewriting Narratives of Self Reflections from an Action Study. Educational action research, 7 (1).

217. Connelly F. M., D. J. Clandinin & M. He (1997). Teachers' Personal Practical Knowledge on the Professional Knowledge Landscape. Teaching and Teacher Education 13 (7).

218. Clandinin D. J. (1986). Classroom Practice: Teacher Images in Action. London: Falmer Press.

219. Connelly F. M. & D. J. Clandinin (1990). Stories of Experience and Narrative Inquiry. Educational Researcher 19 (5).

后 记

从投身恩师徐继存教授门下攻读博士学位，至今已经过去十年有余。人生匆匆，不过数个十年，而要对刚刚经历的十年进行自我评判，其中能体现学术上的微薄成绩的莫过于上述文字。

遥想当年，在徐老师的指导下初定教师文化研究作为论文题目，头脑中混沌不堪，甚至对自己驾驭这样一个介于理论与实践之间的博士论文题目的能力深表怀疑。导师以极大的耐心包容了我学术上的愚钝，指导我博览相关书籍，在读书的过程中将对教师文化问题的初步感想凝练成文字。我读博期间的第一篇论文《教师文化问题初探》由此形成，并在导师的细心指导下几经修改，最终在《教育理论与实践》2006 年第 21 期发表。从收到用稿通知的那一刻，我坚定了对教师文化研究的信心，并在前期读书与思考的基础上，围绕着教师文化先后完成了《教书匠的式微与教师文化的重建》、《教师文化的实然诊断与应然追求》、《中国古代教师文化的考察》、《中国近现代教师文化的历史发展》、《学校制度的规约与教师文化发展》、《教师文化建设的个案研究》、《寻找失落的知识分子精神——论教师知识分子精神的式微与重建》等系列论文，陆续在《教育发展研究》、《中国教育学刊》、《教师教育研究》、《当代教育科学》等杂志上发表。博士论文的研究框架与思路也在上述论文的写作过程中逐渐明晰。后期，在导师的指导下，博士论文的写作变得顺畅而自然。

博士毕业后的七年时间里，我始终保持着对教师研究的学术兴趣，而越是思考地深入，越是感觉博士论文的研究存在不足，这使我始终没有十足的勇气将博士论文付梓出版。后来，有学友规劝，说是因我论文没有出版，很多人不得不从期刊网上下载浏览，他本人急需研读相关内容，希望我能尽快形成书稿并赠送之，以方便其"抄袭"（朋友玩笑之谈中的"抄袭"实则正常的"注释引用"）。这样的谈话极大地鼓舞了我，我也深知，尽管目前的研究成果尚不尽如人意，但其后续的研究有可能需要穷我半生努力，岂是朝夕之间所能完成的，而且，敝帚自珍也当有所期限。于是，我终于下定决心将论文修改出版了。

本书的出版得到山东省高校人文社科重点强化研究基地"基础教育课程与教学研究中心"的资助；得到恩师徐继存教授和山东师范大学课程研究中心诸位同事的关爱支持；得到爱人韩登亮和儿子韩昊燃的亲情鼓励；该书的责任编辑、中国社会科学出版社的郎丰君博士也为本书的出版付出了辛勤劳动，在此一并深表谢意。

车丽娜

2014 年 10 月

于泉城济南